现代文秘精品系列教材

秘书礼仪

主　编　周　鹂

副主编　张　徽　徐明友

孙娅娅　吴桢嵘

合肥工业大学出版社

图书在版编目(CIP)数据

秘书礼仪/周鹂主编. —2 版. —合肥:合肥工业大学出版社,2007.2(2015.7 重印)
(现代文秘精品系列教材)
ISBN 978-7-81093-251-6

Ⅰ.秘… Ⅱ.周… Ⅲ.秘书—礼仪—教材 Ⅳ.C931.46

中国版本图书馆 CIP 数据核字(2007)第 005988 号

秘书礼仪

主编 周 鹂 责任编辑 方立松

出 版	合肥工业大学出版社	版 次	2005 年 8 月第 1 版
地 址	合肥市屯溪路 193 号		2009 年 8 月修订
邮 编	230009	印 次	2015 年 7 月第 6 次印刷
电 话	总 编 室:0551-62903038	开 本	710 毫米×1000 毫米 1/16
	市场营销部:0551-62903198	印 张	13.75 字 数 232 千字
网 址	www.hfutpress.com.cn	发 行	全国新华书店
E-mail	hfutpress@163.com	印 刷	安徽昶颉包装印务有限责任公司

ISBN 978-7-81093-251-6 定价:25.00 元

如果有影响阅读的印装质量问题,请与出版社市场营销部联系调换

现代文秘精品系列教材编委会

总　序

为全面贯彻落实国家教育振兴行动计划，我们在省教育厅领导的指导下，联合全省二十多所高校的教授、专家们就秘书专业的教学改革、教材建设展开了多次热烈而充分的讨论，大家一致认为，高校秘书专业教学应增强高校人才培养与经济社会发展的贴近度和融入度，进一步深化人才培养模式、课程体系、教学内容和教学方法的改革，提高教学质量，吸收国际国内秘书专业的最新理论成果，面向学生、面向市场，逐步建立起富有前瞻性的素质教育与创新教育相结合的教学模式，着力打造出定位准确、严谨度高、特色鲜明的文秘教材的品牌。

为配合省委省政府科教兴皖和人才强省战略暨省教育厅进一步加强高等学校教学基本建设的需要，我们遴选了全省秘书专业14门课程，组织富有教学经验和较高学术水平的教授、副教授担任每本书的主编、副主编，编写出版这套教材。力图为建设省级及国家级精品课程，提供优质教学资源，为促使全省秘书专业教育教学步入规范化、科学化轨道，培养一批具有较高专业技术水平的学科带头人，引领秘书专业教学进入国内先进行列贡献一份力量。

这套教材的编写以《秘书国家职业标准》和教育部秘书专业要求为指南，突出针对性、系统性、技能性、实用性、创新性。针对性，指本系列教材的定位非常明确，即定位于现代文秘专业，以此填补了省内暨国内高等秘书专业系列规划教材的空白。系统性，指主编和编委们从适应市场经济对秘书职业的要求出发，精心安排了这套教材的规模、范围与体系，力求全面性，将秘书工作涉及的方方面面尽收眼底。技能性，指在全套教材的总体构架上，充实加强实践性教学比重，精心设计课程实训的内容、方法，使学生尽快获得秘书职业所需的基础知识和实际技能，成为一专多能的技能型人才。实用性，指在教材的内容、比例安排上，借鉴国际国内将秘书定位为职业教育，注重知识的实用性，瞄准市场，理论联系实际，努力体现出知识的实用价值。创新性，指教材编写过程中，既勇于吸收国际国内最新科研成果，又结合本省本地本院校教学实际，突出新的特色，创新教学体系、方法，走出一条将国家规范与实际需要相结合的新路子，强调基础学习与创造实践相结合，为学生毕业、求职、上岗操作实践奠定良好基础。

这套教材是在省教育厅高教处的大力支持下，得到省内二十多所高等院校领导、专家、教授、学者们的通力配合，是我省秘书专业教学与科研的一次大展示，也是对目前秘书专业教学的一次检验，我们始终坚持为高校教学科研服务的基本宗旨，坚持"出好书""出精品""出信誉"的原则，期望本系列教材能成为全省高校秘书专业的规划教材，在教学实践中不断完善，以提高秘书专业为社会主义现代化建设服务的质量和水平。由于时间较紧，水平有限，不足之处在所难免，欢迎广大师生提出宝贵意见，以便再版时修订，使其不断完善。

钟玉海

二〇〇五年七月

目　　录

第一章　秘书礼仪概述

情境导入：

高职毕业的彭先生陪同学到一家知名企业求职。彭先生一贯注重个人修养，从他整洁的衣服、干净的指甲、整齐的头发上看，就给人一种精明、干练的感觉。来到企业人事部，临进门前，彭先生自觉地擦了擦鞋底，待进入室内后随手将门轻轻关上。见有长者到人事部来，他礼貌地起身让座。人事部经理询问他时，尽管有别人谈话的干扰，他也能注意力集中地倾听并准确迅速地予以回答。同人说话时，他神情专注，目不旁视，从容交谈。这一切，都被来人事部察看情况的企业总经理看在眼里。尽管彭先生这次只是陪同学来面试，总经理还是诚邀彭先生加盟这家企业。现在彭先生已成为这家企业的销售部经理。

秘书作为一种职业，同礼仪有着密切联系。作为未来的秘书，了解当今中外礼仪的基本知识和塑造良好职业形象对个人工作绩效会产生重要的影响。学会正确运用常用的礼仪和进行职业形象自我设计与塑造，找准自身在秘书活动中礼仪、形象设计上存在的误区，并提出调整、改善、完善与塑造的最佳方法，使自身的职业特征和外在魅力得到强化。重礼、知礼、行礼是秘书人员必备的重要素质。

第一节　秘书礼仪的定义、特征和原则

一、礼仪的定义

人们对礼仪有不同的解释。有人说礼仪是一种道德修养，有人说礼仪是一种形式美，有人说礼仪是一种风俗习惯。礼出于俗，俗化为礼。礼仪是经过日积月累的约定俗成和社会认同，潜移默化形成的。礼仪是对礼节、礼貌的统称。礼仪是由一系列的、具体的表现礼貌的礼节所构成的，

它不像礼节那样只是一种做法，而是一个表示礼貌的系统、完整的过程。

礼仪可以从以下几种角度进行解释：

一是修养。礼仪是一个人修养和素质的外在表现。也就是说礼仪即教养，素质体现于对礼仪的认知和应用。

二是道德。礼仪是为人处世的社会行为规范或标准做法。

三是交际。礼仪是社会交往中的交际方式。

四是民俗。礼仪是人际交往中约定俗成的待人接物的习惯。

五是传播。礼仪是人际交往中相互沟通的技巧。

六是审美。礼仪是由心灵美演示出来的形式美态。

由此可见，礼仪是指人在社会交往中始终如一遵守某些约定俗成的程序时所表现出来的完整行为，它是由具体的表现礼貌的细节所组成的完整过程。

所谓秘书礼仪是指秘书与他人交往时表现出来的仪表、仪容、谈吐、风度等行为，是组织形象的体现。秘书礼仪是指礼节和程序两个方面。也就是说，既有礼节方面的规范化要求，也有先做什么、后做什么的程序方面的规范化要求。在一般的人际交往中，礼节的规范化要求比较严格，而程序的规范化要求相对就宽松一些。但在秘书礼仪中，对礼节和程序的规范均有严格要求。况且，在一般的人际交往中，如果不慎有失礼仪，只是个人形象受损；若是秘书活动中，秘书人员有失礼仪就有损于组织形象。在秘书工作交往中，遵循礼仪，不但有利于与他人沟通，而且有利于树立本组织的良好形象，使之顺利发展。

二、礼仪的特征

与其他学科相比，礼仪具有一些自身独有的特征，这主要表现在其规范性、限定性、可操作性、传承性、变动性等五个方面。

1. 规范性

礼仪不是人们抽象思维的结果，而是人们在社会实践当中，特别是人际交往的实践中所形成的待人接物的行为规范。这种规范性，不仅约束着人们在一切交际场合的言辞话语、行为举止，使之合乎礼仪；而且也是人们在一切交际场合必须采用的一种“通用语言”，是衡量他人、判断自己是否自律、敬人的一种尺度。总之，礼仪是约定俗成的一种自尊、敬人的惯用形式。因此任何人要想在交际场合表现得合乎礼仪、彬彬有礼，都必须对礼仪无条件地遵守。

2. 限定性

礼仪，顾名思义主要适用于交际场合，适用于普通情况下的、一般的人际交往与应酬。在这个特定范围之内，礼仪肯定行之有效。离开了这个特定的范围，礼仪则未必适用，这就是礼仪的限定性特点。理解了这一特点，就不会把礼仪当成放之四海而皆准的东西，就不会在非交际场合拿礼仪去以不变应万变。必须明确，当所处场合不同、所具有的身份不同时，所要应用的礼仪往往会不同，有时甚至还会差异很大，对这一点，是不容忽略的。一般而论，适合应用礼仪的，主要是初次交往、因公交往、对外交往三种交际场合。

3. 可操作性

切实有效、实用可行、规则简明、易学易会和便于操作，是礼仪的一大特征。礼仪既有总体上的礼仪原则、礼仪规范，又在具体的细节上有一系列的方式、方法，仔细周详地对礼仪原则、礼仪规范加以贯彻，把它们落到实处，使之“言之有物”、“行之有礼”，不崇尚空谈。礼仪易记易行，被人们广泛运用于交际实践，并受到广大公众的认可。

4. 传承性

任何国家的礼仪都具有自己鲜明的民族特色，任何国家的当代礼仪都是在本国古代礼仪的基础上继承、发展起来的。离开了对本国、本民族既往礼仪成果的传承、扬弃，就不可能形成当代礼仪。这就是礼仪传承性的特定含义。作为一种人类的文明积累，礼仪将人们在交际应酬之中的习惯做法固定下来、流传下去，并逐渐形成自己的民族特色，这不是一种短暂的社会现象，而且不会因为社会制度的更替而消失。对于既往的礼仪遗产，正确的态度不应当是食古不化、全盘沿用，而应当是有扬弃、有继承、更有发展。

5. 变动性

从本质上讲，礼仪可以说是一种社会历史发展的产物，并具有鲜明的时代特点。一方面，它是在人类长期的交往活动中形成、发展、完善起来的，绝不可能凭空杜撰，一蹴而就，完全脱离特定的历史背景；另一方面，社会的发展、历史的进步，由此而引起众多社交活动的新特点、新问题的出现，又要求礼仪有所变化、有所进步、推陈出新、与时代同步，以适应新形式下的新要求。与此同时随着世界经济的国际化，各个地区、各个民族之间的交往日益密切，他们的礼仪随之也不断地相互影响、相互取长补短，这就使礼仪具有相对的变动性。

三、秘书礼仪的原则

在秘书日常工作中，学习礼仪、应用礼仪，有必要在宏观上掌握一些具有普遍性、共同性和指导性的礼仪规律，这些礼仪规律就是礼仪的原则。秘书人员的礼仪工作必须遵循以下原则。

（一）真诚平等

真诚平等是秘书礼仪的第一条原则。也是广大秘书人员的人际交往原则的核心。真诚，指的是真心诚意的友善表现，实事求是的客观态度；平等，指的是人格的平等和礼仪活动中各方所执之礼的大体相当。

秘书人员在具体操作礼仪规范时不能口是心非、言行不一、弄虚作假和投机取巧，要讲信用。现代社会，信用是任何组织或个人生存发展的必要条件，它关系到组织或个人的形象，影响到市场的竞争力或个人的亲和力。同时，真诚还表现在交往中要遵纪守法。礼仪是道德的表现，在交往中切忌将正常的交往庸俗化，只讲亲疏关系而不顾制度纲纪、互相利用，是有损人类尊严与诚实的事情。

平等不仅是人的尊严的平等，礼仪规格和表现的相对应也是平等的内容之一。它包括在礼仪活动中注重“礼尚往来”，比如一方对另一方表现出的礼数应有对等的反应，表现为回答对方的致敬或致礼、答谢对方的宴请和及时对对方的来访进行回访等；另一方面，在礼仪活动中要注重平衡。如按国际惯例，在国际会议上各国代表的位置不是按国家的大小强弱状况来排序，而是按会议所用文字的国名的字母顺序来排列的；在签订条约协定时，应遵守“轮换制”即每个缔约国在其保存的一份文本上名列首位，由它的代表在这份文本上签字。这种平衡的做法，体现的也是平等原则。

（二）规范适度

秘书人员在应用礼仪时，为了保证取得成效，必须注意技巧、合乎规范，特别要注意做到把握分寸、认真得体，因为凡事过犹不及。

礼仪规范首先要使礼仪行为符合国际惯例、社会规则，无论是涉外交往还是国内交际往来，都要注重这点。任何一种礼仪行为都有一定的规则，体现一定的文明精神。比如礼宾活动尽管细节各有不同，但体现对远道客人尊重敬意的文化心理是一样的；又如向贵宾献花的一般总是儿童和女青年。有些不成文的国际惯例却是礼仪工作的基本要求，如交往中要为各方的内部情况保密，交往各方要在公平的基础上竞争，不得向自己现有客户的竞争对手提供服务等，这些都是礼仪的规范。只有以真诚的热情来规范地表现礼仪，才能达到礼仪的目的。礼仪规范还要求礼仪行为与不同的外部环境相配合。不同的礼仪要求有不同的情景，一旦这种情景呈现为相应的外部环境，必须以积极的态度去响应。如庆典活动的情景是热烈、喜庆，在这个氛围中，秘书人员的服饰、仪容、神情、语气等都要与环境氛围相配，所执之礼也应与之相符。

礼仪适度就是要恰到好处、恰如其分。礼仪规格要与受礼者的身份相应。比如接待规格，对方是董事长，我方也应是董事长出面；对方是经理，我方也应由经理出面。一般说来，主方身份可略高于客方，以示对客方到访的重视和诚意，但主方身份若低于客方，则是失礼怠慢的表现。赠送礼品也不能太奢华或太寒碜，以免引起受礼者的不安或不快。礼仪的结果不应使对方紧张或难堪。礼仪的目的是为亲睦合作伙伴、架起沟通的桥梁，所以礼仪的表现应该从容、不失态。彬彬有礼而不低三下四，谦虚而不拘谨，老成持重但不圆滑世故。

（三）宽容尚美

秘书人员在与人交往时如果不讲究宽容，是很难和睦相处的。宽容是一种高尚的情操，它容许别人有行动和判断的自由，对不同于自己或传统观点的见解有耐心公正的态度。由于秘书人员工作对象特殊、接触面广，一定要宽以待人、敬人之心常存、不斤斤计较和不伤害他人的个人尊严，更不能侮辱对方的人格，多多替对方想一想，对不同于己、不同于众的行为耐心容忍，善于做换位思考。一旦能够包容他人，那么沟通也就自然而然了。

交际讲究距离，因为距离产生美。礼仪尚美无论是它的外在表现还是它的本质内涵，都是为“美”而形成的。秘书礼仪尚美的原则是内在美与外在美的统一，它以仪表和环境给人耳目的愉悦，又以热情和真诚给人以精神的信任，并以宽厚和容忍给人心理的安慰。通过这些，礼仪的交际功能、润滑功能才得以充分体现，礼仪的行为规范功能才有广泛的意义。

随着国际交往的增加，秘书人员的礼仪工作内容也越来越复杂多样，秘书人员要自觉主动地增加礼仪知识修养，调节自己的行为，提升自己的品位，把工作做得更好。

第二节　秘书礼仪的起源、形成和发展

礼仪作为人类文明的表现形式之一，同其他诸如文字、绘画等文明表现形式一样，是人类不断摆脱愚昧、野蛮，逐渐走向开化、文明的标志。揭示礼仪的起源及其历史演变，有利于我们更深刻地把握礼仪的本质，全方位地了解礼仪文化，并通过对传统礼仪文化的扬弃，更好地指导秘书礼仪实践。

一、礼仪的起源阶段

据考古学、民俗学等方面的材料证明，我国原始社会生活中已经形成了颇具影响的礼仪规范，原始的宗教礼仪、婚姻礼仪等已具雏形，其中，敬神礼仪更为突出。汉语中的“礼”，本身就含有敬神的意思。据考证，距今约50万年前的北京山顶洞人就有了礼的观念和实践。如山顶洞人缝制衣服以遮羞，把贝壳串起来挂在脖子上以满足审美需求，族人死了要举行宗教仪式。

到了新石器时代晚期，人际交往礼仪已初步形成。半坡遗址和姜寨遗址提供的民俗资料表明，当时的人们在交往中已经注重尊卑有序、男女有别了。

炎黄五帝时期，礼仪内容日渐丰富。历史上有过“礼理起于大一，礼事起于燧皇，礼名起于黄帝”之说。《商君书·画策》载：“神农之世，男耕而食，妇织而衣，刑政不用而治，甲兵不用而王。神农既没，以强胜弱，以众暴寡，故黄帝为君臣上下之仪，父子兄弟之礼，黄夫妇匹配之合，内行刀锯，外用甲兵，故时变也。”“史官”是黄帝之始便设立的官职，这是我国最早的秘书人员，“史官”的重要职责之一便是负责主持祭祀婚冠大礼——这是典型的礼仪内容。尧舜时代，国家已具雏形，同时，民间交往礼仪得到进一步发展，延续几千年的拜、揖、拱手等礼仪，此时已广泛运用于社交活动之中了。典籍中有“五典”之说，即父子有亲、君臣有义、夫妇有别、长幼有序、朋友有信。这说明此时的礼仪已经比较系统规范了。

二、古代礼仪的形成阶段

大约在夏商周三代，我国传统礼仪进入飞速发展以至成熟的时期。这

一时期，礼仪被典制化，礼仪内容涵盖政治、宗教、婚姻、家庭等各个方面，奠定了华夏礼仪传统的基础。

商末，繁忙的国务活动需要更多的史官，于是出现了最早的秘书工作机构——“太史寮”。在太史寮中，掌管册命和祭祀的史官占有重要的地位。此后，无论是宫廷还是各级地方官吏，其重要的公务活动或重大的祭祀婚冠一类事件，都有专司礼仪的“秘书”人员。中国历史上第一部记载“礼”的典籍——《周礼》出现于西周时期。尽管人们对传世的《周礼》和《仪礼》是否为周公所作存在争议，但都公认《周礼》和《仪礼》及其释文《礼记》这“三礼”为中国最早的礼制百科全书。《周礼》偏重政治制度，《仪礼》偏重行为规范，《礼记》偏重对礼的各个分支作出符合统治者需要的理论说明。这“三礼”标志着中国古代礼仪进入成熟时期，中国后世的礼仪深受“三礼”的影响。

三、古代礼仪的变革阶段

春秋战国时期，社会经历了深刻的变革，奴隶制逐渐代之而起。与此相适应，三代之礼也经历着历史的变革。孔子、孟子、荀子等思想家在理论上阐述了礼的起源、本质、功能等问题，第一次全面而深刻地阐述了社会等级秩序的划分及其意义，以及与之相适应的礼仪规范、道德义务。

孔子是儒家学派的创始人，他主张复兴周礼。他认为“克己复礼为仁”，要制止奴隶制的崩溃，恢复统治秩序，就要正名。所谓正名，就是“君君、臣臣、父父、子子”。但孔子要求复兴周礼，并不是主张完全因袭周礼，而是对周礼做出一定的补充和发展。这表现在四个方面：一是将周礼的要害归纳为正名的思想；二是主张用礼治德化与政令刑罚相结合加强思想统治；三是主张在维持周礼“亲亲”的原则下，在一定程度上实行“贤贤”；四是把“仁”作为礼的内容。

孟子继承和发展了孔子的“礼治”理论，提出了适合地主阶级理想的“仁政”学说。孟子认为，像恭敬、辞让这样的礼节，是人生来就有的。人要达到礼的标准，根本问题是主观反省，尽可能减少自己的各种欲望。

荀子十分注重建立新的封建等级制度，提出了“隆礼”、“重法”的主张。他认为，“礼”的中心内容就是区别贵贱、长幼、贫富等等级。“礼者，贵贱有等，长幼有差，贫富轻重，皆有称也。”“礼”要使每个人在贵贱、长幼、贫富等等级中都有恰当的地位，强调并坚持人的等级差异。

纵观这一历史时期关于“礼”的思想，孔子、孟子、荀子对于“礼”

的含义的理解非常宽泛。在他们看来，“礼”不单指礼仪，而且涵盖了全部道德的内容，并成了统治阶级的“统治术”。孔孟等思想家的礼仪思想，构成了中国传统文化的基本精神，对古代中国礼仪的发展产生了重要而深远的影响，奠定了古代礼仪文化的基础。

四、封建礼仪的形成、强化和衰落阶段

封建礼仪形成于秦汉时期，以后各朝代均有发展，特别是在唐朝得到了进一步的强化。到了清末，封建礼仪日渐衰落。

秦王暴政，二世即灭。西汉的唯心主义思想家董仲舒在总结秦王朝覆灭的教训时认为，重法轻德是导致秦亡的重要原因。于是，他提出了德法并用和“罢黜百家，独尊儒术”的思想，儒家提倡“君君、臣臣、父父、子子”，提倡仁、义、忠、信。董仲舒在此基础上进一步提出了“三纲”、“五常”之说。“三纲”即“君为臣纲、父为子纲、夫为妻纲”，“五常”即仁、义、礼、智、信。在漫长的封建历史时期，董仲舒的这一学说，一直被奉为人们的日常行为的礼仪准则。到了唐代，社会昌盛，礼仪也有所改革和发展，但从整体上看，少数民族礼仪思想从未占主导地位，而是被融于中华传统的礼仪之中。清朝末期，尤其民国时期，西方文化大量涌入中国，传统礼仪文化和规范逐渐被时代所抛弃。科学、民主、自由、平等的观念和与之相适应的礼仪标准得到传播和推广。

五、现代礼仪阶段

中国的现代礼仪始于五四运动。中国现代礼仪是在反帝、反封建的基础上兴起的。1840 年鸦片战争以后，中国沦为半殖民地半封建社会。延续几千年的封建礼仪，加上西方传入的资本主义道德观和行为方式，构成了独具特色的大杂烩式的礼仪。五四运动吹响了反帝、反封建的号角，对传统礼仪进行了猛烈的抨击，特别是新文化运动的兴起，直接为现代礼仪的产生创造了条件。

1949 年新中国的成立，确立了新型的人际关系，标志着中国礼仪和礼学进入了一个崭新的历史时期。人民当家作主，人与人之间的等级对立关系被平等互助关系所取代。一些落后的传统礼仪被抛弃，一些优秀的传统礼仪被保留，并增添了许多新的内容。现代礼仪更强调人格平等、社会平等，并且以尊重人作为自己的立足点和出发点，追求人际交往的和谐与顺利。特别是注重吸收目前通行的当代国际礼仪的一切长处，为我所用。

第三节　秘书礼仪的职能

秘书礼仪的职能，一言以蔽之，塑造形象、沟通信息、协调关系。

一、塑造组织形象

组织形象是公众对组织内在精神和外在特征的总体评价。秘书工作大多兼有公共关系职能，要进行内外联系、公务洽商、迎来送往等工作，是组织的“门面”和“窗口”。在对外交往中秘书人员形象的好坏将直接关系到组织形象的优劣，在跨地区跨文化交往中秘书形象代表民族形象、地方形象和国家形象。秘书人员要时刻记住自己的举手投足是代表某个组织，自己的个人形象代表企业形象、产品形象、服务形象。秘书人员要注重提高自身的素质，加强礼仪修养，讲究方式，从塑造良好的个体形象着手，进而为本组织塑造良好的社会形象。

有一个商贸代表团来某公司进行商务洽谈，洽谈地点设在公司会议室。为了表示公司的诚意，老总特地通知秘书小李做好接待和招待工作。第二天，小李作了精心的打扮，一身前卫的衣服、时尚的手链、造型独特的戒指、亮闪闪的项链、很夸张的耳环，在端茶送水时就成了全场的焦点。洽谈结束以后，对方的团长对公司老总说，您的这位秘书应该去做服装模特，老总听了以后很尴尬。

二、沟通信息

现代社会是信息社会，信息的广泛传播和应用促进着生产力的发展和经营管理质量的大幅度提高。信息是一种人们可以共享的特殊物质，在互相传递的过程中信息不断地更新和增值，也不断地影响着企业的行为和领导的决策。秘书人员是以全面处理信息和日常事务的方式直接辅助领导实施管理的，信息工作是秘书工作的基本内容之一。

在信息的进与出的过程中，秘书人员应充分认识到礼仪是重要的信息输送桥梁，是宣传自己的一个绝好机会。比如当我们打电话给某单位，若一接通就能听到对方秘书人员亲切、优美的招呼声，心里一定会很愉快，对该单位有了较好的印象，这样双方对话就能顺利展开，沟通自然就容易。

三、协调关系

现代社会的组织管理越来越注重人的主动性和创造性，也就是通过精神文化的作用来调动员工的积极性，进而产生巨大的物质效益，形成强大的生产力。礼仪在这其中具有加强个人修养、调节人际关系的职能，秘书人员在辅助领导决策、协助制定各种管理制度时应树立以人为本的观念，注意以礼仪、道德的精神感召力启发、诱导员工规范自己的行为，礼仪在此可以缓解矛盾、协调关系，促进感情沟通和思想交流，维护组织形象。

在对外交往中不懂礼仪、不懂规矩有时会把事情搞砸，拜访要预约，预约要准时，以礼相待，以诚相见，才能在社会上找到合作伙伴。所以秘书人员要懂得恰当地用礼仪手段表示致谢、致贺、慰问、关心。比如A公司新经理上任，接到B公司经理的热情洋溢的祝贺信，既是一种礼仪的表现，更是一种寻求合作与沟通的表示，两公司可能走向新一轮的合作。

礼仪的职能在秘书工作的各项业务中有着广泛的体现，它一般不是单纯地出现在人们面前，而往往是与秘书人员的其他工作配合出现的，比如公关活动、管理活动。但是，礼仪在工作中的重要性是显而易见的，没有礼仪就不能形成健康和睦的内外关系，就不能完成各种发展计划，就不能达到既定的目标。因此，秘书人员一定要重视礼仪工作，提高礼仪水平。

第四节　秘书礼仪与个人素养

秘书是领导的左膀右臂，对内是领导的助手甚至是参谋，对外代表企业或单位的形象，同时还会经常陪同领导外出参加会议和活动，秘书的位置举足轻重。秘书礼仪工作的水平如何不仅对企业或单位产生影响，同时也会体现秘书人员自身的综合素养。

秘书小陈的公司应邀参加一个研讨会，这次会议邀请了许多商界知名人士，总经理为了能让小陈见见大场面，特意通知小陈一道去。会议是早上8点开始，小陈睡过了头，迟到了二十分钟，他急急忙忙推开了会议室的门，门“吱”的一声响，大家的目光一下子集中到他的身上。刚坐下不久，突然会场响起了音乐声，原来是小陈的手机响了，小陈的总经理的脸一下子沉了下来，没过多久小陈就离开了公司。

不管是参加自己单位的会议还是其他单位的会议，都必须遵守会议礼仪，如果稍有不慎便会严重影响自己和单位的形象。

秘书礼仪工作既与社会一般礼仪有共性，又有其自身的特点。掌握了秘书礼仪工作的特点、了解它的职能、熟悉它的工作范畴，这只是做好礼仪工作的一个基础，决定秘书礼仪工作水平的重要因素还在于秘书人员自身的综合素质。

秘书的工作涉及方方面面，礼仪工作也随处可见。无论是对于内部的管理和对外部的联络工作，礼仪的水平都是很重要的方面。要提高礼仪工作的水平，秘书人员必须提高自己的各方面修养和素质。

一、文化素质修养

文化素质是一个人最根本的素质。秘书人员的文化素质包括秘书的专业知识、与秘书专业工作相关的知识、与秘书礼仪工作相关的知识等。秘书的专业知识应该扎实深厚，与秘书工作相关的知识应该相对广博，这样在礼仪工作中才会得心应手、游刃有余。

二、思想品德修养

1. 掌握正确的思想方法

学会辩证地看问题——任何事物都存在着矛盾的两个方面。这两个方面是互相对立又相互依存的，是对立的统一。秘书在认识事物时要分清主次，明辨是非。

学会历史地看问题——事物都是发展的，我们在看待事物时要用历史的观点、发展的观点，弄清事物的来龙去脉，正确地认识和处理事物。

学会全面地看问题——全面看问题就能识大局、顾大体，防止顾此失彼。

2. 遵守道德规范是做人的准则

良好的道德修养是秘书实施礼仪的首要条件，礼仪是道德的一种外在表现形式；道德是礼仪的基础，决定、制约着礼仪。秘书作为一种特殊职业人员，必须遵守社会公德和职业道德。

秘书人员要通过修身养性、陶冶情操做一个道德高尚的人，只有这样秘书在礼仪工作的过程中才能够树立起企业的形象。

加强公德修养——公德是指一个社会中全体成员都必须遵守的、借以维护社会正常生活秩序的各种行为规范的总和，它是社会文明程度的重要标志。它涉及人类生活的方方面面。总起来包括三个方面：

共同道德规范，人道主义精神，共同行为准则。

作为秘书首先要修养自己作为社会公民的道德。要学会尊重人、关心人，热爱集体，热心公益，为人民为社会多做好事。

讲究职业道德——每一种职业都有其特殊性，所谓职业道德就是指各类职员在从事职业工作中所必须遵守的各种行为规范的总和。作为秘书人员，也有其特殊的职业道德。它要求秘书人员在工作中要敬业爱岗、诚实守信、办事公道、谦虚谨慎；要公正地评价他人，思想作风要健康正派；要忠诚老实，为人不虚伪、不轻浮；要摆正自己的位置，正确履行自己的职责，不越权、不随意包办代替；正确地看待自己，学习别人的长处；尊重别人的人格，诚恳待人、和蔼热情。

三、心理素质修养

具备良好的心理素质是秘书人员的必备条件。秘书人员在工作中要与领导打交道、要与本单位的其他工作人员打交道、要与业务单位打交道，还要随时协助领导或单独处理单位发生的各种意外事情，这些都需要秘书人员有较好的心理素质。

比如，在受到领导的批评时，要能够控制自己的情绪，不因此而影响工作；和单位的其他同事产生工作上的矛盾时，要善于克制，采用妥善的方法处理；遇到紧急事情要冷静、不急躁，及时采用有效的方式处理。

四、语言素质修养

语言是人们交际中重要的工具和手段，同时也是人们相互沟通的桥梁。语言有两种形式：口语和书面语。秘书人员首先要加强口语表达能力的修养。

有一定的即兴表达能力——秘书人员的礼仪工作场合是多种多样的，结识的人也是各个不同的。这就要求秘书人员要有即兴表达的能力，在不同的场合，与不同的人交往就要有不同的表达方式。而这些不同并不是事先可以知道的，所以事先是无法准备的，因此秘书人员要具有临场的即兴表达能力，迅速组织语言，恰当表达出来。

有一定的语言表达技巧——语言是一个人思维的直接表现，语言反映一个人的思维水平和思想高度。秘书人员不仅是能即兴应付各种场合，更要能在语言表达时善用技巧，不失时机、巧妙地进行表达。因此，秘书人员要学一点逻辑学，使自己的语言条理清晰、语脉通畅；学一点修辞学，使自己的语言轻松、幽默、文雅、委婉、健康、高尚；学一点审美学，使自己在讲话时声音圆润饱满，给别人留下深刻的印象。

学会倾听别人说话——倾听是一种美德。秘书人员在与别人交往的过程中，要学会善于倾听别人说话。在倾听别人说话时要专注、眼睛应该注视对方；要耐心友好，不随意打断别人的说话；要热心，在听的过程中不要只是被动地默默地听，而应该主动地对别人的话语作出反应，可以根据情境或微笑、或点头、或发出简单的应答声，这样可以更好地交流感情、进行沟通，使交际的双方从心理上相容。倾听同时也能帮助秘书人员更好地说，只有听得清楚才能说得明白。

注意说话时的态势语——态势语是无声的语言，也可以说是副语言信息。态势语有时可以传达有声语言所无法传达的一些信息。秘书人员要在礼仪工作中充分利用态势语，帮助自己更好地传达语意。态势语包括眼神、表情、手势、身姿等。

其次要加强书面语言的修养。秘书人员经常需要和外单位或者本单位用文书形式进行联系。比如各种电文、协议、工作报告、工作总结等。所以书面文字能力要加强和提高。

五、提高秘书的专业知识和专业水平

秘书工作有一定的专业特殊性，这种特殊性就要求秘书人员具备相当的专业能力和专业水平，通过实践提高自身的工作能力，才是一个受到领导欢迎的秘书。

有这么一位秘书，据说台北的老板们都乐意聘用她，都想方设法地争着开高价把她吸引到自己的公司。据说，哪个老板要是能聘用到她，必然会财运亨通，诸事顺达。从外表上看，她既不年轻，也不漂亮，四十不到的年龄，瘦弱且有些憔悴，她的个性也不活泼开朗，而且腼腆内向。然而她举止文静，待人有度，尤其是她的记忆力和敏感性令人吃惊。每一位她辅佐的上司的客户和朋友的情况，她都了如指掌，在公众场合和日常工作中，她能适时地悄悄地提醒上司，该向某位客人道喜，因为他的公子近日考上大学了，或是该向某位友人慰问一下，因为他刚刚病体康复等等。由此，每一位她辅佐的上司总能在公众中赢得良好的口碑和极好的人缘。

提高综合素质修养并非一朝一夕的事，需要秘书人员在自己的工作中逐步积累修养。

思考题

1. 解释什么是礼仪？礼仪的特征是什么？

2. 简述礼仪产生和发展的主要阶段。

3. 秘书人员的礼仪工作必须遵循哪些原则？

4. 秘书人员应该从哪些方面提高自身的综合素质？

5. 案例分析：

微软的总裁比尔·盖茨曾经说过："我和微软的成功因为有露宝。"露宝正是他的秘书。创业时的微软都是年轻人，做软件、搞开发都是能手，但内务却一团糟。微软的第一任秘书是一个年轻漂亮的女大学生，除了自己分内的事，对其他任何事都是不闻不问。没过多久，比尔·盖茨就要求总经理伍德给他换一个秘书。

一天，伍德连交上几个年轻女性的应聘资料，盖茨看了以后连连摇头，最后伍德递上了一份资料说：这位女士做过秘书、档案管理和会计员等不少后勤工作，只是她的年龄太大，又有家庭拖累，恐怕……盖茨一目十行看了材料，表示：只要能胜任公司的各种杂务而不厌其烦就行。

这样，42岁的露宝上任了。事实证明盖茨的选择是正确的，露宝把微软公司看成是自己的家，里里外外打理得妥妥帖帖。她一直以一个成熟女性特有的缜密和周到，考虑着自己应该在"娃娃公司"负起的责任与义务。她真心关爱每一个员工，对工作也有一份很深的感情。很自然，她成了微软的后勤总管，盖茨和其他员工对露宝有很强的依赖心理。

当微软决定迁往西雅图时，露宝因自己丈夫的事业不能去。盖茨对她依依不舍，和公司高层联名写了一封推荐信，信中对露宝的工作能力给予很高的评价。临别时，盖茨仍握住露宝的手动情地说：微软留着空位子，随时欢迎你。你快点过来吧！

三年后，1980年冬季的一个晚上，在盖茨西雅图的办公室，一个熟悉的声音响起了：嘿，我回来了！——这正是露宝。

分析：作为一个秘书，露宝的成功表现在哪些方面？

第二章 体态礼仪

情境导入：

秘书小刘陪同总经理参加一个商务活动。她穿上了一套得体的西装短裙和总经理一起乘车前往。到了目的地后，主人前来接待，小刘赶紧打开车门，抬起右脚跨出车门，匆忙之间，手提包掉在地上，小刘马上叉开双腿、弯下身子去捡，没想到裙子太短，差点“走光”。眼看着小刘一系列不雅的举止，总经理十分恼火，感觉丢尽了公司的面子。回来后，狠狠地批评了小刘一顿，再也不安排小刘陪同自己出席社交活动了。

由此观之，秘书人员一定要注意自己的举止，它可能只是一个小小的动作，但会影响公司的形象，体现秘书人员的职业修养，万不可小视。

第一节 体态礼仪概说

一、体态礼仪的含义

体态礼仪是指秘书人员在工作或交往的过程中表情、动作或体姿的规范性。体态礼仪的主要表现形式称之为体态语。体态语是辅助有声语言表露人的思想情感的一种伴随语，它是一个人学识、阅历和教养的体现。“言为心声，行为心表。”作为人的“第二语言”体态语在塑造个人形象、展示企业风采上发挥着重要作用。

二、体态语的礼仪特征

体态语作为一种无声、广义的“语言”，它所显示的意义要比有声语言丰富、深刻得多，它的真实性也要比有声语言强得多。正因如此，体态语有非常重要的礼仪特征。

（一）真实性

与有声语言相比，体态语往往是不由自主地、受潜意识的支配。一些特定的情境中，无言的表情和动作能传达出有声语言难以表达的情感和思绪，犹如古人“执手相看泪眼，竟无语凝噎。”那种不忍分离却又不得不分离的悲凉在执手、相看、泪眼中表现得淋漓尽致，真可谓“此地无声胜有声”了。所以，体态语是真情的自然流露，它所表达的思想情感要比经过理性加工过的有声语言真实得多。

（二）形象性

有声语言诉诸于人们的听觉，不具有视觉上的可感性；而体态语是通过立体的、动态的动作、表情、姿态来传情达意，它直接作用于人的视觉器官，形成了具体可感的视觉形象，有很强的直观性。

（三）辅助性

体态语是一种伴随语。在人际交往中，我们总是有意无意地运用表情、手势、体态等配合着有声语言来传递信息。如秘书接待客人时，首先要做的就是“3S”——起立（stand up）、注视（see）、微笑（smile），而这些表情动作是伴随着迎客语言“您好，欢迎您！”等来运用的，它补充和强化了有声语言的表达效果，给来宾一种宾至如归、热情周到的良好感觉。此外，如边说“再见”边挥手，边问候边握手等。这些体态语都有效地配合了有声语言表情达意，对有声语言的交际功能起着很强的辅助作用。

（四）广泛性

作为一种辅助性的交际工具，体态语的运用非常简便。一些常用的体态语往往不需要专门的训练，只要人们之间有交际的意向，都会不自觉地频繁地加以运用。如见面时的欠身微笑，分别时的挥手再见；同意时的频频点头，不满时的皱眉摆手；高兴时的眉开眼笑，愤怒时的横眉冷对等等。体态语的运用不受场地、气候、用途等条件的限制。由此可见，体态语使用频率之高、范围之广，是其他的辅助性交际工具所不具备的。因此，广泛性成了体态语的突出特点。

（五）民族性

作为一种使用频率高、范围广的交际工具，体态语的使用受民族、地域、信仰的影响而呈现出很大的差异性。

首先，表达同一种意思，不同民族、地域和信仰的人们使用不同的体态语。如见面问候，中国人以握手点头的方式表示问候，日本人是鞠躬问候，欧美人习惯于拥抱伴以贴面或亲吻，阿拉伯国家盛行握手后互吻面颊，佛教国家则行双手合十礼等等。

其次，同一体态语，有时也因民族、文化的不同而具有不同的含义。如竖起大拇指这个手势，在我国表示称赞、夸奖，在英国、新西兰、澳大利亚等地有“搭便车”之意，在希腊则表示叫人“滚蛋”。再如大多数民族都以点头表示同意，摇头表示反对，但保加利亚人、尼泊尔人和我国的独龙族却相反，是摇头表示同意，点头表示反对。

（六）发展性

体态语总是随着时代和人们生活的不断变化而变化。这种变化表现为以下两种情况。

首先，同一体态语在不同时代有不同含义。如脱帽礼，在中世纪的欧洲，脱去头盔表示是“自己人”，16 到 19 世纪则演变成人们之间的互相致意。再如举手礼，原是中世纪的骑士们在比武时向自己崇拜的贵妇人表示敬意的方式，后来演变成了军人的见面礼。

其次，新的体态语代替了旧的体态语。如封建社会的叩拜、拱手、作揖等体态语已被今天的鞠躬、握手所替代。

第二节　体态语的运用

根据体态语的部位，我们通常把它分为三类，即：表情语、手势语和体姿语。

一、表情语的运用

表情语是指人的面部各器官的动作和脸色的变化所传达的信息。它能迅速、敏捷、准确、传达感情。表情语中表现力最强的就是微笑语和目光语。

（一）微笑语

微笑语是通过略带笑容、不出声的笑来传递信息的体态语。微笑是一种世界通用语，微笑不仅给人带来愉悦和安慰，而且可以显示你的真诚和热情。无论是联系工作还是接待来宾，一个微笑使人如沐春风，能获得对方的好感和信任，工作起来当然会顺利的多。所以，微笑是秘书待人接物的基本表情。但作为一种职业表情，秘书人员要根据来访者的个性和实际情况调整自己的表情，微笑要真诚、自然，不要让对方觉得你的微笑过于职业化而缺乏诚意。

微笑的基本要求是：双唇微微展开，微露牙齿（一般露 6 到 8 颗牙齿），不要露出牙龈，不要发出声音。

微笑的训练方法：随身携带一面镜子，时常对着镜子做英语单词“cheese”的发音（类似于我们照相时常说的“茄子”），反复练习必然会练出自然、真诚的微笑。

（二）目光语

目光语是指用眼神和目光来表情达意的一种行为语言。俗话说“眼睛是心灵的窗户”，这扇窗户无言而形象地传达着人的内心世界。秘书在工作中，应学会“察言观色”，敏锐捕捉对方内心真实的情绪和感受；同时，也要学会用得体、规范的目光和眼神传达信息、交流情感。

因交流对象和场合的不同，秘书人员在运用目光语进行交流活动时，目光注视的部位、时间和方式是各有不同的。

1. 目光注视的部位

公务场合：目光注视的位置是对方眼睛上部的前额三角区。这种注视严肃、郑重，适合秘书向上司汇报工作、与客户谈判，以及与同事讨论问题等正式、庄重的公务场合。（图 2－1）

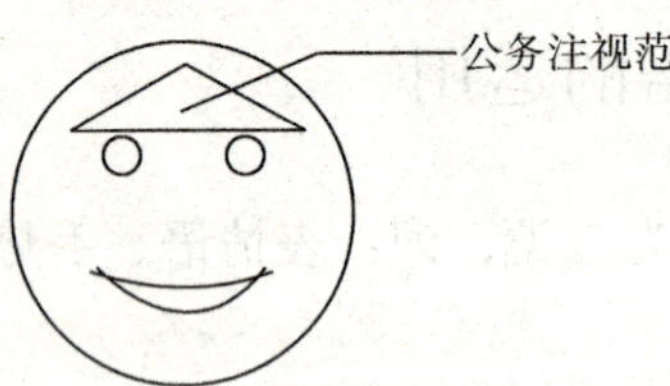

图 2－1

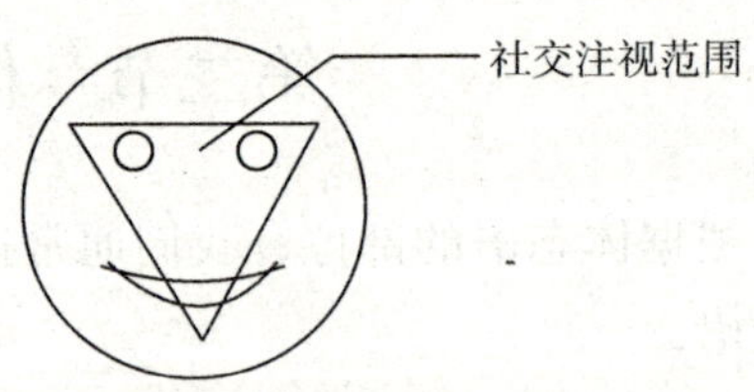

图 2－2

社交场合：目光应停留在对方眼睛和嘴唇之间的倒三角区，这种目光亲切友好，利于营造轻松愉快和彬彬有礼的社交气氛，适合各种社交场合。（图 2－2）

私人场合：目光注视的范围应在从眼部到胸部的一个较大的倒三角区。这种目光亲近随意、柔和多情，适合于家人和恋人之间。（图 2－3）

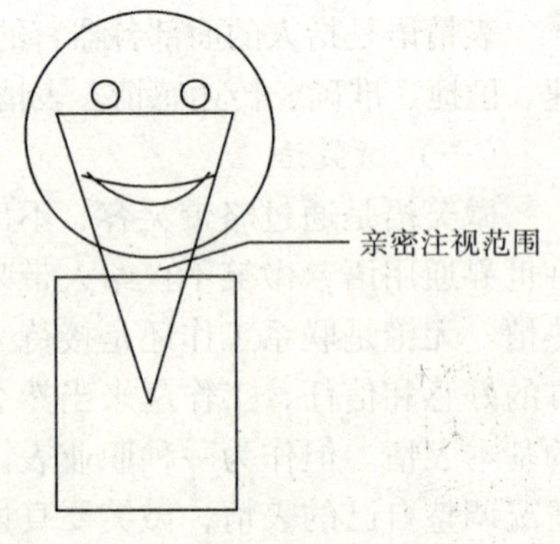

图 2－3

由上观之，越庄重严肃的场合，目光注视的范围就越窄，越要专注。交往中目光的游移不定会给人一种不信任感。

2. 目光注视的时间

秘书与人交流时，目光注视的时间是有讲究的。长时间地“逼视”对方会让人觉得别扭紧张，是一种失礼或挑衅的行为。正确的做法是，视线接触对方的时间应占全部谈话时间的20% ~60%，低于这个平均值，则说明你对谈话对象和谈话内容兴趣不大；超过这个平均值，则表示你对谈话对象比对内容更感兴趣。

3. 目光注视的方式

针对不同的场合和对象，目光注视的方式是不同的。在人数较多的大型的公务场合，最好用环视或虚视的目光照顾到在场的每位人员，让人们感觉你对他们的关注和重视；同时通过多角度的目光接触，较全面地了解在场每个人的心理反应，以便随时调整自己的话题。在一般的社交场合，可采用正视和环视的目光。在与个人交流时，多采用正视、对视或点视。秘书在与人交往时，切不可用斜视、扫视、旁视或窥视等轻视、不尊重人的目光。

此外，受不同文化背景的影响，目光语在各国也有不同的运用。在法国、意大利及拉美和中东国家，眼神是表明诚挚专一的，所以交往中一定要注视对方；而在日本、印度等一些亚洲国家，人们以避免目光的直接接触来表示尊敬，他们会认为直接的目光接触有犯隐私，不能允许。

4. 运用目光语的禁忌

秘书与人交往时，下列目光语不能乱用：

（1）反复上下打量对方。会被认为有挑剔、不信任之意。

（2）不时瞟上对方一眼。这种眼神往往带有鄙视、厌恶的意味。

（3）眼珠有意乱转，有失庄重；随意朝人白眼，带有藐视感觉。

这种眼神在公关场合尤其是在陌生异性面前显得很轻浮，有失身份。

二、手势语的运用

手势语是人们在日常交往中所使用的最有表现力的一种“体态语言”，人们的手势形式众多、寓意丰富，秘书人员准确理解、正确运用手势语有助于公务交往中的沟通与理解。

常见的手势语有指示性手势语、情绪性手势语和象征性手势语。

(一) 指示性手势语

这种手势是用来简洁、明确地指示某种具体对象的。它一般用来指示方向和地点、指点物体、介绍某人、请人做某事等。正确的做法是：四指自然并拢，拇指分开，掌心与地面成45度，上身略向前倾，以肘关节为轴指示目标。这种手势显得诚恳恭敬。谈到自己时，可用右手轻按自己的胸部，显得稳重可信。

(二) 情绪性手势语

就是用来表达人的情绪态度的一种手势语。如高兴时的手舞足蹈，表示欢迎、感谢时的鼓掌等。

(三) 象征性手势语

即用具体生动的手势表示某种抽象概念。这种手势往往约定俗成且具有民族、地域的差别。秘书人员在日常交往中，尤其在涉外交往中，要特别注意正确理解交往对象的手势语所表达的意思。

1. 打招呼、致意、告别的手势。当双方距离较近时，五指自然并拢，抬起小臂轻轻挥一挥；距离较远时，可适当加大动作幅度。

2. 象征性手势语的地域性

(1) 竖大拇指。在我国表示夸奖、称赞；在欧洲一些国家，伸出手臂拇指上挑是搭便车之意；在希腊急速地竖起大拇指意思是让对方滚蛋。

(2) "OK" 手势。这在美国人眼里是好、顺利、平安之意；在日本则代表钱；在南美洲一些地区，这是一种下流、侮辱性的手势；在中东则指同性恋。

(3) "V" 字手势。是模仿英文 "Victory" (胜利) 字母 "V" 的手势，欧美国家的人们以此表示胜利、赢了等。用此手势应手心向外。若手心向内，在欧洲一些国家（如英国、希腊等）则有"下贱"之意。

(4) 伸出手，手掌向下挥动。这在中国和日本，是招呼别人过来的意思，没有贬义；可在美国，这是唤狗的手势，切不可对人使用，否则会引起误解带来麻烦。

三、体姿语的运用

体姿语是利用人们日常生活的全部姿态及其变化来表情达意的人体语言。古语"站如松，坐如钟，卧如弓，行如风。"就生动形象地概括了正确的体姿。秘书的日常姿势主要是站姿、坐姿、行姿、蹲姿及乘坐轿车的姿势。要使姿势规范、得体、优雅，专业的学习和训练是必不可少的。

（一）挺拔的站姿

最容易表现姿势特征的是人处于站立时的姿势。站姿是其他人体动态造型的基础和起点。良好的站姿能衬托出一个人美好的气质和风度。在正式场合，秘书人员的站姿要显得挺拔端庄，从而使对方产生尊重和信赖。规范的站姿要求“立如松”。

头正：两眼平视前方，嘴微闭，颈直，稍带微笑。

肩平：两肩平整，稍向后下沉，保持放松。

臂垂：两臂自然下垂，手指并拢自然微屈，中指对准裤缝。

躯挺：挺胸收腹。

腿并：两腿直立，膝盖相碰，脚跟靠拢，两脚夹角成45°或60°，身体重心落在两脚正中。

注意：男士站立时，双脚可微微张开“一脚”之距，与肩平行，但不能超过肩宽。

女士站立时，双脚应站成“V”形，膝和脚后跟要靠紧，身体重心尽量提高。

规范站姿的训练方法为：靠墙训练，后脑勺、双肩、臀部、小腿及脚后跟都紧贴墙壁；也可两人一组，背靠背站立训练；还可头顶书本训练。

（二）端正的坐姿

坐姿是秘书活动中最重要的人体姿势，是一种静态造型。生活中无论是学习、开会、交谈、休息都离不开坐。坐姿文雅、端庄，不仅给人以沉稳冷静的感觉，而且也是展现自己气质和风度的重要形式。

正确的坐姿要求：

入座时，动作要轻缓、平稳、从容。一般应从椅子左边入座。女士穿裙装入座，应用手将裙后摆稍稍向前拢一下，再慢慢入座。

落座时，上身挺直、双肩放松、两腿并拢、双手自然放在膝盖上，也可放在椅子和沙发的扶手上。

离座时，一般也应从椅子左边离座，动作要轻盈无声、合礼有序。若是辞行应先离座，送客就要后起座。女士离座时，可一只脚向后收半步，而后再站起。

作为秘书尤其是女秘书，要使自己坐姿优雅，下面几种坐姿就必须掌握。

1. 正坐。也就是标准式坐姿。两腿并拢，双肩平正，上身挺直，小腿与地面垂直，两手放于双膝上。男士双脚可略分开并小于肩宽；女士两脚要保持小丁字步。

2. 侧坐。女士双膝并紧，上身挺直，两脚同时向左或向右斜放。双手叠放于左腿或右腿上。男士小腿垂直于地面，上身左倾或右倾，左肘或肘关节支撑于扶手上。这是坐在沙发上的基本姿势。

3. 交叉式坐姿。两腿前伸，脚踝交叉，两腿稍微斜放；也可小腿后屈，脚前掌着地，脚踝交叉；或女士采用一脚挂于另一脚踝关节处，形成后交叉坐姿。这种坐姿感觉比较自然，一般在公车上和办公桌前都可采用。但要注意双膝不可分开，双腿不能伸得太长。

4. 重叠式坐姿。俗称“二郎腿”。在正坐的基础上，两腿向前，一条腿提起架在另一条腿上。但女士要注意，上面的小腿要尽力向里收，贴住另一腿，脚尖自然下垂；男士也要脚尖向下，不要翘起高高的二郎腿。采用这种坐姿，要避免手抱膝盖。这种坐姿适合于较高的座位。

5. 开关式坐姿。两小腿前后分开，双膝并拢，两脚掌着地并在一条直线上。

不雅的坐姿：弯腰驼背，东倒西歪瘫坐在椅子上；双腿抖动不停，脚尖相对，两腿叉开，足尖高翘并把鞋挑在脚尖上。这些姿势会给人一种懒惰、松懈、傲慢、粗俗的不良印象。

6. 坐姿训练方法：上身的关键在于挺胸立腰，女性一定要养成双腿并拢而坐的习惯。可在打字、开会时做相应的练习，开始时每次练习20分钟左右，以后逐渐延长时间，直至养成正确的坐姿习惯。

（三）洒脱的走姿

走姿是最能表现一个人的身体状况和精神风貌。正确、优雅而有节奏的走姿能体现一种动态美。有良好走姿的秘书人员，会体现出朝气蓬勃、稳健敏捷的精神状态，给人留下良好的印象。

标准的走姿应当直行、匀速、无声。具体要求为：

头正。双眼平视前方，收颌，表情轻松自然。

肩平。两肩平稳，双臂自然摆动，前后摆动的幅度45左右，两手自然弯曲，距双腿不超过一拳的距离。

躯挺。挺胸收腹，身体重心略向前倾。

步位直。所谓步位，就是脚落地的位置。一般来说双脚的内侧基本踩在一条直线上。

步幅适度。前脚脚跟与后脚脚尖的距离约为一个脚长。不过性别、着装、身高不同，步幅会有差异。

步速平稳。不能忽快忽慢。行走时，脚腕要有弹性，肩膀自然、轻松地摆动，显得有节奏和韵味。

常见的不雅走姿：弯腰驼背、身体松垮；左顾右盼、脚擦地面，拖泥带水；摇晃肩膀，双臂大甩，八字步，扭腰摆臀（尤其是女性要特别注意）。

洒脱走姿的训练方法：在地上划一条直线，双脚踩着直线走。反复练习，会有成效。

（四）优雅的蹲姿

蹲姿，是人们地下取物时的常有姿态。未受过训练的人，往往对此不太在意。但作为秘书，尤其是女秘书，对此万不可忽视。优雅的蹲姿体现了秘书良好的职业素养。

正确的蹲姿应是：下蹲时，右脚在前，左脚稍后，右脚脚掌着地，小腿基本垂直于地面，左脚脚跟提起，前脚掌着地，右腿压住左腿，两腿靠紧采取半蹲姿态。若取物，应蹲于物品左边，用右手取物；若穿着低胸衣服，可用左手护住胸口。

不雅的蹲姿：弯腰曲背，低头翘臀，正面全蹲，东张西望。这些姿势会影响人体外形美观，极不雅观。

（五）乘坐轿车的姿态

在工作中，秘书人员往往会选择轿车来接送上司和来宾。作为女性秘书，上下车姿势必须十分讲究。

上车姿势：上车时，应将身体背向车厢入座，坐定后即将双脚同时缩进车内。若穿裙装，入座之前，应半蹲捋整裙摆顺势坐下。

下车姿态：应将身体尽量移近车门、坐定，然后将身体重心移至另一只脚上，再将整个身体移至车外，最后踏出另一只脚（如穿短裙则应将两只脚同时踏出车门，再将身体移出，切不可双脚一前一后）。

不雅的乘车姿势：上车时面对车门，双膝分开，单腿跨入；下车时东张西望。

除了以上介绍的日常社会交往中常见体态礼仪外，我们在社会生活中常常见到一些令人反感的举止，严重影响秘书个人的形象和企业形象。例如，当众搔头皮、挖鼻孔、剔牙齿、咬指甲、揉衣角、修指甲、伸懒腰、擤鼻涕、抠眼屎等。这些不文明的举止都是人际交往中的大忌，给人留下的印象极为恶劣，无论何种场合，秘书人员都要禁忌。

总之，优雅得体的举止从整体上体现了秘书人员的自尊自信以及对他人的尊重，有助于在社会交往中与人沟通、获得信任。

第三节 情景实训

一、案例

海潮公司是一个中德合资成立的从事物流机械设计和生产的大型企业。近期，为了把自己最新的产品推向市场，公司面向全国召开了一个新产品推介会，诚邀全国各地的销售商和相关企业的销售经理到公司参加推介会。为此，公司做好了充分的接待准备工作，并安排技术中心的总工程师在推介会上介绍新产品。

二、实训要求

1. 根据案例内容，模拟 8 人去海潮公司参加展示会的情景，重点训练学生的站姿、走姿以及向接待人员打招呼见面的情景。

2. 模拟 8 人乘坐轿车从车站去海潮公司的情景，重点训练学生上下车以及坐车的姿势。

3. 根据案例内容，模拟上下楼梯、出入房门、就座的情景。

4. 根据案例内容，模拟从地上拾物的情景。

5. 实训的场景要求：

模拟一个接待处的环境。一张办公桌，周围放置椅子数张。用于模拟的轿车一辆，不必开动，只模拟情景即可。最好将场景设置在有楼梯的地方。为每位学生准备一个文件夹。

三、实训说明

1. 本实训每 6 ~ 8 人为一组，其中 2 人扮演海潮公司的接待人员，1 人扮演主讲人，接待人员要负责引导来宾，负责介绍主讲人。其他同学则扮演来宾。

2. 本实训要一气呵成，演示一个完整的过程，时间约一课时。

思考题

1. 什么是体态语，体态语的礼仪特征是什么？
2. 秘书在使用目光语时要注意哪些问题？
3. 秘书在社会交往中如何正确使用指示性手势语？
4. 举例说明使用象征性手势语应注意哪些问题？
5. 女秘书上下轿车时的正确姿势是怎样的？

第三章　日常交际礼仪

情境导入：

王颖是海潮公司总经理办公室新来的秘书。一天，办公室主任安排她陪同总经理去机场迎接公司的一位重要客户。接到客人后，王颖马上伸出手去和对方握手，表示对对方的欢迎，并把客人介绍给总经理。双方握手寒暄后，王颖引导客人乘车。王颖打开车前门，以手示意，请客人坐在副驾驶位置上，并说“请您坐在这个位置上，这儿视野开阔。”然后打开后车门，让总经理先坐进去，随后自己也坐进车内。王颖以为自己做得非常得体，可没想到回来不久就被调离了总经理办公室，她百思不得其解。后来办公室主任告诉她，接待重要客人时，应等对方伸出手后才能握手；为人作介绍时，应先把主人介绍给客人；副驾驶位是末座，应引导客人坐在后排右座上。

作为一名秘书，王颖在接待客人的过程中一系列不合礼仪的行为，使客人感到不受尊重，给对方留下了不好的印象，从而影响了公司和对方的业务往来，让领导极为恼火，把她调离秘书岗位也就理所当然了。

由此可见，秘书人员在日常工作中，掌握一些日常交际基本礼仪是非常必要的。

第一节　见面礼仪

秘书人员作为企业形象的窗口和代表，几乎每天都要与各种各样的人打交道。与人交往时，见面的礼节往往关系到交往对象对自己第一印象的好坏，从而影响对方进一步交往和沟通的意向，因此不容忽视。致意、称呼、介绍、名片、握手等构成了见面礼仪的基本内容。

一、致意与问候

（一）致意

致意是已相识的同事、友人之间在相距较远或在人多不宜交谈的场合用无声的动作、表情表示友好的一种问候礼节。它是日常人际交往中最简单、最常用的见面礼节。像见面时的点头、微笑、招手、欠身、鼓掌等，都是致意方式。使用致意方式时，针对不同场合、不同对象可以单用一种，也可几种并用。

致意的基本顺序是：一般男士先向女士致意，晚辈先向长辈致意，职位低者先向职位高者致意，未婚者先向已婚者致意。女士只有面对长辈、老师、上司和特别敬佩的人，才需先向对方致意。

注意：相互致意要文雅，遇到别人向自己先致意，一定要马上回应；不要一面致意一面大声叫喊，也不要手插裤兜、嘴叼香烟致意。

（二）问候

问候是用语言表达对问候对象的友好与敬意的一种见面礼仪，象“你好”、“早安”等。当面对客人，路遇同事、上司时都应主动问候对方，这是文秘人员为人处事的一种基本礼貌。

问候常常与致意一起使用，它的次序同致意一样。问候的内容随时间、地点、对象、场合的变化而变化。

最常用的问候语是“你好”，它适用于任何场合和任何人。

秘书使用问候语最好采用时效性问候语，比如“早上好”、“假期愉快”、“春节好”等，这样显得更加专业。

二、称呼与介绍

（一）称呼

在人际交往中，秘书首先面临的就是称呼问题。我国历来以礼仪之邦著称于世，深厚的礼仪传统决定了人们对称呼的严格要求。如何得体地称呼别人，不仅表现出你对对方的尊重的态度，同时也体现了个人的教养和企业的形象。

称呼的方式因国家地域和时代的不同，习惯也各不相同。相对于过去繁琐复杂的称呼礼仪，现在要方便简单得多。我们在这儿主要介绍的是在商务会面等正式场合的规范称呼。

在正式场合，依照惯例，规范的称呼有三种：

职衔称谓。对国家公务人员和专业技术人员，在正式场合流行称呼行政职务和职称。如“王总经理”、“李主任”、“张教授”、“赵律师”等。可只称职位或职称，也可以在职务和职称前加上姓。但西方人一般不用行政职务称呼人，只在介绍时加以说明。

职业称谓。在正式场合，称呼对方的职业，带有尊重对方职业和劳动之意。如“王师傅”、“李老师”、“张医生”等。切不可用鄙称称呼对方的职业，如“开车的”、“教书的”、“唱戏的”等等，这对人是极不尊重的。

泛尊称。这是随着改革开放从西方传入的一种称谓。一般情况下，男性称“先生”，未婚女性称“小姐”，已婚女性可称“夫人”或“太太”，成年女性不明确其婚姻状况的则一律称“女士”。这种称谓在商务交往、公关活动和国际交往中使用极为普遍，秘书人员要会准确使用。

不恰当的称呼有：

俗称。如“哥们儿”、“兄弟”、“李姐”等。这些称呼看似随意亲切，但在正式场合却显得俗气、素质不高。

不适当的简称。简称一般只在非正式场合使用，如“张总”、“刘工”等。正式场合最好用全称，这样才显得庄重得体。

地方性称呼。有些称呼，带有很强的地方色彩，正式场合要避免使用，以免引起误解。如北方人爱称人“师傅”，南方人听来却是“出家人”。此外像山东人的“伙计”、江西人的“老表”等。

秘书人员还要注意，任何情形下，都不能无称呼就开始交谈，或以“喂”、“哎”等叹词招呼对方。

（二）介绍

在社会交往中，与对方第一次见面，我们往往要把自己的情况介绍给对方。而作为单位的公关人员，秘书还要经常在各种场合充当介绍人，规范得体地介绍自己、介绍他人。

介绍分为自我介绍和介绍他人两种形式。

1. 自我介绍

自我介绍的内容是随着场合而调整的。

公务场合。正式的自我介绍中，姓名、单位、部门、职务缺一不可。如“你好，我叫王瑛，是海潮集团公关部经理。”有职务一定要报出职务，若职务较低或无职务，则可报出自己目前所从事的具体工作。如“你好，我叫李东，在海潮集团广告部从事广告策划工作。”

社交场合。大家彼此不太熟悉，若一时无人为你作介绍，你可介绍与主人的关系或其他内容。如朋友的结婚典礼上，你可这样介绍自己："你好（大家好），我是王瑛的大学同学，我叫李苓。"

2. 介绍他人

（1）介绍顺序。

介绍的顺序要遵循"尊者优先了解情况"的原则。具体做法是：把职位低的介绍给职位高的，把男性介绍给女性，把晚辈介绍给长辈，把主人介绍给客人，把未婚者介绍给已婚者，把家人介绍给同事、朋友，把晚到者介绍给早到者。

在公务场合，首先要以双方职位的高低来确定介绍顺序，其次才考虑女士优先或长者优先的原则。

秘书在为他人做介绍时，常常会碰到被介绍一方或双方不止一人的情况。它实际是一种特殊的介绍他人的情况。具体做法是：先把双方当成个体，按照"尊者优先了解情况"的原则加以介绍。然后再按照身份由高到低的顺序介绍各自一方的成员。

（2）介绍时的姿势和语言。

介绍时的手势应是掌心向上，胳膊略向外伸。当别人介绍到你或对方向你自我介绍后，你应起身微笑、点头或握手回应；如不便起来，则要微笑欠身表示礼貌。

介绍时的语言要简明扼要，要用尊称和姓氏称呼别人，如"王先生，这是海潮公司的李经理。"切勿直呼其名。

介绍时，对被介绍者的特长或其他个人情况可做出客观积极的评价，这种评价要与公务场合相适应。如"小李是我们这儿的电脑高手。"

3. 介绍时的失误处理

（1）介绍时如果突然忘记被介绍者的姓名，应该立即承认。如："对不起，我实在想不起你的名字了。""实在抱歉，瞧我这记性，想不起你的名字了。"

（2）若别人为你作介绍时叫错了你的姓名，或提供给对方的有关你的信息不太准确，而你又希望与对方再次见面进一步沟通，这时可礼貌地加以纠正。如"抱歉！实际上，是'立早张'不是'弓长张'。""我是公关部经理。"注意，这种纠正要尽量避免使介绍人尴尬。

三、握手与名片

(一) 握手

握手是社会交往中使用最普遍最频繁的一种见面礼。传统上，握手是信任的象征。我们常用握手表示欢迎、祝贺、慰问、感激、惜别等意思。握手虽简单，但握手的方式、时间的长短、用力的大小、面部的表情等，往往传达出你对对方的态度的不同。稍不小心，就会给个人或集体带来负面影响。

1. 握手的顺序

握手的顺序应根据双方的社会地位、年龄、性别及宾主身份来确定，一般遵循“尊者决定”的原则，即握手的主动权掌握在“尊者”手里。具体来说就是：职位高者、长辈、女性、主人、已婚者先伸手，职位低者、晚辈、男性、客人、未婚者后伸手。这个顺序和介绍的顺序刚好相反。要注意女士不伸手，男士切不可主动伸手；对于不想握手或不习惯握手的人，可以点头、欠身或鞠躬致意；别人若主动热情地伸出手来，应毫不迟疑地立即回握，拒绝别人的握手很不礼貌，会极大地损伤对方的自尊。

握手的顺序在不同的场合是有区别的。一般而言，公务场合握手的先后顺序主要取决于双方的身份、地位；而社交休闲场合则主要取决于双方的性别和年龄。

2. 握手的表情和姿态

(1) 握手时的表情

握手时目光要注视对方，表示你的诚恳和自信。握手时眼睛东张西望，会给人一种心不在焉、轻视对方的感觉，给对方留下不好的印象，不利于双方的进一步沟通和交往。

握手时要面带微笑。亲切的微笑表示了你的友好和真诚。

(2) 握手的姿态

伸出右手，彼此保持一步左右的距离，手掌略向下伸直，拇指前伸，四指并拢微向内曲，双方虎口相触，放下拇指，手掌相握。

握手时要稍许用力，上下轻晃两三下即可。用力太重，感觉比较粗鲁或暧昧，尤其是和女性握手；用力过轻，又让人觉得缺乏诚意。把握好分寸，自然而然最好。

握手时间的长短因人因地因情而异，初次见面以 3 秒钟为宜。多人场合，不宜长时间与一人握手。

3. 握手的禁忌

（1）用左手与人握手

在任何社会交际场合，都不能用左手握手，除非右手受伤。在阿拉伯国家以及印度、印尼、泰国等国家和地区，人们认为左手是不洁净的，绝对不能用左手收受礼物、递送东西或与人握手。

（2）男士戴着帽子和手套握手

女士在社交场合戴着薄纱手套和礼帽与人握手礼仪上是允许的，而男士在握手前一定要脱下帽子和手套。若实在不便或来不及，那必须向对方致歉。军人在握手时可不必脱下军帽，应先行军礼再与人握手。

（3）交叉握手

多人相聚的场合，不要越过其他人正在相握的两手去同另外一个人握手。在西方一些国家和地区，这种形状被视为一个十字架，会带来不幸，所以在社交场合应极力避免。

（4）双手相抱与异性握手

男士与女士握手时，用双手紧握住女性的手，这种握手方式习称为“拥抱式握手”，让人觉得很不舒服、很无礼。正确的做法是：轻握一下女士的手指就行了，不要紧握对方的手不放。

（二）名片

在社会交往中，名片的使用已相当普遍。它往往承载着大量的个人信息，成为社会交往中人们相互了解、保持联系的重要的交际工具。常见的名片有公务名片和社交名片两种。我们在这儿主要介绍的是公务名片的设计和使用。社交名片除设计内容上与公务名片有所不同外，其他方面都一样。

1. 名片的设计

（1）尺寸。公务名片的标准尺寸是9厘米×5.5厘米。形状奇特的名片，钱包和名片夹一般都放不下，不易保存。

（2）纸质。最好是柔软耐磨的白板纸、布纹纸。色彩以白色、乳白为主，切忌色彩鲜艳花哨。字体以横排为佳。

（3）内容。公务名片的内容通常包括三部分：

一是本人所属的公司的徽章、标志或商标、公司名称以及自己所在的具体部门。

二是本人的姓名、职务或职称。职衔不宜太多，列一二个主要职衔即可，以免给人炫耀之感。

三是联络方式：包括公司地址、办公电话、传真号码、E－mail 地址、邮政编码等。但要注意，无论是公务名片还是社交名片，一般都不印本人家庭住址、住宅电话和手机号码。如确有必要，可在交换名片时提供，以示对对方的重视和信赖。

名片背面可根据需要印上英文，也可以印上公司的广告或经营范围。

相对于公务名片，社交名片的内容没有一定之规，可以只印姓名，也可以印其他内容；色彩和尺寸也完全根据自己的喜好来设定，个性化较强。

2. 名片的交换

（1）名片的递送

递送名片时应起身站立，走上前去，双手食指和拇指分别捏住名片上端两角，将有文字的一面正对对方，稍事寒暄“多多关照”、“常联系”等，或做一下自我介绍，递过名片。若对方是外宾，最好将印有英文的那一面对着对方。

如果双方同时递名片，身份低者应该把自己的名片从对方的稍下方递过去，以示尊重。

递送名片的顺序没有太严格的规定，一般是职位低者、来宾、晚辈、男性先向职位高者、主人、长辈、女性递名片。

在向多人递送名片时，应按照职位由高到低或由远而近的顺序依次递上。

当别人向你索要名片时，不宜直接拒绝，你可以这样说：“对不起，我的名片用光了。”或“抱歉，我忘带了。”

（2）名片的接受

接受别人递过来的名片时，应起身站立双手接过，道声“谢谢”。接过名片后，不要立刻放进口袋或包里，要从头至尾认真默读一下，以示对对方的重视。

（3）名片交换的时机

当你与某人初次见面时，一般要递上名片，这是十分得体的礼仪，这样便于对方更清楚地了解你。告辞时出示名片也很常见，表明了你希望与对方保持联络的意向，体现了积极的诚意。

用餐时不要出示名片，而应等到用餐结束。在私人宴会上，除非有人索要，否则不要散发名片，那样会混淆公务与社交的界限。参加社交活动时，可随身携带名片，需要时可出示，但千万不要大肆派发，把社交聚会变成了推销会。

3. 名片的管理

（1）名片的置放

随身携带的名片，最好放在专用的名片夹、名片包里。名片夹一般放在西装左胸内袋里。

公文包和办公室抽屉里，也应常备名片，以便随时取用。

接过他人的名片，应将其放入名片包、名片夹或上衣口袋里。千万不要乱扔乱放。

（2）名片的归档

名片往往承载着大量对公司或个人有用的信息，所以秘书人员要养成及时地把收到的名片加以分类整理归档的工作习惯。

把名片归档，可以按姓名、业务范围、工作关系、私人关系等来分类归档；也可以把名片按一定的程序输入商务通、电脑等电子设备来分类归档，这样，查找和使用起来就更为便捷了。

第二节　位次排列礼仪

一、行进中的位次排列

所谓行进中的位次排列，指的是人们在步行的时候位次排列的顺序。秘书人员在陪同、接待来宾和上司时，行进的位次要特别注意。

（一）常规位次

并排行走时：位次排列应该是中央高于两侧，右侧高于左侧。所以并行时，要让身份高者、长辈、女性、客人居于中间或右侧。

前后单行时：前方高于后方，以前为上。所以，无特殊原因，应让身份高者、长辈、女性、客人行于前方。

秘书在接待来访者时，要在客人的左前方，保持一步左右的距离引导。

（二）上下楼梯

上楼梯时：应让上司、客人走在前面，秘书、随员走在后面，把选择方向的权利让给尊者。

下楼梯时：秘书、随员走在前面，上司、客人走在后面。

这种次序安排，使尊者总是居于上方，利于尊重，便于照顾。

这里要特别注意的是：如果接待的是一位女士，而她又着短裙。上楼梯时，接待陪同人员要走在女士的前面，因为女士穿着短裙高高在上有“走光”的危险，这是很不雅的。

（三）出入电梯

乘坐有人值守的电梯：请尊者、客人先进先下。

乘坐无人值守的电梯：秘书先进后下，并按住电梯“开门”键，请客人后进先下，以免客人被门夹住。

（四）出入房门

接待工作中，秘书常常要引导客人进出房门。如果房门需朝内推，秘书要先于客人而入，进门后一手扶门，一手请客人入内；如果房门朝外开，那么秘书要先拉开门，请客人先进，然后自己再进。出门时也是如此。

二、乘坐轿车的位次排列

在接待工作中，文秘人员在为来宾安排乘坐轿车时，座位安排是非常重要的一个礼仪问题，万不可忽视。

按照国际惯例，轿车的位次安排常规是：右高左低，后高前低。具体而言，轿车位次的尊卑自高而低依次是：

后排右座 → 后排左座 → 后排中座 → 前排副驾驶座

但乘坐轿车时，情况不同，位次安排也有不同。常见的有以下三种情形：

一是公务交往。接待客人作为公司的一项公务活动，驾驶司机一般是专职司机。轿车的上座是后排右座。副驾驶座也叫随员座，秘书、警卫或办公室主任坐此座。（图3－1）

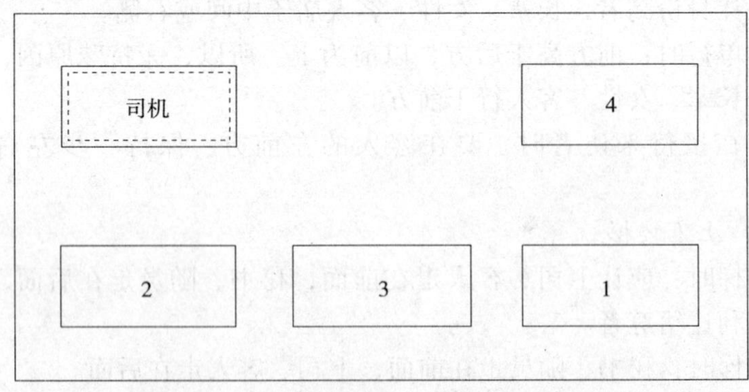

图3－1

二是社交应酬。工作之余的休闲活动时，开车的是车主自己。这时，上座是副驾驶座，上宾坐此座，表示平起平坐，也表现了对主人的尊重。（图3-2）

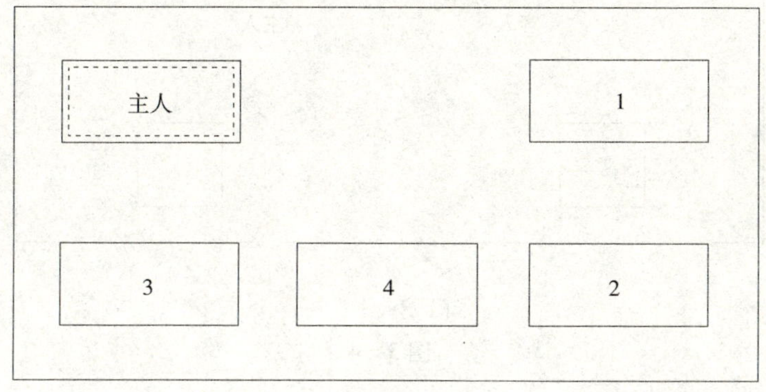

图3-2

三是接待重要客人。接待高级领导、重要人物时，轿车的上座是后排左座，也就是司机后面的座位，也有人形象地称其为“VIP”专座。因为这个位置隐蔽性强，安全系数高。（图3-3）

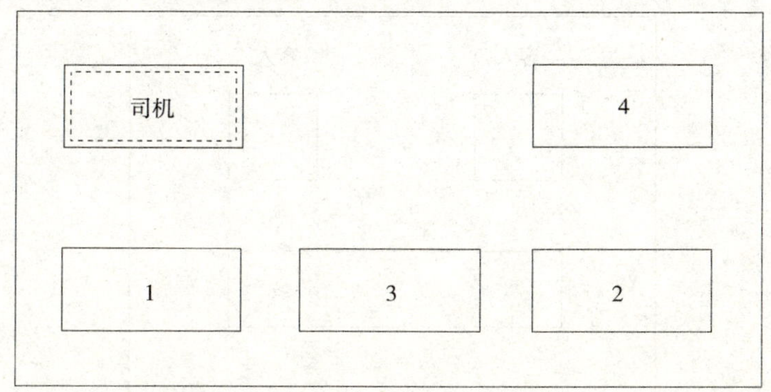

图3-3

三、会见、会谈位次

（一）会客时的位次安排

1. 并列式

并列式是指宾主并排面门而坐，客人坐于主人的右边，主人居于客人的左边，宾主双方的其他人员在各自一方按身份高低依次就座。（图3-4）

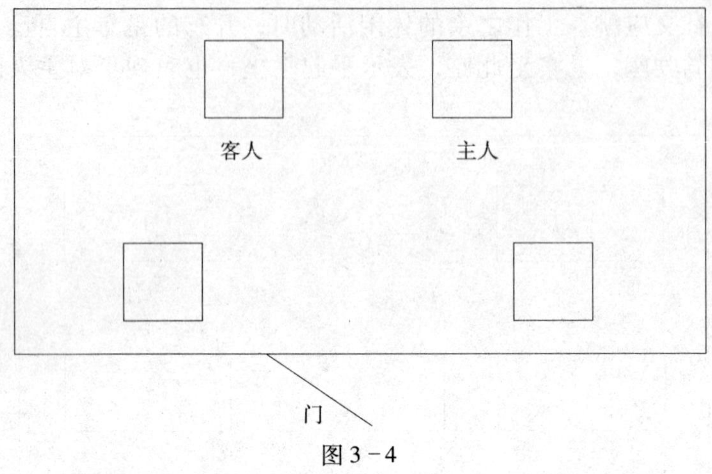

图 3－4

2. 相对式

客人与主人相对而坐称为相对式。相对式位次排列的基本原则是面对门、离门远的座位为上座。

桌子面门横放时，客人坐在离门远的一边或面对门的一边。（图 3－5）

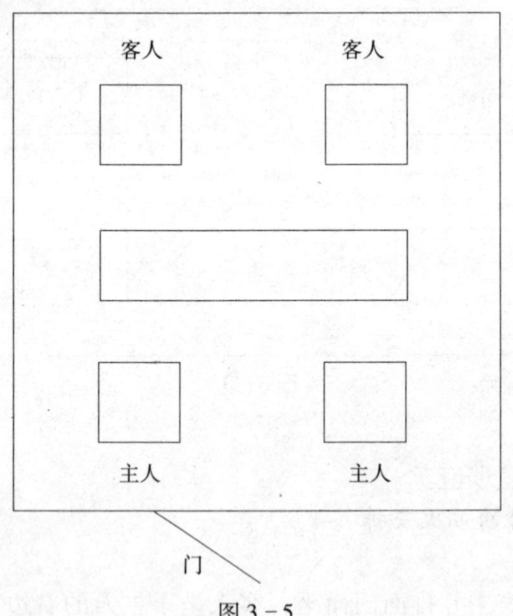

图 3－5

桌子竖放时，以进门面朝桌子的右手一边为客位，左手一边为主位。（图 3－6）（图 3－7）

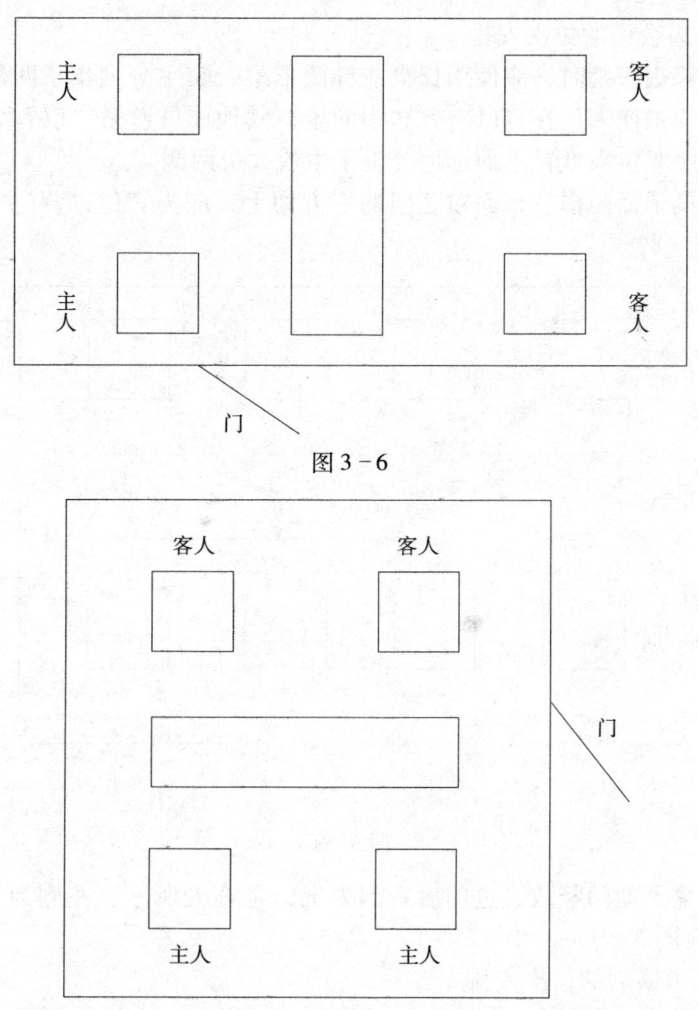

图 3-6

图 3-7

3. 自由式

自由式即宾主自由择座，不排座次。这种位次排列方式通常用于来客较多，无法排位；或宾主关系较为亲密，无需排位时。

（二）会谈时的位次安排

会谈是由主客双方或多方就共同关心的问题交换意见、寻求解决办法的一种沟通形式，有双边会谈和多边会谈两种。会谈的气氛一般比较严肃，人们对位次的安排十分重视。

1. 双边会谈的位次安排

举行双边谈判时，应使用长桌或椭圆形桌，宾主分列桌子两侧相对而坐。各方的主谈人员在自己一方居中而坐，其他成员遵循“以右为尊”的原则，按照职位高低自近而远地分坐于主谈人员两侧。

如果桌子面门横放，面对正门的一方为上，应为宾位；背门一方为主位。(图3－8)

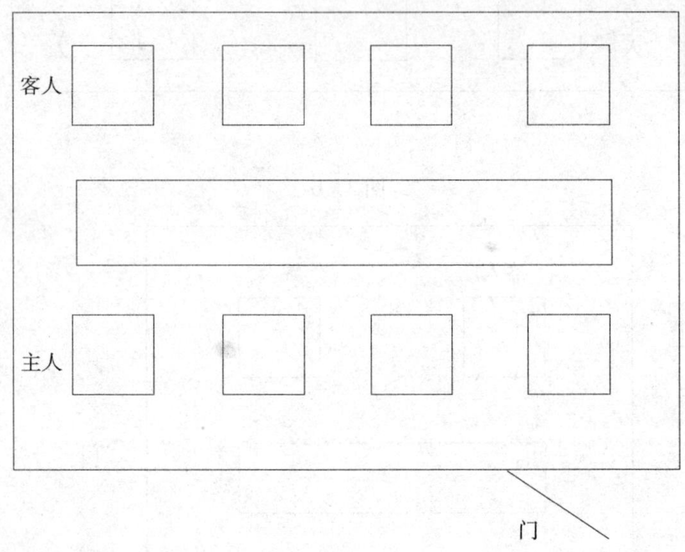

图3－8

如果桌子面门竖放，进门后右侧为上，是客人所坐；左侧为下，为主人所坐。(图3－9)

2. 多边谈判的位次安排

多边会谈指的是谈判者是三方或三方以上。会谈的位次排列有两种情形。

一是自由式。参加会谈的各方围绕圆桌随意而坐，不排位次。

一是主席式。就是在会场里面面门设一主席台，发言者就到主席台上去，其他人面对主席台，背门而坐。(图3－10)

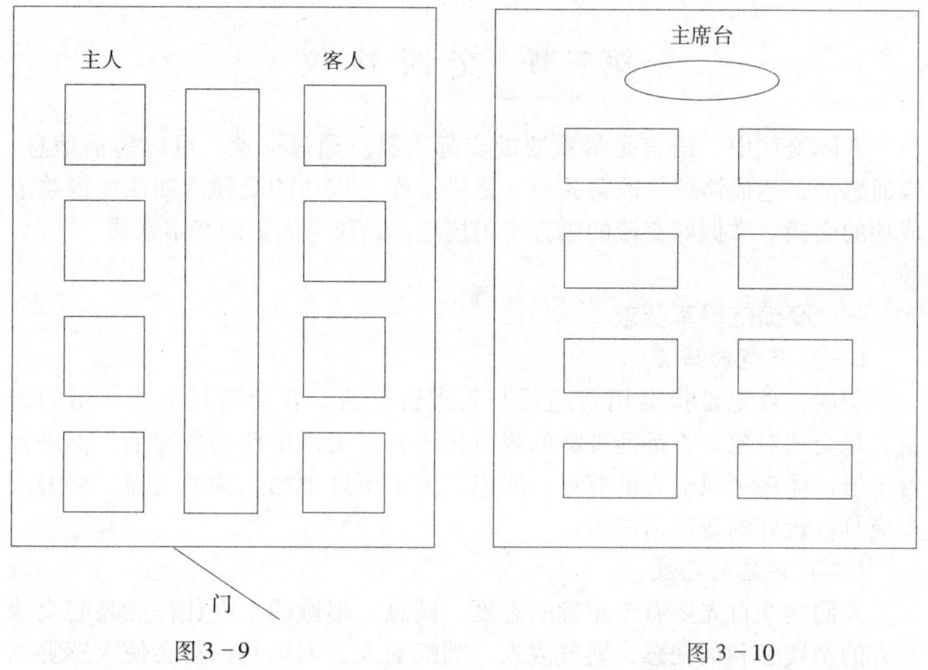

图 3－9　　　图 3－10

四、距离礼仪

距离是一种无声的交际语言，它可以显示出人与人之间关系的亲疏远近。中国人历来推崇亲密无间，而在国际交往中，人们更强调亲疏有别、距离有度。关系不同、场合不同，人与人之间的距离也应有所区别。

一般来说，人际交往中常见的人际距离有以下四种：

1. 私人距离：指两人之间的距离在 50 厘米之内。这一距离适用于恋人、家人和亲密朋友之间。

2. 社交距离：即两人相距 50 厘米～150 厘米之内。这种距离是在人际交往中，或站或行所允许保持的最为正规的距离，适用于同事、一般朋友之间。

3. 礼仪距离：即双方相距 150 厘米～300 厘米。这样的距离，自己的动作不会干扰对方，不会侵犯别人的私人空间。这是对别人表示尊重的做法，所以又叫尊重的距离。这一距离适合会见、会谈等比较严肃庄重的场合。

4. 公共距离：即双方相距 300 厘米以上。这种距离适合在公共场合与陌生人相处，这使双方互不干扰，各自感到轻松自然。

第三节　交谈礼仪

人际交往中，语言是最重要的交际工具。通过交谈，可以传播信息、沟通感情、达成协议、改善关系、促进工作。成功的交际活动往往得益于成功的交谈。掌握好交谈的语言应用技巧，是秘书人员的基本素质。

一、交谈的基本要求

（一）规范的语言

交谈，首先是指会用普通话与人进行交流。普通话是全国通用的语言，是交往对象双方都能理解的规范化语言。交谈中使用普通话，不讲方言土语，体现了对对方的尊重。所以，为了更好地与人沟通交流，秘书人员应具备较好的普通话能力。

（二）诚恳的态度

人们交谈首先要有个正确的态度。诚恳、坦诚的态度往往能唤起交谈双方的亲切感和信任感，盛气凌人、咄咄逼人、闪烁其词都会使人感觉到虚伪以及对对方的不尊重。诚恳的谈话态度与为人的基本态度是一致的。

（三）自然的表情

表情是人体语言最为丰富的部分，人的喜怒哀乐都可通过表情来体现和反映。交谈时的表情贵在自然。首先说话要养成用目光语与对方交流的习惯。即要目视对方，不东张西望，但也不要长久地“逼视”对方，可偶尔将视线移开一下。其次谈话时应保持适宜的微笑，真诚的微笑最能打动对方。再次表情要随交谈内容的变化而变化，或热烈，或温和，或感激，或同情，或高兴，或忧伤等等。表情的变化要过渡自然，不可过分做作，有失真实。

（四）得体的举止

交谈时的举止也很重要。首先坐姿要端正。东倒西歪懒散地靠着沙发，双腿叉开或高跷“二郎腿”坐着等不雅姿势一定要避免。其次手势要自然得体。可以用富有表现力的手势加强谈话的语气，加深对方的印象。谈话范围越小，手势的幅度就越小；手势不宜过多，不宜重复，以免分散对方的注意力，惹人厌烦。

（五）沉稳的语调

出于职业的需要，秘书人员与人交谈时要养成细声慢语的习惯。声音低一点，速度慢一点，以便对方能够听清和理解，这都是交谈时对对方尊重的表现。在公务场合和公众场合大喊大叫是非常失礼的。此外，秘书人员要根据不同的交际对象、交际场合，善于运用不同的语气语调恰当得体地表情达意。如面对长辈、上司时，语气要平和、谦恭，给人以敬重感；面对晚辈、下属时，语气要亲切、随和；面对客人时要和缓、有礼。

二、交谈的话题

人与人进行交谈时，首先遇到的问题就是谈话的内容，即必须面对“说什么”的问题。话题对交谈的进程有重要的影响，选择话题得当就能使交谈双方畅所欲言；话题选择不当交谈就容易中断、陷入困境。选择交谈的话题时，需要注意两个方面的问题：一是有所不为，即什么话是不能谈的；二是有所为，即哪些话题可以考虑。

（一）忌选的话题

在社会交往中，忌选的话题归纳有六个方面，统称“六不谈”。

1. 不得非议党和政府

爱国守法是每个公民的基本职业规范，也是道德素养问题。在思想上、行动上与党和政府保持一致，不得非议党和政府是大是大非的原则问题，尤其在涉外交往中要特别注意。

2. 不得涉及国家及行业秘密

保密意识是秘书人员的基本素质。违法的内容及保密的内容在公务交谈中是不能谈及的。

3. 不得非议交往对象的内部事物

与外人打交道时，应牢记客不责主的要求，不能随便挑剔别人的不是，揭他人短处，当面使对方出丑、尴尬、难以下台。

4. 不得背后议论领导、同事与同行

不要在外人面前议论指责自己的领导、上司，贬低同事及同行。搬弄是非、无中生有不仅影响团结，而且会让别人对自己的人格、信誉产生怀疑，有损自己的形象。

5. 不得涉及格调不高之事

在交谈中，很多人喜欢散布家长里短、小道消息、男女关系、黄色段子等格调不高之事，让人觉得素质不高，有失教养。

6. 不得涉及个人隐私

关心别人值得提倡，但必须做到关心有度、尊重个人隐私。在公务场合和社交场合，一些涉及个人隐私的话题是不能谈及的，尤其在涉外交往时。

(1) 不问收入

在计划经济体制下，我国曾有很长时期大家的工资水平差不多，收入来源也很单一，所以大家不忌讳谈工资收入。但在市场经济的体制下，现在人们的收入差别很大，来源也广泛，而且有些单位规定员工之间不许互相打听工资、奖金，所以问收入就成了禁忌。不仅不能问收入，也不要打听别人的支出情况。尤其要避免询问他人穿着、饰物等价格。如“这条项链真漂亮，多少钱买的?”这都属于不该问的。别人主动说了，但这不表明你可以随便问，也不代表人人都愿意谈论这些问题。

(2) 不问年龄

女性年龄，尤其是年轻的白领女性年龄不该问，这是大家都知道的。其实有不少男性也不愿被人问及这个问题。如年轻人怕人说“嘴上无毛，办事不牢”，不愿被问年龄；中年人处于提职与退休等敏感年龄阶段，也不愿提及年龄。所以，无论男性还是女性，在交谈中都不要问及年龄。注意，即使女性之间也不宜问其年龄。

(3) 不问婚姻状况

婚姻纯属个人隐私，是不能随意打听的。

(4) 不问健康

在竞争激烈的环境里，身体健康与否往往关系着自己的事业发展，是一个相当敏感的问题，而且在交谈中老是谈及自己的疾病也有失个人尊严，所以在交谈中，要避免谈及健康问题，尤其是涉外交往。

人们见面时，常会以“最近身体好吗?”或“How are you?”来致以问候，这只是一种寒暄罢了，并不是真的关心你的身体状况，所以不必认真地谈及自己的健康。

(5) 不问个人经历

与人交往时，我们总想知道对方以前的一些经历，公务活动中人们也尽力搜集合作对象或谈判对手的背景资料，但是如果不是招聘员工，最好不要当面打听对方的个人经历。像“你以前在哪儿高就啊?”“你是哪个大学毕业的?”等等都不该问。如果他是位成功人士，那么“英雄不问出处”；如果他是位普通人士，过去的经历也属个人私事，更不必打听。

(6) 不问政治和宗教信仰

政治和宗教信仰是非常敏感的话题，在公务交往和涉外交往中不要谈论。如果有人谈及到这些问题，应极力用别的话题引开。在涉外交往中，这不仅是礼仪问题，更是政治问题，必须慎之又慎。

（二）宜选的话题

话题的选择首先要考虑的是双方拟谈的话题，即双方约定好要谈的问题。如双方约定今天谈论会展的布置，就不要涉及其他话题。如果事先没有约定，那么交谈时选择话题可以把握以下两个要点：

1. 选择对方感兴趣的事情为话题

兴趣是谈话者的共同契机。只有双方都对这个话题感兴趣，交谈才可能进行下去。做到以对方感兴趣的事情为话题，就必须首先了解对方的兴趣。若无法确定对方的兴趣所在，下面一些话题可以成为交谈时良好的谈资。

（1）轻松愉快的话题。如电影电视、体育赛事、旅游休闲、烹饪小吃、时装表演等。

（2）时尚流行的话题。如某某歌星的演唱会、正在热播的电视剧、重大的国际比赛等。

2. 选择对方擅长的事情为话题

所谓“闻道有先后，术业有专攻”。以交往对象擅长的事情作为交谈话题，让对方有一个展示自己的机会，从而营造一个良好的交谈氛围，会有利于人际关系的协调发展。

三、有效倾听

倾听是我们与他人进行沟通，创造出“相互理解”的基础。从某个角度来说，沟通是“倾听的艺术”。有效倾听是指让对方看出你在认真倾听，努力理解他所说的话，并不时地反馈给对方以确认你真正理解了对方的意思。要做到有效倾听，可从以下几个方面努力。

（一）创造良好的倾听环境

宽松的倾听环境，不仅包括自然条件因素，而且包括社会因素，人的心理、生理因素。

1. 非威胁环境——双方感觉平等的环境。

如交谈时座位安排为环形座位、并列座位或面对面座位。

2. 适当的空间——保证交谈双方不受打搅和干扰的空间。

要有足够的私人空间。如黄线、一米线、小客厅等。

3. 充足的时间。

交谈时，保证足够的沟通时间，使双方都有表达的机会，有助于倾听者全面准确地理解对方所说的话，并作出正确的判断。

4. 平和的情绪状态及正确的态度。

认真倾听要避免先入为主的猜测和结论。先入之见无论是正面的，还是负面的，都有碍于全面、准确地理解对方的意思。所以，平和的情绪、开放的态度是实现有效倾听的重要心理条件。

5. 反馈或行动——能够观察到对方的面部表情。

交谈环境要有适当的亮度和非直射光线，以便倾听者能够自然观察到对方的面部表情，从而对对方的说话产生必要的回应。

（二）克服倾听中的障碍

整个交谈过程中，人们一般只能记住听过信息的25%。造成倾听者不能专注地听，无法接受更多信息的原因有以下几种：

1. 身体不适

头疼、疲倦等身体的不适都会影响一个人的倾听能力和对说话者的关注程度。

2. 倾听者的情感倾向

对他人的好恶会使倾听者在交流中带有较强烈的主观情绪，从而影响倾听效果。

3. 分散注意力的一些外界因素

交谈时发生在外界的各种声音、动作、事件等，都会使人无法专心倾听。如电话铃声、打字机声、脚步声等。

4. 预先下结论

自己对对方的话有了事先的判定，对别人提出的问题便听不下去，甚至会阻止对方说下去，这会影响倾听。

5. 有选择性地听

仅仅听取对方所说的话中自己想听的内容或自己觉得有必要听的信息，这样会影响摄取内容的客观全面。

6. 心中想着其他事情

倾听时，还想着其他的会议、文件或报告等与当前交谈无关的事情，都会阻碍倾听。

要想提高倾听的效果，就要努力克服上述倾听中的障碍。

（三）掌握正确的倾听方法

1. 积极地运用目光、动作等体态语进行交流。

在交谈中，相对于说话人，倾听者大部分时间都不能用有声语言表达观点和看法，但可以积极地用目光、表情、动作等体态语言与对方交流，表示出肯定或反对、疑惑或思虑等不同反应。具体而言就是指：倾听时，身体要稍微向对方倾斜，眼睛要注视对方，并不时伴以皱眉、点头、摇头或拍手等动作来呼应对方的话语，使对方感到你的专注和诚意。不要东张西望或做一些分散注意力的下意识小动作。

2. 善于抓住对方话语的重点和实质。

一般人说话的速度约是每分钟 150 个字，但倾听的容量可达到每分钟 1000 字以上。所以倾听者应善于在听的间隙回味、思索对方的话语，捕捉信息，从中推断出说话者的真正意图。倾听者还可采用“换位思考”的方法，把自己置身于对方的立场来思考，这样就不会因为自己的过早判断而扭曲原意，也就能更容易地了解对方信息的真正含义了。

3. 适时插话。

倾听的过程中，不能完全消极被动、静止旁观，而应采取提问、赞同、简短评述等来表述自己的观点。

插话时要掌握时机，不能随意打断别人的谈话，尤其是别人正说在兴头上。要在对方的话说完或告一段落时再插话。插话时，应征得对方的同意，可以这样说：“对不起，我可以插一句吗?” “请允许我打断一下好吗?”然后再说。这样既尊重了对方，又表明了自己的态度。

四、有效提问

提问既可以是内心疑问的表达，也可以是对对方话语的逗引。提问时，要求对方明确答复，这种提问就是有效提问。交谈中，为了得到所需要的信息，达到一定的目的，就要讲究提问的技巧。

（一）提问的缘由

在下列情况下需要提问：

1. 收集信息和发现需求时。
2. 开始和结束谈话时。
3. 控制谈话方向时。
4. 制止别人滔滔不绝地谈话时。
5. 征求别人意见时。
6. 不明白或不相信需要确认时。
7. 提出建议时。

8. 处理异议时。

（二）提问的类型

提问主要分为两类：开放式提问和封闭式提问。两者的比较见下表：

类型	开放式提问	封闭式提问
定义	可以让讲话者提供充分的信息和细节	将问题限制在一定的范围内，以得到比较确定的回答
优点	信息全面，气氛友好	节省时间，可控制谈话方向
缺点	浪费时间，容易偏离方向	信息有限，气氛紧张
举例	“你对这个方案有什么建议？”	“喝茶还是喝咖啡？”

（三）有效提问的方法

要做到有效提问，必须把握以下几点：

1. 态度——以理解的态度，认真、诚恳而准确地提出一些双方都能接受的问题。

2. 时机——不要过早、也不要太迟，就当前的事情提问。

3. 因人而异——提问时要针对不同的环境与不同的人，采用不同的提问方式。例如，面对上级对工作的询问、同事间的信息交流、亲密朋友之间的沟通，可采用开门见山的提问方式；而在向公众征询意见的公开场合，就要采用声东击西的反问方式；若想诱使对方回答出你需要的结论，设问不失为一种很好的提问方式。

4. 提问内容——要有针对性，提出自己应该知道的信息。

5. 提问形式——用不同的提问形式引导对方向有效沟通的目标迈进。通常我们会用开放式问题开头；一旦谈话偏离你的主题或想结束交谈，就用封闭式提问进行限制（如“我是不是可以认为这是最后一个问题了？”）；如果发现对方比较紧张，再改用开放式提问（如“想一想，还有其他问题吗？”）。注意，交谈中要尽量避免用“为什么”开始沟通。

（四）提问的禁忌

1. 不要问对抗性问题。

2. 不要在任何时候都提出问题而不看时机。

3. 不要问显示自己精明的问题。

4. 不要中断别人的话题，去提自己的问题。

五、使用礼仪语言

所谓礼仪语言主要是指人们在见面和告别时的种种寒暄和交往中彼此使用的客套话与敬辞。这部分语言在社交言谈中所占比重不大，但它却是秘书人员在社会交往中的润滑剂。交谈开始说句“您好”，送别客人一句“请慢走”等，文雅的谈吐、饱含热情的关照，会给对方留下美好的回忆。交谈时使用礼仪语言，要注意以下三个问题：

（一）运用时机恰当得体

礼仪语言最大的特点是时空性强。什么时间、什么场合使用什么语言都有一套固定的格式，用错了就会贻笑大方。如欢迎客人到来应说“欢迎光临”，若说成“感谢光临”就不大合适了，“感谢光临”一般用在告别时。拒绝别人的邀请，本该说“恕我不能前往”，但却说成“恕我不能光临”等。

（二）表述口吻真诚自如

礼仪语言本身没有多少实际意义，说不好容易给人以虚伪、做作之感。因此，使用礼仪用语时，要赋予其更深刻的含义，用真诚的口吻表述出来，使人觉得亲切诚恳。

（三）礼仪用语入乡随俗

俗话说：“一国有一国之礼，一邦有一邦之俗。”使用礼仪语言，应按照本民族本地区约定俗成的习惯，不拘一格。我们没必要把正式社交场合的礼仪语言硬搬到日常生活中去，反之亦然。在日常交往中，我们完全可以用传统的方式与人寒暄，如见面时问一下去向，带一句关于天气的话，问候一下“身体好么?”等，达到打招呼的目的就行了。若不分对象及场合，见面一味说“早安”，虽说合乎规范，却不免有失亲切。因此，在日常人际交往中，使用有民族特色的礼仪语言，更能博得对方的好感。

第四节　馈赠礼仪

礼品的馈赠往来是社会交往中表达友好情感的一种手段。中国传统习俗认为“礼尚往来，往而不来非礼也，来而不往亦非礼也。”因此，送礼受礼是人之常情。

在公务活动中，一件恰到好处的礼品，可以增进彼此的友谊，加强合作。因此，礼品的选择、赠送和接受，都需要遵守必要的社交礼仪。否则，就会弄巧成拙。

一、礼品的选择

一份适当的礼品，可以贴切地表达赠送者问候、祝贺、感激，关怀、安慰、鼓励等心意。选择恰当的礼品，是秘书人员需要掌握的一门学问。

选择礼品的时候，下面几个因素要考虑：

（一）受礼者的特点

礼品的选择是围绕受赠对象来进行的，应当使之符合受赠对象的独特的针对性。如果所赠礼品迎合了受赠者的兴趣和爱好，它的实际作用会大大增强。所以选择礼品时，最好先摸清受礼对象的身份、性格、爱好及文化修养等，做到因人而宜。

一般而言，送给外地的来宾，你可选择本地的一些特产；而为外宾选择礼品时，当然是选有中国特色的。

例如，1974 年，当时的日本首相田中角荣与毛泽东会晤时，毛泽东认为田中角荣对汉学的造诣较深，于是送给他一套线装本的《离骚》，田中角荣收到这份非同寻常的礼物，高兴万分。

（二）送礼的目的

送礼的目的是多种多样的，所以选择的礼品也各不相同。庆贺开业的礼品与慰问病人的礼品肯定是不同的，表示感谢与庆祝生日的礼品也不会一样。所以，选择礼品时，一定要根据送礼的目的有针对性地选择。

如某工程的开工奠基仪式、某商店的开业典礼、某公司成立周年庆典等，可送上一篮鲜花；同事患病，可送上有利健康的营养品；给知名学者祝寿，可送上名家字画等。

（三）送礼的轻重

文秘人员代表公司选择礼品时，一定要按照公司或部门赠送礼品的规定和惯例来做，不可违例、违纪。同时，也要考虑经济因素。选择礼品要侧重于它的精神价值和纪念意义，不要以金钱来衡量礼物的轻重，所谓“礼轻情义重”。而且，送礼过重会给受礼者带来心理压力，弄不好还有“重礼之下必有所求”之嫌，特别是当你和你的客户刚建立商业关系时，过于贵重的礼品可能会给你及对方带来不必要的麻烦。

（四）民族和宗教禁忌

选择礼品时，尤其在给少数民族和外宾选择礼品时，一定要注意对方的宗教信仰和习俗禁忌，否则，不但不能进行友好的交往，甚至会引起纠纷和麻烦。如中国人送礼忌讳送“钟”，因为“送钟”与“送终”谐音；给日本人、韩国人送礼不能送四样东西，因“四”与“死”谐音，很不吉利；烈性酒和带有动物图案的礼品不能送给阿拉伯人。在印度，送牛皮制品会被认为是对印度教的冒犯；法国人忌讳绿色，这种颜色会让人联想起曾侵占法国的德国法西斯的军装；欧洲人视黑色为哀丧之色；泰国忌红色等。

附：公务活动中，10 种稳操胜券的礼品选择：钢笔、书画、名酒（阿拉伯国家除外）高品质的地方手工艺品、当地特产、小型电子产品、商务书籍、优质办公用品。介绍中国名胜古迹的画册、影集、产品模型。

二、礼品的赠送

（一）礼品要讲究包装精美

正式场合赠送礼品一定要讲究包装。美观的包装有时比礼物本身更能给人留下美好的印象，更能使人感受到对方的尊重和友好。千万不要买了礼品之后不加包装，或随便用报纸、白纸、黄皮纸包一下就送人，这会让人觉得不郑重、有受轻慢之嫌。

选择包装纸时，一定要注意上面的文字、图案及颜色，不要触及受礼方的宗教和民族禁忌。如送日本人礼物不能选绿色纸，送伊斯兰教区的人不能选黄色纸；美国人忌讳包装纸上有蝙蝠图案，法国人则不喜欢印有仙鹤图案的包装纸等。

另外，在包装前千万别忘了把写有价格的标签撕掉，以免被误认为向人要钱，或因价格的高低引起一些不必要的猜疑。

（二）送礼要选择合适的时间、地点和场合

1. 送礼时间

赠送礼品，时间上要把握两点：一是要选择最佳时机。如对方重要的纪念日、节庆日、婚丧嫁娶等，都是送礼联络感情的好时机。二是确定好具体时间。一般来说，当我们作为客人拜访他人时，最好在双方见面之初向对方送上礼品；而当我们作为主人接待来宾时，则应当在客人离去的前夜或告别宴会上，把礼品送给对方。礼物应当事前送，事后补送是失礼的。若有特殊缘由，那也得向对方解释清楚。

2. 送礼地点、场合

考虑送礼的地点要注意公私有别。一般而言，公务交往中送礼应在公务场合，如办公室、写字楼、会见厅等；私人交往中礼品宜在私人居所赠

送，不宜在大庭广众、众目睽睽之下的公共场所赠送。

（三）送礼的方式

在正式场合，当把所选择的礼品送给对方时，首先应向对方说些表示问候或祝贺的话，以暗示送礼的目的，如“祝你生日快乐”、“承蒙关照，多多感谢”等。同时要对礼品进行必要的说明，如简单解释一下礼品的含义、用途和特点等，以便交往对象加深对礼品的印象。

中国人送礼时习惯说一些客套话，如“一点薄礼，不成敬意。”“一点小礼物，拿不出手，请笑纳。”等。如果对方是西方人，对这类表示自谦的话不易理解，会被对方误解为遭到轻视。得体的说法是“这是我们特意为你挑选的礼物，希望你喜欢。”“这是我们当地的特产，是特别为你选的，请你收下。”

另外，赠送礼品时，若条件允许，应由本单位、本部门在场之人中身份地位最高者亲自赠送，礼仪上把这种做法叫规格对等，显得礼轻情义重。若条件不允许，那么送礼者也应向对方解释清楚。如“抱歉，我们经理正在开会，无法走开，委托我把这件礼品送给你，希望你喜欢。”

三、礼品的接受

（一）态度大方

接受礼品时，不要过于谦虚，再三推辞。一而再、再而三地说“不好意思”或“受之有愧”这类话，会让对方觉得难堪，并认为你不够诚恳。既然决定接受对方的馈赠，就应该大大方方地收下礼品。

（二）拆启包装

中国人接受礼品，不习惯当面打开，以免有重礼轻情之嫌，所以与国人交往时，还是遵守这一习惯为好。国际惯例是，收到礼物一定要当面拆启包装，适当地加以欣赏，得体地称赞感谢一番，这才是对对方的尊重和礼貌。因此，收到外籍客人赠送的礼品时，一定要尽快当面打开包装。

无论收到什么礼物，千万别向对方询问价格，这是很失礼的。

（三）表示谢意

接受礼品时，口中要道谢。接受贵重礼品后，往往还需要打电话、发E－mail或写信再次向对方表示谢意。

第五节 情景实训

一、案例

上海的正道集团是一家生产电动车的企业，北京的汉海集团是一家生产蓄电池的大型企业。双方为进一步加强合作，商定在上海金江大厦八楼举行商务会谈。正道集团王总经理安排秘书孙彦乘坐轿车去宾馆迎接对方陈总经理一行3人，把他们接到会谈现场。

二、实训要求

1. 根据案例内容，模拟孙彦在宾馆迎接来宾的情景，重点训练学生打招呼、握手、自我介绍、递上名片的礼仪。

2. 根据案例内容，模拟孙彦引导客人到轿车旁并安排客人坐上轿车的情景。

3. 根据案例内容，模拟孙彦引导客人下车，乘坐电梯到会谈现场的情景。

4. 根据案例内容，模拟孙彦在会谈现场为双方做介绍并引导客人就座的情景。

三、实训说明

1. 模拟一个商务会谈的环境。要有一张长条桌，两边放置椅子数张。桌椅的摆放要符合商务会谈位次安排的礼仪。要有用于模拟的轿车一部，若条件不允许，可用道具代替。

2. 学生每6人一组，其中1人扮演王总经理的秘书孙彦、1人扮演王总经理、1人扮演总工程师、其余3人分别扮演汉海集团陈总经理及随行人员。

3. 本实训要演示整个过程，时间约一课时。

思考题

1. 秘书人员在为他人作介绍时，怎样确定介绍顺序？

2. 秘书递送和接受名片时应注意哪些礼节？

3. 秘书与人握手时应注意哪些礼节？
4. 上下电梯和楼梯时应怎样引领客人？
5. 会谈时怎样安排双方的座次？
6. 陪同客人乘轿车时，应如何安排轿车的位次？
7. 交谈礼仪的基本要求是什么？
8. 秘书与人交谈时有哪些禁忌？
9. 赠送礼品时应注意哪些礼节？

第四章　服饰仪容礼仪

情境导入：

一个外商考察团来某企业考察有关投资的事宜，为了表达礼貌和重视，领导特别挑选了几位年轻漂亮的女士做接待工作，同时指示她们穿上紧身的上衣和黑色的皮裙。

外商考察团上午到达以后，还没有商谈就找了一个理由离开了这个企业，工作人员被搞得莫名其妙。

原来该企业的接待人员在着装上犯了大忌。工作场合女士穿着紧身衣是极度不严谨的表现，另外，国际上公认黑色的皮裙是不雅的服装。

着装是一种无声的语言，它显示着一个人的个性、身份、角色、涵养、阅历及其心理状态等多种信息。在人际交往中，着装直接影响到别人对你的第一印象，关系到个人形象和企业形象。

第一节　服饰礼仪

一、服饰礼仪的概念

服饰是人的形体的外延，也就是指人的衣着和装饰。它包括服装、饰品。服装是指人身上穿的衣服，饰品是指衣服上的装饰品，它包括衣服上的饰物以及领带、围巾、帽子、手表、包袋、眼镜等。

服饰是现代社会中人们美化自己、美化生活的一种不可缺少的东西。人们利用服饰来装饰自己，通过自己形体和服饰共同体现着美，而这种美是人们可以通过感官感受到的。

服饰是一种无声的语言，它通过不同的款式、造型、色彩等构成了服饰文化，传递着美的信息。

服饰体现着秘书人员的文化修养、审美情趣、气质品位等。选择与自己各方面条件适合的服饰，当服饰与个性、身份、场合、年龄、周围环境等一致时，服饰就能达到真正美的境界。反之则不然。

本章开头的案例正说明了这一点。

二、服饰礼仪的要求

穿着是一门艺术，穿衣时既要讲究衣服的款式、质地色彩等，又要注意穿着的场合，所以秘书在穿着时要做到和谐美、民族美、个性美。

（一）体现和谐美

这里的和谐美是指穿衣时要考虑衣服颜色的和谐和款式搭配的和谐。在生活中穿衣的颜色是很有讲究的，比如大红和大绿一般不能搭配。

生活中绝大多数人都知道用服饰来美化自己，然而有一些人却因为自己的服饰不和谐，穿着看起来显得很不协调，别人看着也很不舒服。比如有的人身上的每一件衣服单独看起来都是非常好看的，可是搭配起来总是让人有一种说不出的感觉。有的人在有些场合穿着了不合场合的服饰，也让人感到不合适；还有的人身上衣服的色彩就像是开了一个油漆店，各种颜色总汇集；还有的人身上又是项链又是戒指又是手镯等，累赘又庸俗。这就是不和谐带来的后果。

有一次，一个中国代表团参加一个国际会议，有一位女士因没有穿着西装裙而被挡在门外，没有参加成会议。

作为职业秘书，有着大量的外联工作，他的形象尤为重要。那么怎样使自己的服饰体现和谐美呢？应该从以下几方面考虑：

1. 款式色彩的和谐。这里所讲的款式和谐是指上衣和下衣在搭配时的统一，服装上饰物与服装的统一以及服装色彩的协调。

2. 服饰与所出席的场合和谐。不同的场合制约着秘书的穿着，因此要和外部环境保持一致，当秘书置身于不同的环境时，就应该有不同的穿着，不可标新立异。

3. 服饰与自身的条件和谐。要考虑身材、个头、肤色、脸型等因素。追求服饰美，就是要用服饰来装扮自己，使自己更加漂亮、典雅，利用服饰来弥补自身的不足，达到扬长避短的效果。

（二）体现民族美

服饰要体现民族的特点。只有民族的才是世界的。每一个民族都有自己的服饰，也都有自己服饰礼仪的习惯，这些都体现了自己民族的文化，表现了本民族的审美情趣。比如在一些大型的晚会或酒会上，秘书一袭典雅的旗袍，一定会衬托出自身的亮丽。

（三）体现个性美

在服饰上突出自身的独特的个性和不俗的品位。服饰必须入时，让时尚为展示自己的风采而服务，但是不应去刻意地迎合时尚，流行的不一定是合适的。根据自身的爱好和性格条件来选择服饰，这是审美修养的一种表现。

第二节　服饰的选择搭配

一、服装色彩

人的视觉对色彩的刺激最敏感。因此，秘书人员对色彩进行合理的搭配是很重要的。

（一）掌握色彩的特性

良好的色彩感觉是秘书人员的基本素质和审美需要。

红色：是一种热烈、浪漫的颜色。它引人注目，使人联想，给人以兴奋和快乐。红色是我国一种吉祥和幸福的象征。我国自古以来就有结婚穿红色衣服的习惯，虽然现在许多年轻人结婚喜欢像外国人一样穿白色婚纱，但在结婚宴会上，新娘仍然要换上红色的旗袍或套装，以示喜庆。红色与黑色相配的服装非常浪漫，而且适合各种场合。红色、白色和蓝色的三色相配，无论怎样用在服装上，都会显得适合、得体、美观。

蓝色：给人以宁静、清冷、安详、智慧或冷漠的感觉。很容易使人联想到大海、天空、湖泊、远山等。蓝色易和其他多种颜色相配，白色是蓝色最好的配色，能给人以强烈的印象。

黄色：是最明亮、最活泼和最引人注意的颜色。它给人以崇高、智慧、神圣、辉煌、华贵、威严和慈善的感觉。黄色的服装使人显得年轻、活泼、充满活力。黄色自古以来就是中华民族最重要的颜色，它代表大地和皇权。黄色与白色相配是夏季凉爽的配色；与白色、灰色相配显得高雅；与红色相配则为大众化的现代流行色；黄色与黑色相配对比强烈，十分显眼，但要注意黄色面积的比例。

紫色：是高明度的色彩，高贵、华丽、美好的象征，并带有神秘的异国情调。紫色曾是法国历史上宫廷的御用颜色，在现今生活中紫色仍被视为是华贵和威严的代表。紫罗兰色的衣服仍是许多女性经久不衰的选择。

绿色：绿色是大自然的颜色，被誉为生命的颜色。它充满朝气和生机，给人以凉爽和舒适的感觉。绿色象征着生命与希望，所以又称为和平色和环保色。

灰色：标志稳重、可靠，给人以平凡、朴实的感觉。既平易近人，又稳重文雅。

白色：是无色彩系，是由所有可见光均匀混合成的，是光明的象征，表示明亮、纯洁、坦率、朴素、高洁等。

黑色：是无光无彩之色，给人以庄重、肃穆、洒脱的感觉，显示一种沉稳、高雅。黑色也是人们生活中选择较多的一种颜色。

在服装颜色的搭配上，白色和黑色是比较好搭配的两种色彩。

橙色：是一种明亮的色彩，给人明快、富丽的感觉。它属于暖色调。

在服装的色彩上要取得成功，重要的是要了解服装色彩的特性，才能更好地搭配色彩。

色彩还具有冷暖、轻重、缩扩的特性。

色彩的冷暖是指颜色给人带来的不同感觉。冷色调给人以平静、寒冷等感觉，冷色调有：蓝色、黑色、绿色；暖色调给人以热烈、兴奋等感觉，暖色调有：红色、黄色、橙色。

色彩的轻重是指色彩不同明度给人带来的不同的轻重感觉。浅色彩明度强，有上升之感、轻感；反之就给人以下降之感、重感。所以一般衣服的搭配是上轻下重。当然有时有的人也比较喜欢下轻上重的搭配，可以创造一种飘逸之感。

色彩的缩扩是指不同色彩给人眼睛带来的收缩和扩张的感觉。一般来说冷色、深色属于收缩色，暖色、浅色属于扩张色。前者可以使人看起来显得苗条，后者可以使人显得丰满，两者如能很好地结合可扬长避短。

（二）学会色彩的搭配

掌握了色彩的特性以后，还要学会搭配色彩，使色彩的搭配充分体现服装的美感。

1. 同色搭配

这是指配色时尽量采用同一色系中明度不同、深浅不同的色彩进行搭配，这种方式搭配出来的服装效果较好，给人以端庄、高雅的感觉，适合许多礼仪场合，能创造出和谐之感。

2. 对比搭配

配色时运用色彩特性对比度较大的色彩进行搭配，可以使着装在色彩上反差较大，从而形成个性。但是也要注意，这种搭配要和谐才有美感。

3. 主色调搭配

选一种主要的色彩作为基调，相配其他的各种色彩。采用这种方式搭配，首先要考虑主色调选用什么特性的色彩，其次考虑辅助色彩的选择，再次是考虑主色调的位置和所占比例。只要和谐即可。

此外，在考虑色彩搭配时还要考虑个人的肤色。因为一些色彩和一些肤色是不能搭配的。例如肤色较黑、较暗的人就不能搭配黑色、褐色、暗紫色等；肤色偏黄的最好不要选择和自己肤色相近或较深、较暗的颜色，如棕色、深灰色、土黄色等，它们易使人显得没有生机；肤色白净的适合各种色彩的服装。

二、服装与环境、季节的协调

1. 服装与环境的协调

秘书人员在着装时要考虑与环境相协调，在不同的环境应该有不同的着装。在办公室工作，需要穿正规的套装，或者是职业便装，显得比较严谨；在仪式典礼上要穿得端庄典雅，比如女秘书可以穿旗袍、质料好的连衣裙等；娱乐场合则可以穿得时尚亮丽一些；休闲场合可以穿得宽松洒脱一些。

2. 服装与季节的协调

在选择服装时，不但要考虑环境因素，还要考虑季节因素。服装的色彩、款式、面料都要和季节相协调。

春秋季节可选择中色或浅色调的棉麻或混纺面料的服装，外出时可配上一件风衣。

冬季可选择深色调的毛或混纺面料的服装，西装和西装裙是最好的选择。冬季的裙子应该长一些，另外应备有几件质料好的长大衣。

夏季可选择浅色调的淡雅的棉、丝面料的服装，夏季的裙装款式较多，应备有几套出席各种场合的裙装。

总之，在选择服装时，应该考虑季节因素，在每一季都应准备几套出席不同场合的服装，而且要考虑每一种场合的特点。穿着服装和环境、季节相适应，就一定能穿出品位、穿出时尚、穿出气质。

三、女装的穿着

女秘书的着装要求比男装更有个性，但是有些规则还是要遵守的。每位女士都要树立一种最能体现自己个性和品位的服装风格。

职业女装主要有三种基本类型：西服套裙；连衣裙或两件套裙；不成型的上衣、长裙、夹克衫。

1. 西服套裙

是女性的标准职业装。单排扣的西装套裙上衣的扣子可以不扣，双排扣的则必须一直扣着。西服套裙有两种，一种是单色的，上衣和裙子同色同料；一种是双色的，上衣和裙子有一定的差异。单色的西服套裙可使身材显得瘦高一些。

西服套裙的颜色最好选择稳重一些的色彩，有一些较抢眼的颜色在选择时要慎重。在面料方面质地要好、要有垂感。

2. 连衣裙或两件套裙

连衣裙和两件套裙可以单独穿，也可以和上衣搭配穿。虽然在某些场合很合适，但不如西服套裙庄重有力度。不过它仍然是女士在一般办公场所的较好选择。

选择时要注意颜色和图案，太抢眼的颜色或者图案太显眼的在选择时要慎重。面料要选择丝绸或者人造丝以及混纺亚麻等。秘书在办公室的时间较长，纯棉、纯亚麻的面料是不合适的，纯棉显得太随便，而亚麻又极容易起皱。

3. 不成型的上衣、长裙、夹克衫

这种穿着一般是用于不太正规的场合。选择颜色和图案时要考虑和多种衣服搭配。面料选择上要注意避免选择皮革、灯芯绒、丝绒、粗棉布等，这样的面料会让人有一种不太职业化的感觉。

女士在穿职业装时还要考虑以下几个因素：

鞋：建议穿半高跟皮鞋，不要穿凉鞋、松糕鞋。尽量避免穿露脚趾的鞋。鞋的颜色最好比裙子的下摆深一些或与裙子的颜色一致。一般不穿白色、红色、黄色的鞋。

袜子：穿裙装要穿丝袜。袜子的颜色应与肤色相近或较深，肉色的丝袜最适宜。穿袜子时裙摆与袜口之间不能露出一段腿。如果穿旗袍，则更要注意。因为旗袍的边叉开得较高，应该穿长统丝袜或连裤袜。

夏季随身备一双丝袜，以防袜子脱丝，穿脱丝的袜子给人的感觉是很不礼貌的。如果发现袜子脱丝，现场又无法马上脱换，可以用无色的指甲油涂抹，防止继续扩展。

黑色的袜子一般不和浅色皮鞋相配。黑色袜子一旦跳丝，很容易看出来，所以尽可能在穿裙装时避免穿黑色袜子。白色袜子是医护人员穿的，秘书也不适宜。

围巾：选择围巾时要考虑到服装的颜色和款式。春秋时节的丝巾要选择丝绸面料，同时要考虑花色。丝巾的围法和结式也应有所考虑。总之是要和服装搭配协调。

四、男装的穿着

男士在选择服装时通常要比女士少，但是这并不意味着男士就可以不考虑着装问题。如果说女士在着装上考虑的是色彩和款式的搭配，而男士则更多的是考虑着装上细微的变化，在细微变化中体现男士的个性特征和个人风格。

男士的职业装有两种类型：西服、运动式夹克和长裤。

1. 西服

西服是国际性服装。

西服要合体，合体的西服才能穿出男士的精神、风度。

正式场合要穿同质同色的深色西服，西服的质地要好，毛料最适宜。西服里面不能穿毛衣或毛背心，否则会显得很臃肿。男士在穿西服时尤其要注意一些细节。

西服里面的衬衫颜色要单色，领子要挺括，不能有污垢，最好每天换衬衫。穿西服时，衬衫的下摆要放在裤子里面，扣好领口和袖口的扣子。衬衫的袖口要长出西服袖口 1 厘米到 1.5 厘米，领口要高于西服领口 1.5 厘米左右。切忌西服里面穿短袖衬衫。在选择衬衫时面料最好是纯棉，但要注意清洗、熨烫。颜色最好选择白色，这是最安全的选择。此外浅蓝色、灰褐色等也可以，但不要选格子、圆点、宽条纹、紫色等颜色。

要系好领带。领带的结要饱满，与衬衫的领口要吻合，领带的长度以系好后领带下端正好触及皮带扣上端。领带夹应夹在衬衫第三颗扣子和第四颗扣子之间。穿好西服以后，领带夹不能露在外面。

西服上衣两侧的口袋是装饰，不可放东西，否则会使上衣变形。西服上面左侧的口袋一般只放装饰手帕，有些东西如票夹等可放在上衣内侧口袋里。西服裤袋也不可放东西，这样裤形才显美观。

西服上衣如果是单排扣最下方的一粒扣子可不扣。如果是双排扣，则应全部扣上。单排扣的西服也可以全不扣，这样显得潇洒。

穿西服时皮鞋很重要。穿西服一定要穿皮鞋，裤子要盖住皮鞋面。袜子的颜色应该是深色的，切记不可穿白色袜子和花袜子，也不可穿透明的或涤纶丝袜。

2. 运动式夹克和长裤

运动式夹克和长裤的颜色应形成一定的对比，颜色的选择应选择象征权利的颜色如藏青色、灰色、铁灰色等，它们可以和多种颜色形成对比。

面料的选择与西装的情况相同，夹克的质地应该是纯毛、混纺、棉等，长裤的面料应该为纯毛、混纺或永久熨烫混纺。

职场男装在搭配颜色时要注意掌握三色原则。就是身上的服装颜色不能超过三种颜色。

男士在穿职业装时要注意：

袜子：袜子要长到小腿中部。

鞋：尽量选择系带或无带扣皮鞋。皮鞋的颜色不能浅于裤子。黑色皮鞋可以配灰色、藏青色、黑色西服，深棕色皮鞋可以配黄褐色或米色西服。

领带：在选择领带时要考虑颜色和面料。领带的颜色与西服颜色要互相衬托，不要完全相同。主要的颜色和图案要精致、不抢眼。面料最好选真丝，四季皆宜。

领带的打法：有浪漫结、温莎结、王子结、四手结。

另外，在有一些场合虽然是工作场合，例如一般性会议、研讨会、座谈会、单位的外出活动等，不必穿得太正规，可又不能穿得太休闲或太随意，因为这毕竟是工作时间，这时可以穿职业便装。

女士的职业便装包括：衬衫、裙子；套裙；长裤配夹克等。

男士的职业便装包括：长裤配衬衫；有领子的 T 恤衫或毛衣；牛仔裤，牛仔裤不能是那种乞丐裤。

五、饰物佩戴

饰物——饰物是服装在穿着时的配件，它包括：首饰（项链、耳环、戒指）、腰带、眼镜、手表、皮包等。

1. 首饰佩戴原则

（1）让首饰成为点缀而不是累赘。首饰的式样要简单大方，佩戴时也不宜戴太多。在办公室或出席各种正式场合时，不要戴叮当作响的首饰。

项链——佩戴项链应选择和服装相配的造型和质地，同时也要充分考虑自身的条件。细小的项链和无领连衣裙相配才显得清秀；体型胖一些的适合戴长项链；脖子细长的应该戴贴颈的大珠短项链。不同质地和造型的项链，会产生不同的视觉效果和审美感受。

耳环——耳环的色彩应该和服装色彩相协调。耳环材质有金银、钻石、珍珠、人造晶体等类别。耳环造型应和脸型相衬。方脸型不能戴大的扣式耳环；下巴比较尖的脸型较适合戴大耳环；宽脸型应该戴小形状的贴耳的耳环。

戒指——戒指的质地分金银、钻石、翡翠等。戒指的佩戴有某种特定的含义。

正确的戒指佩戴方法是：戴在食指上表示未婚；戴在中指上表示正在恋爱；戴在无名指上表示已经订婚或已经结婚；戴在小指上表示独身；戴在大拇指上表示可能这人的脑子有问题，或者是不太正常。

戴戒指的原则一般是男戴右手，女戴左手。戒指通常只戴一枚。也有这样的情况，女士左右手的无名指上各戴一枚戒指，这时表示左手的是结婚戒指，右手的往往是婆婆的传家宝，因为右手代表男方，戴在右手表示这是男方长辈给媳妇的传家宝。

（2）让饰物衬托出美和气质

腰带——一般要用皮质的，皮带扣要简洁、美观、大方。同时皮带应和皮鞋相配。特别是女士夏天裙装上的腰带，颜色款式要和裙装协调，同时也要和体形协调。根据自身的条件搭配腰带，会更好地扬长避短，衬托出姣好的态势。

手表——是身份的象征。要考虑选择一定的品牌和款式。对于秘书来说，千万不能在工作、礼仪场合佩戴市面上流行的卡通表，那样是不符合身份的，同时也不庄重，看上去有一些滑稽。

眼镜——眼镜可以使人变得更加成熟、稳重、可信。因为眼镜是从早到晚佩戴的，不仅有实用的作用，而且还能起到美观的效应。选择眼镜时首先是选择一副显得职业化的眼镜，不要戴半透明或是有色的。另外在选择眼镜时要考虑自己的体形、脸型，眼镜选得好，能够更好地烘托出秘书的儒雅端庄。

皮包——皮包除其使用作用外，还有装饰作用。女式皮包的款式有肩挂式、手拿式、手提式、双肩背式。

肩挂式皮包是一种轻盈方便的皮包。手拿式皮包具有典雅端庄的感觉，若与礼服或旗袍相配会产生一种高贵感。手提式皮包包带较短，适合手提，通常适用于女秘书。双肩背式皮包多用于旅行。

男秘书在公务活动中应随时携带一只公文包显得正规、气派。

秘书在选择皮包时要考虑几个因素。场合因素：如果是上班用，宜选用实用性强、体积中等、外观不必太华丽的皮包；如果是出席宴会、舞会、酒会等活动宜选用手提包或手拿式皮包。颜色可鲜艳一些，包型可美观小巧，便于摆放而不妨碍他人。

第三节 仪容礼仪

现代社会交际活动越来越频繁，仪容美越来越受到人们的关注。

仪容美指的是人的内在美、自然美、修饰美的统一。

内在美——是指秘书人员自身的各种综合素质水平，这里包括文化素质、心理素质、人格人品、文明礼貌程度等。这种内在美不是一天两天可以提高的，它是靠日积月累长时间的修养自己。这种内在美随时可以表现在一个人外在的言语和行为上。

自然美——是指天生的外在的一种美。有的人具备了，有的人没有具备。但是这种外在的美不是长久的，它随着人年龄的变化逐渐褪色。只有具备了内在美以后，才能长久保持着外在美。虽然有的人外表并不一定很美，但是只要具备高水平的综合素质，也会表现出美感。

美国有一个女秘书，长相很一般，和一些漂亮的秘书在一起，她绝对是一个非常平凡的人，可她在工作中很有亲和力，人又睿智聪明，最后她赢得了许多老板的青睐。这点令那些长得很漂亮的女秘书很不理解。其实这正是内在美的魅力。

修饰美——是指人工的装扮，这里主要是指化妆修饰。

现代社会在人际交往中，很多人很重视外在的修饰。出席一些重大活动或者平时上班，化一点淡妆是对别人的尊重，同时也是给自己信心。既展示了自己的容貌上的优点，也维护了本单位的形象。秘书应该学会化妆。

一、化妆的原则

秘书人员化妆的总的原则是突出自身的自然美的部分，减弱或遮盖容貌上的缺陷。注意环境场合的变化，使自己妆容总适宜。

1. 符合审美的原则。

2. 化妆必须符合自然的原则。

3. 化妆必须符合协调的原则。

4. 正确选择和使用化妆品。

秘书在正式场合要化妆，化妆的浓淡视时间场合而定，不能在公共场合补妆，不在异性面前化妆，不要非议他人化妆。

二、秘书化妆

面部化妆的步骤

1. 洁面——化妆的第一步就是清洁面部和双手，为的是妆容明快，效果好。首先用洗面奶把面部涂抹均匀并轻轻按摩，稍后用清水洗净。

2. 化妆水——用棉球蘸化妆水轻轻涂于脸部，同时用双手轻轻拍打脸部，让化妆水充分吸收。化妆水的目的在于收缩皮肤，防止妆容脱落。

3. 粉底霜——等化妆水干了以后，就可以上粉底霜。油性皮肤脸部要少抹一些，干性皮肤可适当多抹一些。多脂的T形部位要抹薄一些。眼部切忌太厚。粉底霜在皮肤和化妆品之间起粘合剂作用，便于上妆。

4. 化妆粉——用粉扑在脸上沿逆毛方向扑打，稍等用粉刷刷掉多余的粉末即可。化妆粉主要是起定妆作用，同时可以吸收水分和油分，造成柔和细密又有透明感的妆容。

5. 眉部化妆——整个妆容定好以后，就可以开始画眉部。眉部的化妆可以衬托出眼睛的美丽妩媚，还可以突出个人性格和气质，弥补脸型的不足。画眉的时候，首先要了解自己的眉型和脸型。长脸型的人，眉毛要画得微细一些，眉梢可以稍微拉长一点，这样可使得脸型缩短，线条柔和。圆脸型的眉毛不宜画得过细过圆，眉头稍宽并可伸到鼻梁部位。从眉腰到眉峰逐渐上挑眉梢渐细向下弯，这样就不会加重本来就圆的脸型了。

画眉时先用眉笔沿自己的眉型画开去，到眉弓处拉出眉梢，然后用眉刷把画好的眉毛轻轻地刷一刷，使得眉毛更加自然。

画眉毛的颜色一般选用黑色、深灰色、深棕色等，这要根据个人的肤色而定。

6. 眼部化妆——眉部画完之后就应该画眼部。眼部是面孔中最美的部分。眼部化妆主要是加强眼部的立体感和色彩感。

首先用浅色眼影在眼部打底，目的是增加眼部的亮度。然后在上眼睑紧贴睫毛处用黑色或深棕色眼线笔由内向外勾画出一条上眼线，接着在下眼睑处紧贴睫毛由外向内画出下眼线，下眼线一般只需画三分之二，而且要比上眼线细、浅。画眼线的步骤很重要，眼线不仅可以使眼睛有立体感，同时还可以通过眼线美化眼型。

画完眼线后就应该画眼影了。用棉球或化妆笔蘸棕色的眼影粉，按眼睛外形轻轻揉开至眼角处，然后在眼角处稍稍加上点蓝色眼影，与棕色眼影相糅合，上眼角内角处可用一些暖色的眼影，几种眼影要揉和好，还要画得干净。这里说眼角处用蓝色眼影，因为蓝色适合各种肤色，是一种较为保险的颜色。

画完眼睛后，还要注意鼻影的晕染，特别是鼻子较低的人，鼻影能较好地强调妆面的立体感。

接下来就是对睫毛的美化。用睫毛刷把睫毛膏轻轻地由上睫毛的毛根部向上刷在睫毛上，轻轻向上提拉，睫毛膏要刷匀。睫毛膏的质量一定要好，要有一定的防水性能，并且要好洗。

通过以上的几步，眼部化妆就完成了。

7. 面颊化妆——主要是指腮红。腮红切忌过浓过重。腮红的用法只要有：一是沿颧骨向发边抹去，再向下晕染；二是从发边沿颧骨下方向四角抹去，然后向上方晕染。腮红的用色要注意，粉红、玫红是比较适宜的颜色。

8. 唇部化妆——嘴唇的化妆不可忽视，因为它是除眼部以外的面部最重要的部分。

先用唇线笔沿唇廓由嘴角两边向中央描出上唇线，再按同样的方法描出下唇线，唇线的线条要柔美。描好唇线以后用唇笔或唇膏涂染中间，然后用唇油增加透明感即可。

9. 卸妆——首先用纸巾蘸少量的卸妆油卸去眉部、眼部和唇部的化妆品，然后用洗面奶涂于面部的各部位，顺肌肉方向轻擦，用纸巾擦去，再用清水清洗面部，最后抹上润肤品。

以上我们说的是女秘书的职业妆，总的来说应该清淡一些，妆容要画得干净。

说女秘书化妆并不等于男秘书就不用化妆。很多人认为化妆是女士的专利，其实不然。男秘书也需要化妆，只不过男秘书的化妆主要是保持皮肤的健康、卫生。

因此，男秘书每天首先是对面部的清洗，然后抹一些男士护肤用品，以改善皮肤机理，突出阳刚之气。

男秘书要养成经常刮胡子的习惯。男秘书的眼镜可以起到美容的作用，要根据自己的气质和脸型，选择适合自己的眼镜，有时还要考虑眼镜与服装搭配的效果，使之更能够衬托男士的理智大方和潇洒。

总之，男秘书的化妆主要是要以整洁、自然为主，反映男子的气度之美为佳。

三、不同场合的化妆要求

1. 办公室化妆要求

办公室内的工作妆，色彩不宜太艳，因为这种夸张的效果会影响别人的注意力，影响正常的工作秩序。只有选用柔和的淡雅的颜色或是咖啡色系列的色彩，才会给人一种舒服清秀、富有亲和力的优雅效果。

2. 商务活动化妆要求

外出进行商务活动时，人经常暴露在自然光下，和别人的距离也不会像在办公室内那么近，而且还是在行动着，因此，化妆的色彩可以稍活泼或艳丽一些，使人看上去容光焕发、生机勃勃。应该备一些吸油纸和化妆盒，以防出汗或脱妆时补妆，力求妆型保持自然、明亮、长久。

3. 社交场合化妆要求

职业秘书的应酬和社交活动比较多，而这些应酬与活动大多在晚上举行，因此，晚妆的重点就要注意灯光的影响，在眼睛和腮红以及嘴唇上下功夫，强调光彩夺目的效果。

梳理一个适合自己的发型。最好能佩戴隐形眼镜，即使它是平光的。因为隐形眼镜是水性的，在灯光折射下，会产生水灵灵的效果，平添一份妩媚和温柔。

特别需要提醒的是，如果晚上的活动是陪同上司和他的太太一同参加的话，那么晚妆与穿着都必须淡雅些、低调些，绝对不能喧宾夺主。要注意秘书在这种场合永远都是配角，因此，恰如其分、恰到好处的打扮是秘书人员随时随地都必须把握的行为准则。

谈到化妆不能不谈香水。香水的使用主要是用来遮盖体味的。尤其在夏天，出汗以后身体有一些异味，香水就可以起到遮盖作用。在选择香水时要考虑香味，是浓香型的还是淡香型的，还要考虑香水保持时间的长短。这些可根据季节、场合、个人习惯来选择，有时也要考虑周围的人对香水味接受的程度。

四、关于发型

美的发型对一个人的形象来说很重要。

发型要根据不同的场合进行设计。在设计发型时要考虑几个因素：

1. 发型必须和脸型相配、和职业相衬、和身份相符。

设计发型一定要考虑自己的脸型，要善于利用发型来遮盖自己脸型的不足。

头发要进行保养，光滑、柔顺、发亮、没有头皮屑。头发的颜色也要注意。现在很多人喜欢染头发，但是中国人的肤色是黄色，一般来说棕色和棕红色是比较合适的，而黄色则会给黄色的肤色增添病容。发型以自然、轻松、不夸张为主。

2. 出席场合

不同的发型适合不同的场合。在设计发型时这个因素很重要。如果是平时上班，秘书人员最合适的发型就是干净整洁的直发、直短发、或者长及肩的直长发，而长发在工作时应向后束成马尾装，以防低头时影响视线和工作。出席其他场合时，应考虑场合因素和环境因素变化不同的发型。

3. 发型简介

女士发型：

“马尾巴”。是一种将头发一把扎在脑后而不编结成辫的发型。由于简单易行，所以用途极广，年龄跨度大。这种发型会使女孩子显得倍加活泼可爱，但是这种发型会使背部不直的人看上去负荷过重。

独辫子。是一种将长发在脑后编成一根辫子的发型，它给人以怀旧的情结。

娃娃头。又称童话头，它以齐眉的刘海和齐耳的短发塑造女孩乖巧可人的形象，可使女孩看上去更年轻。

直发。是一种将齐肩或披肩的长发拉直的发型，可使女孩变得清纯靓丽。

此外还有大波浪、高发髻、反翘头和男士头等。

男士发型：

西式发型，亦称西装头。泛指现代人三七分或四六分的一种露出后颈部的短发型，是正式场合最常采用的一种发型，给人以庄重、严谨的感觉。

对分发型。是一种五五对开、额前头发比较长的发型。这种发型只适合前额宽大、脸型呈“国”字形的人，反之是橄榄头形人的大忌。

卷曲发型。给人以异国情调或自有浪漫的感觉。

板寸头，俗称平头。脑袋四周基本无发，只是头顶留有 1 厘米 ~2 厘米的短发，而且顶部呈水平面。这种发型给人以刚毅和果敢的形象。

此外，还有刺猬发型、爆炸发型和光头等。但是对于男秘书来说，此类发型不适宜。

第四节 情景实训

实训一：

某公司成立十周年举行庆祝活动，活动定在晚上公司的多功能活动厅举行。

学生分成四组，每组学生设计秘书晚上出席活动时应如何穿戴？

提示：因为是庆祝活动，秘书的服装不必太保守。时间又是晚上，秘书在化妆上应注意灯光效果。

实训二：

学生分成四组，每组学生各设计一季秘书在办公室工作时的服饰，有可能时进行演示。

提示：按秘书服饰礼仪的要求进行设计，要考虑服饰的颜色、款式及搭配。

实训三：

每一位学生进行化妆实践，要求是上班妆。

提示：在化妆时考虑自己的脸型，同时考虑与服饰的搭配和发型的效果，要做到扬长避短，通过化妆以后，使自己更加亮丽。

思考题

1. 简述服饰穿戴的基本要求。
2. 男秘书在穿西装时要考虑哪些因素？
3. 女秘书的化妆可以起到什么作用？
4. 在不同的场合服饰应该有什么样的变化？

第五章　秘书接待礼仪

情境导入：

一天，大地公司的总经理秘书李芳接待了一位客人。这位客人说有急事要找总经理，虽然约见日程安排中并没有此人的名字，可李芳一听是急事，就不管三七二十一，赶紧带他去见总经理。可没想到，这位客人是一位推销员，而总经理当时正在为即将召开的股东大会忙得不可开交，根本没有时间约见他，可他却着着实实地缠着总经理说了半个多小时。这样一来，总经理的工作就给耽搁了。

事后，经理狠狠地批评了李芳，说她的接待工作没有做好。对待不速之客，事先没有做好分流工作，随便就安排客人与上司见面，影响了上司的工作。

第一节　接待工作概述

秘书部门是组织的窗口，秘书工作中有大量的人际往来活动，有往来就有接待。秘书部门的接待工作是指对来自各个方面的来宾的接洽和招待，是一种有着公关职能的活动。所以秘书人员在接待工作中讲究礼仪，对于密切组织与公众的关系，树立良好的组织形象是非常重要的。

一、接待的类型

在公司和企业中，来访者的目的多种多样，来访者的身份和素质也千差万别。有的是因公而来，有的是因私而来，有的是上级来检查工作，有的是合作单位来洽谈业务，有的是群众来上访投诉等等。针对不同的来访者，接待的方式往往会有些不同。根据不同的标准，可将接待工作分为不同的类型。

（一）按来访的人数、规模分类

1. 个人来访。单个的来访者往往是秘书每天接触最多的，既有单位以外的来访者，也有内部员工。他们来访的目的一般比较具体、单一，并且大多是无约来访。秘书人员应本着热情主动为其服务的原则，根据实际情况，区别对待。

2. 团体来访。是指以团、队等形式组成的多人来访。来访的目的包括会谈、商洽、考察、调研、参观、检查工作等多种情况。这种来访往往同单位业务有重要关系，甚至会对单位的发展产生重大影响，因此事先要做精心的准备。

（二）按照接待的准备程度分类

1. 有约来访。是指事先约定好的个人或团体来访。接待有约来访，秘书人员事先要做充分的准备。通常团体来访都属于有约来访。

2. 无约来访。是指没有经过事先约定的临时来访。这在个人来访中比较多见。秘书人员要根据来访者的具体情况，加以甄别，然后合理分流。

（三）按照接待对象的组织关系分类

1. 上级来访。是指本单位的上级主管部门、间接上级领导以及人大、政协等业务来访。

2. 平级来访。是指同级单位或其他非领导性、非指导性的业务来访。

3. 下级来访。是指机关所属下级单位的业务来访。

4. 群众来访。是指除信访活动外的本系统、本地区、本部门的群众事务性来访。

二、接待的礼仪要求

一个从事接待工作的秘书人员是展示企业形象的重要窗口。秘书人员热情、礼貌的接待能使来访者有宾至如归的感觉，由此观察到单位的严谨的工作作风和积极向上的精神风貌，因而无形中建立和维护了企业良好的社会形象。反之，就会破坏企业在社会公众中的形象和信赖。因此，从事接待工作的秘书人员要掌握一定的接待礼仪。

（一）环境整洁，物品齐全

秘书人员要时刻保持接待环境的整洁有序。接待室里的一些物品和陈设事先要准备齐全并摆放整齐，如沙发桌椅、水壶茶杯、报纸杂志、宣传材料等，地面和桌面要打扫干净。当着客人的面手忙脚乱地收拾凌乱的会客室是非常失礼的，会让客人觉得受到轻慢、不受尊重。因此，每次接待完来宾后，秘书人员都要及时整理接待室，以洁净的环境迎接下一位来访者的到来。

（二）仪表得体，举止大方

秘书人员的个人形象是单位企业形象的具体体现。从事接待工作的秘书人员应该穿着得体、气质端庄。服饰应庄重典雅，女秘书宜着套装、套裙或制服，男秘书宜着西装或制服。接待过程中，秘书人员的举止要优雅得体；面对来宾时，表情要自然、专注，动作幅度不要太大，身姿要挺拔，要体现出朝气蓬勃、自信向上的精神风貌。

（三）热情诚恳，耐心倾听

从事接待工作的秘书人员对任何来访者都要抱有“感谢光临”的态度，应以满腔的热情与来访者沟通，仔细倾听他们的各种要求，耐心回答他们提出的问题，不要自己喋喋不休地说个没完。对于来访者的合理要求，要尽量予以满足；一时不能解决的要说明情况和理由；自己不能办理的，要向来访者指明办理的渠道和程序。总之，秘书人员要以自己热情诚恳的服务，使客人有宾至如归的良好感觉。

（四）细致周到，礼貌待人

接待工作是一项事务性较强的公务活动。一次接待活动往往涉及许多部门和人员，尤其是团体接待，秘书人员要协调好各种关系，考虑到各种细节，诸如来访人员的衣食住行、各项活动、礼品赠送等。这要求秘书人员在工作中要考虑周全、细致入微，为来宾提供良好的服务。

对于任何来访者，秘书人员都要一视同仁、以礼相待，不管是上级机关来检查工作，还是一般群众来反映问题。同时，接待中要使用礼仪语言，如接待之初的一句问候“你好”，送别来宾时的一句“请慢走”等，都会给对方留下美好的印象，显示出秘书人员良好的个人修养和职业素养。

（五）讲究信誉，遵时守约

讲究信誉、遵时守约是待人处事的基本原则。接待活动中，秘书人员一定要有信用，许下的诺言不可轻易违背。若情况发生变化，不能守时守约，也应事先通知或事后解释，以真诚的态度向来宾道歉，不能不了了之，在信誉方面进行“形象自残”。

第二节　接待前的准备工作

接待工作中，单位的前台、会客室、办公室都是展示单位形象的窗口。初次来访的客人对单位的第一印象是从他首先看到的人和物上得到的。因此，秘书人员要坚持每天做好接待前的准备工作。准备工作一般有两个方面。

一、心理准备

（一）诚恳的心情

秘书人员要以诚心、耐心和热心去面对每位来宾，无论来访的客人是预约的还是未预约的、是通情达理的还是脾气暴躁的。要让来宾通过你的接待感受到自己是受到欢迎、得到重视的。当客人较多难以应付时，心情一定不能急躁，要控制住自己的情绪，特别是面对态度恶劣的来访者，不要为对方过激言辞和暴躁情绪所激怒，要保持冷静。

（二）合作的精神

自己暂时比较空闲时，看到同事正在忙碌地接待客人，要主动上前协助，不要认为不是自己的客人就置之不理。若同事与客人发生冲突，你应该出面安抚客人，不能视若无睹。同事间的协作精神，能营造出企业良好的工作氛围，有益于提升企业形象。

二、物质准备

物质准备包括接待环境的准备和接待物品的准备。

（一）环境准备

接待环境包括前台、会客室、办公室、走廊、楼梯等处。接待环境应时刻保持整齐、清洁、明亮、美观。可以在前台和会客室摆放一些花卉和绿色植物，让来宾一走进来就感到舒适雅洁、充满生气。尤其是专门的会客室的环境准备要做到以下几点：

1. 光线明亮、柔和。人的眼睛对光线的感受有一定限度，调节好适宜于人的眼睛的光线，有利于创造一个宜于交谈的环境。会客室的自然光若过分强烈，可以采用不同形式的窗帘对进光量进行调节。使用人造光源时，应合理配置灯具，使灯具既有照明的功能，又有美化环境的艺术功能。

2. 色彩素雅、明快。现代心理学研究表明，色彩不仅会影响室内的光线，而且对人的心理和情绪也会产生一定的作用。会客室的色彩选择一定要考虑对人的心理影响，应选择能够给来宾带来温暖、柔和、温馨感觉的奶油色、米黄色、浅绿色等素雅色彩作为会客室的装饰颜色。

3. 温度、湿度适宜。会客室内一般都装有空调或取暖设备，将温度调在18℃至26℃之间，比较适合人的身体，会让人觉得很舒服。比较干燥的秋冬季节，会客室有必要装上加湿设备，可将湿度控制在40%到60%之间。会客室要经常打开门窗通风换气，保障室内空气的清新与流通。

(二) 物品准备

前厅应准备客人座椅，座椅的样式要线条简洁、色彩和谐。

会客室应有准备好的座椅或沙发，桌椅要摆放整齐；饮料茶水要准备齐全，一般客人可以用一次性纸杯，重要客人还是用正规茶具为好；桌上或茶几上可放些报纸杂志或本单位的宣传资料；墙上可悬挂一些与环境相协调的画，也可挂公司领导与国家领导人的合影，或某次大型公关活动的照片，以提高公司的信誉度。还应有一些基本的办公用品，如文件夹、电话、电脑等，复印机、传真机这些设施可放在离会客室较近的房间里，以备随时使用。

第三节 接待工作的基本程序

一、日常接待工作的基本程序

接待任何客人，都不能绕开前台和有关秘书而直接去找要见的人。前台、秘书的责任之一就是要甄别客人，起到“过滤”、“分流”的作用，让预约好的或有接待必要的客人及时得到接待，而把没有必要引见的客人客气地挡在门外，不要让客人直接见到上司或其他人，以免影响工作。此时客人、前台秘书、上司的关系如下：

客人←→前台秘书←→上司

秘书人员应掌握接待工作中的基本程序。

(一) 热情迎客

当来宾走近接待人员时，秘书人员在见到客人的第一时间，要站立起来微笑致意，此时的动作表情，我们习惯称之为“3S”，即stand up（站起来）、see（注视对方）、smile（微笑）。同时还要伴以迎客礼仪用语，诸如“您好，欢迎光临!”“您好，我能为您做些什么?”“您好，需要帮忙吗?”等等。若秘书正在接电话，也要先向来宾致意，请来宾稍候，然后迅速结束手里的工作，进行接待。接着就要问清来访者是有约来访还是无约来访，了解来访者约定见面的部门或人员。针对不同的来访者，常见的处理方式有：

1. 如果是有约而来、按时来访，秘书人员早有准备，这时应马上通知被访者。若是与公司关系密切的常客，秘书人员可招呼道“您好，王先生，李经理正在办公室等您。”如果来访者是在约定的时间前到达，而被访者又不能马上接待，可以先安排其到会客室等候，请其入座，奉上茶水、饮料，递送书报资料供其打发时间。若等待时间较长，秘书人员要不时地招呼，不要让对方有受冷落的感觉。

2. 如果是未约而来，接待的秘书人员要了解客人的要求，询问来访者要访问的部门和人员，根据实际情况联系相应的人员接待。若无法接待，要立即说明情况，主动请来访者留言，并向其保证会尽快将留言转交给被访者。对于远道而来的重要客人，秘书要及时与上司联系，按照上司的指示接待。

3. 若上司不想见某个来访者，秘书就要找个合适的借口，如“对不起，经理正在开会，您看是否改日再来。”“抱歉，王总出差去了”等礼貌而客气地回绝。

（二）亲切待客

1. 引导客人

若是由前台秘书引导客人去办公室或会客室，秘书应将自己办公桌上的文件迅速收拾妥当再离开，重要的文件还应锁起来，以防他人翻阅。若是由部门秘书或业务人员来引导，接到前台秘书的通知后，就应赶快到前台迎接客人。引导客人时，秘书人员应在客人的左前方一米左右的距离引导前行，步调的快慢要同客人保持一致，并不时侧回身，招呼来宾。遇交叉或拐弯时，要停步指引方向；遇到高低处时，要主动提醒客人，“这儿有一个台阶，请留心。”以防意外事故发生。把客人引领到会客室后，要接过客人的外套、帽子、雨伞等物挂放于衣帽间或衣帽架上，然后请客人坐到上座去。若被访者已在室内等候，那么秘书人员要按礼仪规范为双方作介绍。

2. 奉上茶饮

客人落座之后，要立即奉上茶饮。以茶饮招待客人时，首先要征询客人的意愿，征询的方式应为封闭式提问而非开放式提问。“您喝点什么？”“您喜欢什么饮料？”这类提问就给了客人无限选择，使主人难以把握。专业的征询方式是给出所有可能，让客人从中选择，如“王先生，您喝茶还是喝咖啡？”这样就可以避免让双方尴尬。

为客人上茶是中国人待客的传统礼节，整个过程有许多礼仪方面的讲究，具体做法如下：

（1）准备茶具。茶具包括托盘、茶壶、茶杯等物。茶具必须无破损、无污垢，千万不能用有缺口的茶杯，否则就是对客人的不尊重。一般客人用一次性纸杯也可以，重要的客人应用讲究点的茶具。

（2）泡茶。茶叶可用袋装茶，这样比较方便卫生，但质量不是太好。若用散装茶，记住千万不能用手从茶罐里取茶放入茶杯，应用茶勺取茶。杯内的开水只能倒至八分满，不可满至杯口，免得溢出来烫伤客人。

（3）端茶。要使用托盘端茶，托盘内最好放一条毛巾，以便茶水溢出时试擦。端茶时，要手执杯柄，尽量减少手指和杯沿部分的接触，万不可把拇指深入杯内的茶水里。

（4）敬茶。敬茶讲究的是顺序问题。你可以由右往左逐个奉上，也可以按下面的顺序依次将茶奉上。

主要的宾客或年长者 ⇨ 其他的客人 ⇨ 上级领导 ⇨ 其他同事

茶杯要放在客人的右前方桌子上。如大家围桌而坐，则应从每人的右后方将茶奉上；如宾主并排坐在沙发上，就要从茶几前面或侧面上茶。按我国传统礼节，要用双手端茶给客人，若手拿托盘，也应用右手端茶。无论什么情况，都不能单用左手敬茶。敬茶时要轻声说“请用茶。”

上完茶后，要一手侧夹托盘（盘面朝外），另一手轻扶，面对客人后退两步，然后转身走出并轻轻将门带上。

3. 帮上司中断来访

接待过程中，秘书人员应留心上司接待客人的情况。有的客人没有时间观念，一说起来就没完没了，这时秘书就要协助上司结束约见。有时，上司的下一个活动时间已经临近，秘书需要及时提醒上司结束会谈。注意，一定要遵照上司的指示，谨慎地中止会谈。秘书常采用的中断来访的方式有以下几种：

（1）卡片告知。如果必须提醒上司另外一个约见，秘书可以把下一位来宾的名片或客人的姓名及约见时间写在一张小卡片上，递给上司无需说话，也不要多做无谓的补充。

（2）入室通知。进入会客室口头通知上司其他客人已到，但不要具体涉及是哪一个约见及约见何人。你可以这样说“对不起，您3点约见的客人已经到了，我能告诉他，您很快就会会见他吗？”

（3）内线电话提醒。用内线电话通知你的上司，特别是当你觉得上司不宜催促客人的时候。每隔 10 分钟一次，使你的上司在客人面前有机会说："我们的会谈马上结束。"或"再过 5 分钟。"虽然是一个简单的答复，却可以促使客人识趣告辞。

秘书人员应该明白，当上司自己不便摆脱来客时，他期望你给予什么方式帮助，秘书人员要理解上司的意图，运用合适的方法礼貌地提醒、催促客人离去。

（三）礼貌送客

送别客人是接待工作最后也是非常重要的一个环节。不管你在前面的接待工作做得多么周到，如果最后的送别让客人备受冷落，就会前功尽弃、功亏一篑。因此，秘书人员要高度重视送客工作、要善始善终，使你的客人走时仍然面带笑容、满意离去。送别客人应注意以下几点：

1. 提出道别。一般来讲，道别应由客人先提出来，客人不告辞，主人是不能提出道别的，否则会给人以厌客、逐客的感觉。客人告辞时，接待人员要婉言相留；客人执意要走，也要等客人起身告辞时，秘书再站起来相送。送客走出会客室时，要留心来宾是否忘了外套、帽子、雨具、包袋等物，如有，则要提醒来宾取走。

2. 送别用语。宾主道别时，要说一些礼貌用语。最简单、最常用的是"再见"，此外还有"您走好"、"有空多联系"、"一路平安"等，借此表达对于对方惜别之情。另外，接待的秘书人员可委托来宾代向其同事、上司问好，如"向××问好。"这有利于增加双方的情谊。

3. 送别行为。送客时，如果将客人送至电梯门口，一定要等电梯门关上再离开；若是送至大门口，要等客人所乘坐的车开出视野后再走回去。无论是送客人到哪里，都要挥手道别，目送客人远去，如果客人回首招呼，主人应举手、频频点头示意。

送客时不要坐着不动，或只是点头表示道别；离开会客室时，不要马上关门，而且不把门关得很响，或马上把室内的灯关掉；等客人离开时，也不能频频看表或东张西望。这些行为能引起客人的反感和误解，会给客人留下傲慢、不懂礼貌的不良印象。陪同上司一起送客时，秘书人员要比上司稍后一步。

二、接待团体来访的基本程序

团体来访一般人比较多，来访时间也长一些，往往会涉及到单位中更多的人和事，因此接待工作要比日常接待复杂得多，需要提前做好准备。

（一）准备工作

俗话说“凡事预则立，不预则废。”在接待团体来访的工作中，进行必要的事先准备，以求有备无患是非常重要的。秘书人员要做的准备工作，大体上有以下三个方面：

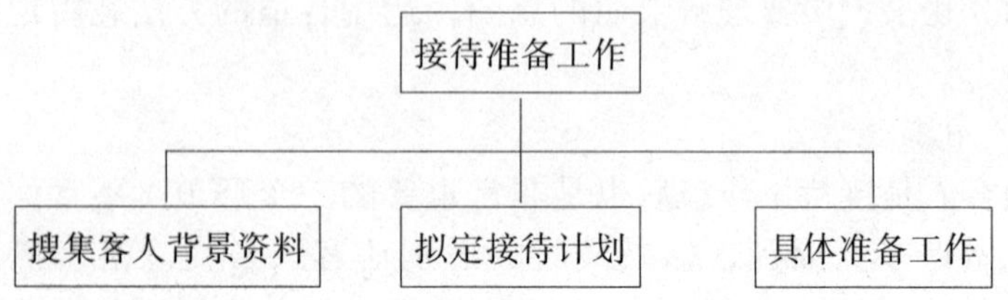

1. 搜集客人背景资料

尽快掌握来宾的情况，了解来访的意图和要求是做好接待工作的基础。因此，要尽可能详细地搜集客人的各种背景资料。通常背景资料包括以下内容：

（1）来宾的具体人数和个人简况——便于确定接待规模和安排住宿。来宾的个人简况包括姓名、性别、单位、职务、民族、信仰等内容。

（2）来宾抵达的时间以及乘坐的交通工具——便于通知有关部门和人员安排接送。

（3）来宾来访的目的、任务和行程——可以预先准备好相关材料，便于安排具体工作。

负责接待的秘书人员可将以上情况列个清单，这样操作起来就方便多了。

2. 制订接待计划

团体来访的接待事关重大，应事先制订出详细的接待计划。接待计划的主要内容有三项：确定接待规格、拟定日程安排、提供经费开支。

（1）确定接待规格

接待规格是指主陪人与主要来宾职位高低比较的规格。接待规格有三种：高规格接待、对等接待、低规格接待。

高规格接待。即主陪人比主宾的职位高的接待。如某公司的总经理接待来自上级主管部门的一位工作人员，或接待一位重要客户、急需人才等。高规格接待表明了接待方对被接待方的重视和友好，有时也称破格接待。这种接待会占有主陪人很多时间，用多了势必会影响上司的正常工作，也有可能影响与其他单位的关系，所以要慎用、少用。

对等接待。是指主陪人与主宾的身份对等的接待，是最常用的接待规格。

低规格接待。即主陪人比主宾职位低的接待。这种接待规格常用于基层单位。如某部领导到下属企业视察，其企业最高领导的职位也不会高于部领导，这就属于低规格接待。另外，有时主陪人临时有急事，只得换职位较低的人来接待，这也是低规格接待。这是不得已而为之，不能常用，否则会影响与对方的关系。

秘书人员在确定接待规格时，除了要了解主宾的身份外，还要考虑以下一些因素：

对方与我方的关系。当对方的来访事关重大或我方非常希望发展与对方的关系时，往往要用高规格接待。

特殊情况下的妥善处理。一些突然的变化会影响到既定的接待规格，如上司生病或临时出差，只能让他人代替。这时，秘书人员必须向客人解释清楚，并向客人道歉。

以前是否接待过。对以前接待过的客人接待规格最好参照上一次的标准。

(2) 拟定日程安排

要根据工作需要和来访目的要求拟定日程安排表。日程安排包括日期、时间、地点、活动内容、陪同人员等内容，一般以表格形式列出。日程安排一定要具体，拟好初稿后，要请上司过目，根据上司意见修改后，通知对方，征求意见，然后再一一落实。

(3) 提供经费开支

要根据接待活动的内容和本单位有关接待方面的规章制度拟定经费计划，原则上要求从简务实。一般经费开支有以下这些项目：

工作经费：大型接待活动需要租借会议室、打印资料、购买一些文具等。

住宿费：包括来宾和某些工作人员住宿的费用。

餐饮费：

劳务费：包括外请的讲课、演讲的费用、员工的加班费、服务人员费用等。

交通费：

参观、游览、娱乐费用：

纪念品费：为来宾准备的有纪念意义或有特色的礼品所需费用

宣传、公关费用：有些大型活动往往要在一些传媒上做宣传，或请有关人士出席一些仪式、典礼。

其他费用：

有时，客人的住宿费、餐饮费、参观娱乐费等由客人一方支付，就要把所需费用数目与日程安排表一起提前寄给对方。

拟定的经费计划经领导批准后，接待人员按财务手续领取经费。

3. 具体的准备工作

接待计划拟定好，报送上级领导批准后，就要开始准备相关事宜。

（1）发邀请函

一般要至少提前一周发邀请函。大型的商务活动组织工作复杂、时间长，有时可能提前几个月甚至半年以上发出邀请函。以便应邀者能合理安排时间，参加活动。

（2）预订宾馆、餐厅

要根据接待规格预订宾馆和餐厅。安排住宿时，要把年龄大、身份高的人安排在朝向好、设备好的房间；把同一单位的人最好安排同一楼层相邻的房间。

安排餐饮时，要特别考虑到来宾中的少数民族和外宾的饮食习惯和禁忌。

（3）安排迎接、陪同及服务人员

在大型、正式的商务交往中，接待人员应本着身份对等的原则来加以确定，宾主双方身份、地位应大体相仿，人数应基本相同。此外，各方面的服务人员、礼仪人员等都要落实到位。

（4）落实参观单位

要向参观单位介绍来宾的意向、要求，要交代接待方针和注意事项，事先安排好介绍人员。

（5）准备礼品

大型的公务活动，应准备好有纪念意义或有特色的礼品。关于礼品的选择，可参见第三章。

（6）预订车、船、机票

要根据活动时间的安排，预订好来宾回程的车、船、机票。

（二）接待来宾

1. 迎接客人

（1）安排人员迎宾。对于不同的来宾，要按照接待规格选择不同的迎宾人员，重要宾客应由身份对等的人亲自迎接。一般情况下，迎宾人员人数不能太多。

(2) 提前到达迎宾地点。迎宾人员要提前一刻钟左右到达迎宾地点，以恭候客人的到来。千万不能迟到，以免客人因久等而产生不信任感。

(3) 确认来宾身份。迎接来宾，尤其是在人来人往、车水马龙的交通工具停靠站迎接素不相识的来宾时，务必要确认来宾的身份，准确地接到客人。来宾身份确认的方法详见下表：

来宾身份确认方法一览表

方法	具体说明	注意事项
使用接站牌	接站牌的具体内容，有四种主要形式： (1)“热烈欢迎某某同志” (2)“热烈欢迎某单位来宾的光临” (3)“某单位热烈欢迎来宾莅临指导” (4)“某单位来宾接待处”	(1) 接站牌要正规、整洁，不要随便用纸乱写。 (2) 字迹要大而清晰，不要用草书书写。 (3) 尽量不要用白纸写黑字，否则给人晦气的感觉。
使用欢迎横幅	其具体内容与接站牌相似。 通常欢迎横幅应以黑色毛笔字书写于红纸上，或是将写在红纸上的字以一定的规格剪贴在红色布帛上。	(1) 横幅书法要精美，切勿出现错别字，或是缺字、掉字。 (2) 剪贴要端正，不要歪歪斜斜。
使用身份胸卡	这里所说的身份胸卡，特指迎宾人员在迎宾现场所采用的专用胸卡。其内容主要有： (1) 本人姓名 (2) 工作单位 (3) 所在部门 (4) 现任职务 (5) 其他	(1) 迎宾人员的身份胸卡，一般应统一制作。 (2) 胸卡的大小与名片的大小相仿，即应为长9厘米，宽5.5厘米。

然后由来宾介绍其同来人员。

2. 安排住宿

接到客人后，要陪同客人到预先分好的宾馆，尽快带领客人到房间去，然后把确定的日程表、就餐的凭证等交给来宾，并告知下一项活动的时间、地点，稍事寒暄后即可离开，让客人尽早休息。

3. 安排参观娱乐活动

参观游览娱乐是许多公务活动中的应有内容，陪同来宾参观游览是秘书人员的重要职责。安排参观游览活动要注意以下几点：

（1）尊重来宾意愿

如果有可能，选择参观游览项目要尽量照顾来宾的兴趣和特点，满足来宾的要求，这样才能让来宾体会到接待方的诚意。

（2）注意保密

如果是参观本企业，要注意避开涉及商业秘密的地方；回答客人的提问时也要留心保守秘密。

（3）安排好人员和车辆

应选择车况较好的车辆和驾驶经验丰富的司机；选择对参观游览项目比较熟悉的富有经验的陪同人员。

（4）做好服务

如果路途较远、时间较长，要事先安排好餐饮、住宿；车上也要备有水和简单食品，还要准备些常用药品，以备不时之需。

（三）送别来宾

送客时的程序和要求与日常接待工作是一样的，此外，还要注意以下几点：

1. 领导话别

如果是重要客人，可安排高层领导在来宾离开前一个晚上或离开前到宾馆话别，以示尊重。

2. 赠送礼品

可将准备好的礼品在活动结束时赠送给来宾，也可在领导与来宾话别时送上礼品。

3. 按迎客规格送客

按迎客的规格安排好送客的人员和车辆，车子要提前到达客人住宿的宾馆，将客人送至返程车站、港口、机场。

4. 电话问候

估计客人已抵达目的地，秘书可打电话问候，表示关心并感谢客人的来访；同时要征求客人对接待工作的意见和建议，并将有关情况报告给主管领导。

（四）善后总结

送走来宾后，负责这次接待工作的秘书人员要及时结算接待费用，清还租借物品，并将接待中的所有资料整理归档，并按要求撰写接待工作总结向上司汇报。

第四节　接待中的挡驾艺术

在日常接待工作中，秘书人员接待的大多数是事先约定好的客人，但不能排除有些来访者事先未约定就找来，而且不分事情大小就要直接面见领导。秘书人员不能一概应允，也不能全部拒绝，应该根据实际情况区别对待。对没有必要由领导会见，或经请示后领导无意会见的来客，秘书人员可以婉言加以拒绝。拒绝是一门原则性和灵活性相结合的艺术，秘书人员应努力学习相关知识，并在实践中积累经验，为领导挡驾。

一、挡驾的意义

（一）帮助领导节约宝贵的时间

一般来访者都有一种比较普遍的心态，认为只有见到主要领导才能解决问题，满足他们的要求，所以事无巨细都要找领导，其实多数问题可由相关职能部门解决。遇到这样的来访者，秘书人员要根据问题的不同性质，安排来访者去相关的职能部门解决问题，这样可以帮助领导节约宝贵的时间。

（二）帮助领导摆脱琐碎繁杂事务的纠缠

接待工作是一种事务性很强的工作。凡属常规性的事务工作，秘书人员一定要承担起来，不能直接把来访者引见给领导。领导工作十分繁忙，应排除一切琐碎事务及外来人员的干扰，以保证领导能够集中精力思考和处理更重要的事情。

（三）帮助领导避免陷入无谓的纠纷之中

来访者当中有不少是来投诉的，这里隐含着大量的纠纷，有许多纠纷一时半会是解决不了的。因此，秘书人员遇到这类来访者，一定要挡驾；并把来访者提出的问题记录下来，同时告知来访者，会把反映之事转告给领导，尽早给他一个答复。这样既做好了接待工作，又帮助领导避免了纠纷，把精力放在主要工作上。

二、挡驾的范围

秘书人员要善于对来访者进行甄别，然后加以分流。

来访者可以分为两类：外部来访者和内部来访者。

（一）对于外部来访者

来自上级领导机关和有重要事项联系的一般不能挡驾，应直接引见给上司。对于涉及产品推销、事务纠纷、消费投诉之类的来访者应坚决挡驾，并告知对方去相关的职能部门解决。对于涉及业务洽谈、人才流动、产品开发等类的来访者，应婉言回绝对方面见领导的要求，但可通报上司，由上司决定是否约见。

（二）对于内部来访者

原则上不予引见，除非事关重大、时间紧迫。而一般性的问题，可告知来访者，去找相关职能部门解决。

三、挡驾的要求

（一）了解来访者的情况

在接待工作中，秘书人员要在交谈中了解对方的大致情况并简单记录下来，如对方的姓名、工作单位、职业、反映的情况、提出的要求、是否重复来访等。尤其是对要求面见领导的来访者，要弄清对方的意图，以及面见领导后可能采取的行为方式。在了解情况的基础上，再加以甄别分流。

（二）领会领导的态度

领导对于是否接待来访者，是根据不同的来访者、不同的时间、不同的问题等所决定的，秘书人员应依据情况做出决定。一般有三种情况：

1. 对于无理取闹、纠缠不清、或态度恶劣、脾气暴躁的来访者，不宜领导接待，应坚决挡驾。

2. 来访者反映的情况比较重要，但领导因要处理更重要的问题而分不开身，可暂缓安排面见，但可请示领导，另外安排时间约见。

3. 无法确定问题的性质和领导的态度，可先行挡驾，待请示领导后再作安排。

（三）具备良好的心理素质和较强的判断分析能力

秘书人员在接待工作中会遇到各种各样的来访者，多数来访者都是通情达理的，当他们面见领导的要求被拒绝后，一般都会听从秘书人员的安排到相关的职能部门去解决问题。但也有相当的来访者会坚持自己的要求，在要求遭拒绝后会以种种方式发泄他们的不满。这就要求秘书人员有较强的心理承受能力，不为对方的过激言辞和暴躁情绪所激怒，应控制住自己的情绪，并设法使对方的情绪稳定下来，对对方做耐心细致的说服工作，以达到挡驾的目的。若来访者有寻衅闹事的倾向，秘书人员可请保卫部门出面干预。

四、挡驾的技巧

有效的挡驾有三个标准：一是为来访者解决了问题，使来访者满意归去。二是与来访者建立了良好的人际关系，来访者虽没有见到领导，但仍对接待人员充满了感激，而不是愤恨和失望。三是不留下任何后遗症，即来访者能理智地放弃面见领导的要求，而且也不会为此而再次来访，或通过其他途径达到面见领导的目的。要想做到有效挡驾，秘书人员必须掌握一些基本的技巧。

（一）运用有声语言挡驾

挡驾工作中最常用、最主要的手段就是有声语言。秘书人员要根据不同的来访者和不同的问题，运用不同的语言风格和态度以收到最佳的挡驾效果。

1. 坚定。对于无理取闹或纠缠不清的来访者，拒绝的态度要十分坚定。使用诸如“很抱歉，我不能为你安排”、“这绝对不行”之类的话加以拒绝，使对方完全死心，不抱见到领导的希望。

2. 诚恳。对于比较通情达理的来访者，秘书人员可以十分诚恳地告诉对方，此类问题不需要领导干预，要想解决问题最好找相关的职能部门。使用诸如“领导是不会管这件事的。我看不如找某部门，他们一定会为你解决问题的。”“我给你出个主意，去找某部门，准行。”听了这样的话，来访者会感觉到你是真心为他着想，就会欣然接受你的建议。

3. 委婉。有些来访者属于重要人物之列，而领导暂时不能接见或不愿接见。秘书人员不能简单地加以拒绝，应用委婉的语气来挡驾。使用诸如“很抱歉，总经理正在主持一个重要的会议，暂时无法接待您。如果您的事比较急，要不这样，我把您的意见和副总经理说一下，看他能否见您?”“您是否可以留个条，我保证把您的意见传达给领导。晚些时候我再把情况告诉您，好吗?”

（二）运用体态语言挡驾

作为一种无声语言，体态语在表情达意上能补充和强化有声语言的表达效果。秘书人员在接待工作中配合使用体态语言，往往会收到意想不到的挡驾效果。常用的体态语有以下几种：

1. 表情。态度坚决时，表情就要严肃坚定，给人毫无通融之处的感觉；态度诚恳时，表情要温和友善，给人感觉秘书人员是真心为他着想；委婉拒绝时，表情上要显得彬彬有礼，让对方理智地认识到你的建议是最合适的。

2. 动作。有形的动作往往对表达起着强调、补充、暗示的作用。如摇头、摆手都是态度坚决的表示；下意识碰碰对方的膝盖、拍拍对方的肩头，是表示关系密切、极愿帮忙之意；埋头于自己的工作或频繁地出出进进，是下逐客令的意思等等。秘书人员要充分掌握和熟练运用体态语言，更好地实现挡驾的目的。

3. 距离。两人之间距离的远近，可以表示彼此关系的亲疏远近，也可以表示一方对另一方态度的不同。秘书人员拒绝来访者的要求时，如果态度十分坚决，就应让双方相距 120 厘米以上；如果态度诚恳地说服对方，双方可相距 50 厘米之内；若态度委婉地拒绝对方，可保持 80 厘米～120 厘米之间。

第五节　情景实训

一、案例

张黎是大地公司的办公室秘书，她每天的日常工作主要是接待来宾。可是每天来访的客人除了是有约而来的外，还有不少不速之客。张黎就要善于甄别来客，根据实际情况给予客人适当的接待。

二、实训要求

根据以上案例内容，模拟张黎处理如下场面的情景：

情景一：

有一个外地公司的客户，慕名来到大地公司，事先并没有预约，请演示接待的情景。

情景二：

一位推销员，事先没有约定，一来就说有急事，要立即面见经理，并且不愿离去。请演示秘书应对的情景。

情景三：

一位与公司有多年业务关系的重要客户，约好了今天十点钟来公司和总经理洽谈业务。现在他提前了一刻钟来到公司，总经理暂时无暇接待，请演示秘书接待的情景。

情景四：

一天早晨，一位预约的客人刚到，另一位客人却由于急事来到公司，要求马上见到总经理。请演示秘书接待的情景。

情景五：

这天，一位公司内部的员工，因对自己的工资待遇不满来上访，情绪相当冲动，大声嚷嚷要见老总。请演示秘书接待情景。

情景六：

今天有一位对公司极为重要的合作企业的经理来访。办公室主任安排张黎去接待。张黎要到办公室外迎接客人并做自我介绍，要引导客人乘坐电梯，进入总经理办公室，然后要为双方做介绍。双方正式交谈前，秘书要奉上茶水；双方交谈结束后，秘书要送别客人至公司楼下。请演示整个接待过程。

三、实训提示

1. 要事先设计模拟环境，也就是要布置好接待室的环境。包括基本的办公用品、办公家具的准备和摆放，还有接待室的环境布置等。

2. 学生按场景分六个小组分别演示，每个小组 2 人 ~3 人，其中 1 人充当秘书角色，1 人扮演总经理，1 人扮演来宾。

3. 可以学生自由选择合作伙伴，但每个学生都要有演示的机会。扮演角色的称谓可自己决定，但称呼必须符合礼仪要求。

4. 着装要符合身份和场景的需要。

思考题

1. 接待工作的礼仪要求是什么？

2. 秘书人员在接待前要做好哪些准备工作？

3. 日常接待工作的基本程序是什么？

4. 什么是接待规格？接待规格分为哪几种？

5. 接待计划包括哪些内容？

6. 有效挡驾的标准是什么？实现有效挡驾有哪些技巧？

7. 上海海潮公司总经理秘书接到通知：与本公司有合作关系的北京原野企业集团总裁一行 6 人，将于 10 月 12 日至 16 日来上海考察并洽谈业务。请以公司接待处的名义，拟定一个详细的接待方案。

第六章　办公室礼仪

情境导入：

2005年的除夕夜，全国人民正处在全家团圆的喜悦气氛之中，南方某市人民政府值班室的电话铃急促地响起来了，值班秘书接到报告，当天下午4时30分，一艘个体户经营的水泥船在省农资公司的一农资仓库码头装运300多桶硫酸。5时30分左右，因搬运工不小心，其中一桶100千克重的硫酸掉到河里，当时搬运工并没有理会它，继续装船。直到6时20分才报告水上派出所，该所立即报告水上安全监督站。当该站派出的监督员赶到出事现场时，船已不知去向，于是又派出船追赶，并通知市海上安全监督局。由于该市一水厂就在同一水域抽水，硫酸掉落河中极有可能污染河水，直接威胁食用该河水的数百万人的生命安全，情况十万火急。

这个危急事件，最终由于市政府领导及有关方面负责人及时采取措施而化险为夷，事故得到妥善处理，而对于值班秘书来说未尝不是一场严峻的考验。

第一节　办公室礼仪概述

对于秘书人员而言，大多数时间工作活动的地点是在办公室，办公室是秘书人员最主要的活动舞台。每一个人都希望自己在单位里是受欢迎的人，在事业上有成就，这一切离不开办公室礼仪的开展与运用。

一、办公室礼仪的基本内容与意义

办公礼仪，指的是秘书人员在自己的办公室之内，在办理公事、执行公务时所必须遵循的礼仪规范，通过行施办公礼仪达到与相应的团体或组织更好地交流、沟通的目的，

从适用地点上来看，办公礼仪主要适用于秘书人员的办公室之内。从

时间上来看，在国家法定的上班时间以内，秘书人员都必须主动、积极、自觉地遵守办公礼仪。由此可见，办公礼仪主要是供秘书人员在自己的办公室里上班时用以自律的。办公室秘书人员的礼仪修养，已经引起了现代社会的重视。

秘书人员所应当遵守的办公礼仪，基本上表现为维护自我形象、勤于公务以及处理人际关系等三个方面。

首先，秘书人员要认真维护自我形象。秘书人员在办公时，仪容一定要干净、整洁，要给人以清爽宜人、精神振奋、朝气蓬勃的感觉。秘书人员是企业和单位的窗口。在某种意义上，人们主要是通过秘书人员的个人形象，来观察企业和单位的整体形象。在秘书人员处理办公室事务时，人们主要通过秘书人员的仪表形象，来形成对企业和单位的整体印象。

因此，秘书人员在办公室里工作时，要进行自我形象的维护。不能以任何理由疏忽对个人的仪表形象的修饰与维护。秘书人员在办公室着装方面，重点是要避免脏、乱、破、露、透、短、紧等几种失仪的情况出现。

其次，秘书人员要一心一意地勤于公务。对秘书来说，集体的利益高于一切，为集体服务是秘书人员的宗旨。在对外联络或办理公事时，秘书应当将这种正确认识落到实处。在从事公务活动时，应当具有责任心和时间观念。要求工作要主动、负责，对本职工作要时刻放在心上，不允许对其推脱延误、讨价还价、不负责任。要严格遵守作息时间，每天准时上班，按时下班，不得迟到早退。不管有没有人监督，都要严格自律。在办公室上班时，必须要勤勤恳恳、兢兢业业，不得在办公时一心二用地处理个人私事，在上班时不可以做与本职工作无关的事情。秘书要做到勤于公务，不仅要端正思想，克服不良习惯，而且还应当认真而系统地学习一些基本的办公规则。

最后，秘书人员在办公室中要妥善处理好人际关系。一般情况下，秘书人员在执行公务时所面临的人际关系不外乎是“内外关系”、“上下关系”与“平级关系”。也就是说，秘书人员所要处理的，主要是对外与来访客人的关系、对内与同事的关系、对上与上级的关系、对下与下级的关系。不论走到何处，秘书人员总是要跟其他人打交道，处理公务就更离不开人际交往。礼仪，可以说是一门有关正确协调、处理人际关系的艺术。秘书在办公时，既然要以礼待人，那么关键就是要处理好自己的人际关系。

办公礼仪活动中的人属于社会化的个人或组织化的个人，所以秘书人员在公务活动中的待人接物、言行举止是代表组织的。他的职业角色、组织地位、工作性质决定了固定的礼仪规范，个人是无权选择和私下变更的，即使个人有什么特殊情绪，也只能深深埋藏心底，至少应等完成公务活动后才可以泄露、表达这种情感或情绪。科学实验表明：人的语言能力、思维能力以及感情、意志等心理活动若离开了与人的交往，则不会产生、成熟和发展。秘书礼仪有助于增强秘书的文化知识、社会知识，有助于丰富秘书的阅历、扩大眼界、增长见识。在日常交往中，随着人情的练达、交往能力的提高，秘书的办事能力及其他各方面的才干都会得到提高。在公务活动中，秘书人员由于所处位置特殊、工作任务繁重以及社会对秘书角色的期望值高，在心理上承受着各种压力。办公礼仪在人际关系中起着微妙的协调作用。因为人与生俱来就需要得到别人的爱抚、同情、理解、关怀和帮助。人和人之间的相互理解、信任、关心和友爱会造成良好的社会氛围，能使每个正常人的健康的、合理的心理需要得到一定程度满足，从而产生开朗、乐观的情绪，对生活更加热爱，并使整个群体保持一种稳定的、融洽的秩序，反之会使人产生消极态度并酿成群体的危机。一个懂得办公礼仪的秘书必然情绪稳定、乐观向上、具有爱心、善解人意、态度现实、责任心强、灵活多变、适应力强、人际关系和谐和善与人交往。办公礼仪能帮助秘书与领导、同事之间建立和谐的工作环境氛围，在这种良好的人际关系中自如地工作，压力得以缓解，苦闷忧愁得到合理的宣泄、排解，工作的疲惫感因此而减轻，从而达到心理平衡，保持身心健康，能使群体保持良好的秩序。

成功的秘书知道善于用情感作凝结人际关系的纽带，以礼仪为手段去完成行为的过程。可以说，礼仪是协调人际关系的调节器，同时又是人际交往的尺度。

二、办公室礼仪的基本原则

秘书人员在办公中与人交往实施礼仪时应注意遵循以下原则：

（一）充分尊重对方的原则

秘书与领导、同事、客人在人格上是完全平等的。无论对上级领导或是下属，对同事或者来访者，都要一样给予尊重。对上不唯唯诺诺、点头哈腰，对下不居高临下、盛气凌人、指手画脚，尊重任何同自己交往的一方，才能消除对方的戒备心理，增强彼此间的亲切、亲近感，从而形成和谐融洽的工作关系。事实证明，平等原则的遵循与否，对于秘书工作开展得是否顺利有着重要的关系。我国民间有句俗语，叫“人敬我一尺，我敬人一丈”。希望得到尊重是每个人的愿望。秘书在接待下属及其他单位部门来访人员时，更要注意礼仪面前人人平等。有时一句关心的话语或一杯热茶，能帮助加深彼此的情感，甚至能“化干戈为玉帛”，即使不能帮助解决问题，也能让人心情舒畅并给予理解。傲慢只能“一石子打破一大缸”，影响自身及所在单位的信誉度。

（二）良好修养的原则

真诚是打开心灵的钥匙。秘书由于处于特殊的工作环境，往往给人以深不可测的感觉，这就为感情交流蒙上了一层面纱。要获得人们的了解与信任，就必须揭开这层面纱，坦诚待人。英国专门研究社会关系的卡斯利博士说过：大多数人选择朋友都是以对方是否出于真诚而决定的。当然，要获得对方的真诚，自己首先要对别人真诚，这样才能增强相互间的信任度，也能更好地打开工作的局面。秘书应当胸怀宽广、严于律己、宽以待人，不过分计较别人在性格、知识、修养、能力等方面的缺点，不要求别人和自己一样。就像天上的星星，虽然在一个共同的天空里，却是千差万别的。每个人都有他不同的性格、爱好和追求，不能以己之长度别人之短，要多让别人发挥优势。与别人合作时，把方便让给别人，把困难留给自己。取得成绩时，不与人争功；遭受挫折时，多承担责任。面对种种误解、埋怨、冷嘲热讽，难以一一解释说明时要顾全大局、委曲求全，不要对别人的过错怀恨在心。宽容了别人，也就解脱了自己。“日久见人心”，时间久了，领导、同事、客人自会明白。宽容并非懦弱和缺乏主见，而是具有自信、品德高尚和善于与人相处共事的表现。真诚的理解和宽容可以使友谊不断迈向新的境界，并能更好地实现工作目标。

（三）适应环境的原则

时代在发展，社会在进步，生活在社会中的每个人也在变化着。在这个快速变化的社会里，与各阶层人士交往的秘书人员更不能以不变应万变。社会需要现代秘书调整心态，观念上有所更新，行为上有所改进，要看到变化并从心理上适应这些变化，根据环境、情形，以变应变，这样才能在心理上得到平衡，愉快地进行工作和生活。

（四）信用适度的原则

秘书在与他人交往时，必须要守信，许诺的事一定得做到，要“言必信，行必果。”言行一致是做人的根本，也是衡量一个人心理成熟的标尺。在交往中，凡别人的要求自己可以办到的，要热心地办；办不到或暂时有困难的，说话要有分寸，不能信口开河地乱许诺，以致失信于人。遵守时间也是守信的一个方面，办事应有约在先，约好的时间就要遵守，不要早来更不要晚到。早来浪费自己的时间；晚到必然让别人久等，打乱别人的安排。遵循守信守诺的原则，可以使自己在社交中树立起良好的信誉。

第二节 办公室常见工作礼仪规范

一、用语、举止、仪表

（一）礼貌用语

1. 问候礼节。问候礼节主要是指在接待来宾时使用规范化的问候用语。

见到初次见面的来宾应说："你好！""早上好！""晚上好！""您好！见到您很高兴！"等。这种问候语简单明了，不受场合约束而且听来亲切自然。如系以前认识，相别甚久，见面则说："您好吗？很久未见了。"

来访者来到时，除第一句话按不同时间问候外，接着应问："您有什么事需要我帮忙吗？您是初次来这里吗？路上辛苦了。"

平时遇到来宾，应道好问安，一般说："你好！"对于较熟悉的客人可以说："您好吗？"分别时则说："再会！明日再见！""不久再见！"或说："祝您一路顺风，请转达我们对您家属的问候"等。

如遇客人身体不好，应关心地说："请多保重！"当气候变化的时候应告诫客人"请多加一些衣服，当心感冒。"

如遇客人的生日或节日期间，应向其祝贺。如"祝您生日快乐！"等。

客人即将离去时，应主动对客人说："请对我们的工作提出宝贵意见。"

不论是在何种场合，问候时表情应该自然、和蔼、亲切，脸上应带有温和的微笑。

2. 称谓礼节。用恰如其分的称谓来称呼客人，这就是称谓礼节。

不应直呼其名。可称："同志"、"先生"、"小姐"；知道其职务时，在一定场合也可称职务，如"×部长"、"×处长"、"×厂长"、"×经理"。

3. 感谢语

当别人帮了你哪怕是一点小忙，都应该说"谢谢！""麻烦你了，非常感谢！"接受别人的赠物或款待时，应该说："好，谢谢！"。拒绝时应该说："不，谢谢！"而不应该说："我不要！"或是"我不爱吃！"

感谢的时候还应该以热情的目光注视对方。

4. 道歉语

做了不当的事，应及时道歉说："对不起，实在抱歉。""真过意不去。""真是失礼了。"如果不经意打扰了别人，或是打断了别人的话，应该说："对不起，打扰了。""对不起，打断一下。"在公共场合不小心碰了别人，应该说："真对不起。"在服务对象面前应该学会说："对不起，让您久等了。"

5. 征询语

"您有什么事情吗？""我能为您做些什么吗？""您需要我帮您做些什么吗？""您还有什么别的事情吗？""这样会不会打扰您？"

6. 应答话

"您不必客气。""没有关系，这是我应该做的。""照顾不周的地方请您多多原谅。""我明白了。""好的，是的，谢谢您的好意。"

7. 慰问语

"你（您）辛苦了。""让你（您）受累了。""给你们添麻烦了。"这些话是一种善意的慰问。人际交往中，这类话看来很简单，似乎说不说都可以，实际上说了能让对方感到温暖，于是也就换来对方对你的好感，对方会认为你这个人是个热情的关心别人的人。

8. "请"字的运用

"请您帮我个忙。""请帮我一下。""请您稍候。""请您稍稍休息一下。""请您喝茶！""请用餐！""请您指教！""请您留步。""请多关照。""请问您……"这些话中"请"字不是多余的，而是含有谦虚、尊重对方的意思，或使语气委婉。

（二）举止大方

1. 搭乘电梯的礼节

现代社会，高楼大厦林立。秘书人员经常穿梭在办公大楼内外，进进出出时，大多数人都是舍楼梯而搭乘电梯。即使是为了赶时间，搭乘电梯的时候也不能忽略应有的礼节。

（1）电梯门口处，如有很多人在等候，此时请勿挤在一起或挡住电梯门口，以免妨碍电梯内的人出来，应先让电梯内的人出来之后方可进入，不可争先恐后。

（2）男士、晚辈或下属应站在电梯开关处提供服务，并让女士、长辈或上司先行进入电梯，自己再随后进入。

（3）与客人一起搭乘电梯时，应为客人按键，并请其先进出电梯。

（4）电梯内由于空间狭小，千万不可抽烟、不能乱丢垃圾。

（5）在电梯里，尽量靠电梯壁站位，挪出空间，以便让后进入者有地方可站。

（6）进入电梯后，正面应朝电梯口，以免造成面对面的尴尬。

（7）即使电梯中的人都互不认识，站在开关处者也应做开关的服务工作，别忘了“给人快乐便是天使”这句话。

2. 引导来访礼节

在带领来访者时，要配合对方的步幅，在客人左侧约一米处引导。可边走边向来访者介绍环境，要转弯或上楼梯时，先要有所动作，让对方明白所往何处。侧身转向来访者不仅仅是礼貌的，同时还可留心观察来访者的意愿，及时为来访者提供满意的服务。

到达会客室前要指明“这是会客室”，如果门是向外开的，用手拉住门，让客人先进入。如果门往内开，自己先进入，拉住门后再请客人进入。一般右手开门，再转到左手扶住门，面对客人，请客人进入后再关上门，通常叫做外开门客先入，内开门已先入。

有时会客室的布置，经常会有使来客不知该坐何处才好的感觉，因此引导座位的行动是有必要的。

客人来到后，秘书人员要负责端茶倒水，当然最好先征求客人的意见，问清愿意喝哪种饮料再送上。优秀的秘书人员对重要客人喜欢的饮料要记住，以便再次来访时主动送上。

3. 工作礼节

在办公时，不要闭目养神；不要趴在办公桌上、靠在椅子背上、歪倒在沙发里昏昏欲睡；不要显得心不在焉；不要在办公室里来回踱步；不要大吼大叫或放声歌唱、拍桌子、摔板凳、踢门；不要把双脚翘到办公桌之上，或是坐在桌子上面；不要利用办公设备干个人的私事；不要忙里偷闲，吃东西、看报纸、读小说、听音乐和睡懒觉；也不要聚众聊天、吹牛、传闲话、发牢骚，或是玩扑克、搓麻将等。

（1）上班准时，环境整洁。要按时间准点上班，这是敬业的表现。上班时都应将写字台上的文具和文件等码放整齐，应当做到案头整齐、有条不紊，以便随时取用。下班时应将写字台上的文具和文件等码放整齐，将椅子放回原位，以给同事留下一个工作严谨、环境整洁的好印象。

（2）办公时间，慎选话题。如果你是一位外企职员，薪金在办公室内是不应该谈论的一个话题。假如有人向你旁敲侧击，意图试探你的薪金多少时，不妨一笑置之，或是给他不着边际的答复。须知道你的薪金可能比他高，说了出来容易引起他人的反感。

（3）承担风险，不推责任。不要诿过给同事，这是办公室内一种良好的态度。如果有一件小事被弄错了，上司追问起来，即使那件事大家都有点儿责任，你就直截了当地给上司解释明白，自己先向他道句歉，承认就算了，当然你可能挨批评，可是却会在办公室中赢得一个忠实的美名。

（4）讲求效率，不干私事。私人生活中的一切事情切不要带到办公室去。每个人都要谨记，给你薪金目的就是需要你做好本职工作，所以你应该尽职尽责地做好你分内的事情。

（5）服从制度，不得越级。按照常规，如果遇到棘手的事，首先要找直接管你的主管，切勿越级请示。

（6）在办公室里，不要随便挪用别人的东西，即使是统一配发的用品，也属于个人私用。至于用后不归还原处，甚至经常忘记归还就更不应该。

（7）善待来访者。无论是谁，走进办公室的门，就是你的“客人”，而秘书人员就是当然的主人。做主人的均应热情接待，决不可三言两语把“客人”打发走，或者将其晾在一边。

（8）工作场合，男女平等。在办公室里，男女同事之间的关系是平等的。

（三）服饰整洁

在办公室中要树立整洁、端庄的个人礼仪形象。每天穿着整洁、漂亮的衣服走进办公室，是一种礼貌的表现。如果单位有统一着装，那么无论男女上班时间应尽量穿着工作服。如果没有统一着装，在办公室上班宜选较为保守的服装，男士以西装为主，女士着装要美观大方，不要过于夺目和暴露，也不要浓妆艳抹，可化职业淡妆。在办公室中，着装要避免脏、乱、露、透、短、紧等几个失仪的情况出现。

1. 脏。就是懒于换洗衣服，使自己的衣服皱皱巴巴，或是其异味令人掩鼻。会给人拖沓、疲惫的感觉，让人怀疑你的办事能力。“一屋不扫，何以扫天下”。

2. 乱。就是穿着服装不合规范，是指着装不整洁、不协调或不注意场合。如把上衣披在身上，裤管与袖口非要卷得高高的；或是以西服上衣配牛仔裤、健美裤，穿西服套装时配布鞋、凉鞋、旅游鞋。乱更是指在办公时不宜穿着的服装被穿进了办公室，不注重着装的场合。夏天时穿拖鞋、短裤、背心，甚至赤膊上阵出现在办公室。穿着休闲装、运动装、旅游鞋等时装去办公室，让人怎么看怎么不顺眼。

3. 露。就是有意无意地过多暴露了本应“秘不外宣”的肌体，从而给人以不良印象。

4. 透。就是外穿的衣服过于单薄透明，因而使内衣若隐若现，甚至“原形毕现”。

5. 短。这里是指着装过于短小，将不应显露在外的肌体暴露了出来。根据礼仪规范，为了自重办公人员在办公时的着装不应使其锁骨、肩头、肚皮、大腿暴露在外。在办公时的着装应当大小、长短合身，切不可使之过于短小。

6. 紧。主要是指在购买或缝制服装时，有意识地使之紧紧地包裹着自己的身体，其实这样既不雅观，又不文明。因而在办公时女性穿着尤其要注意，不要在办公时穿高弹性的“紧身服”。

在妆饰方面，秘书人员亦须做到端庄、简约。妆可不化，化则以淡为主，补妆时要懂得修饰避人，因为当别人的面补妆是失礼的。饰物可以不用，用则以少为佳。

二、办公事务的礼仪

（一）接电话的礼仪

1. 话语要简洁，准备要充足

打电话要做到简洁、顺当。电话铃响两声后，就应该拿起话筒自报家门：“这里是××单位××部门。”接听电话前，要准备好纸和笔放在旁边，以便做好记录。如果对方说的话很重要，要重复对方的话，以检验记录是否正确。必要时，还需在打电话之前，草拟一个计划，知道你该说些什么，比较好的办法是将所要谈的几件事预先写在一个备忘录上。在备忘录上还可以记载电话中所谈问题的要点，日后可以作为资料查阅。

秘书人员要自备一本工作用电话号码簿，将常用的人名和电话号码记下来。这样，到了打电话的时候，就不必到处查找和打听对方电话号码了。

2. 态度要热情，感觉要愉快

说话时声调要显得热情、愉快，这样对方就会对你乃至你的单位有个好印象。美国电话电报公司早在几年前就将全部的接线员换成女性，听着接线员那悦耳动听的声音，顾客自然就会产生良好的印象。打电话时应自然发声，不必故意做出嗲声嗲气的“假嗓子”。嘴不要紧贴话筒，离开话筒约一小手指的距离。

3. 听话要认真，反应要积极

仔细倾听对方的讲话，把耳朵贴近话筒。为了表示你在专心聆听，并且已经理解，你还要不时地称“对”道“是”，以显示你给对方的积极反馈。最后，应该让对方自己结束电话，然后轻轻地把话筒放回原处。有许多人结束对话时，常把话筒“啪”地一下扔回原处，这种做法令人极不愉快。

4. 拦截电话时，态度要友善

秘书常常要遵从领导的指示，拦截各种电话，这时也要注意礼貌。你应以友善的声音说：“我能否告诉我们经理，是谁打给他的吗?”这样，对方一定会把姓名和打电话的理由告诉你。如有人打电话约见你的上司，你一定得善意地提出想了解他约见的目的。如果有些电话必须由你上司来接，而他恰恰不在时，你就得做好记录留在他桌上，留条最好使用有色纸，以便有“醒目”的感觉。

5. 由于彼此不能见面，所以，电话中的对话应该特别诚恳。尤其接到要求做传话的电话，接话人如果能把自己的姓名报出来，对方除了会感到特别亲切外，对自己要传达的事也会感到非常放心，不要忘记问对方的联络方式，让对方先挂断电话。由于打电话可避免面对面的压迫感，可以畅所欲言，所以有人反而容易疏忽，殊不知正因为如此，经常造成因语气的疏忽而产生误解的情形。慎重而亲切的态度是打电话的基本。

6. 接到咆哮的电话，最好的方法就是忍耐与沉默，即使错在对方，也要冷静待之，让对方尽情地发完火后，再以诚恳而亲切的语调向他请教身份和事由，然后再做处理。

7. 作为办公人员，在电话的运用和对待方面，要注意业务电话上的禁忌：不要在办公场所打私人电话，把公家的电话私用，这不但是个人不热心于工作的表现，而且也是最容易遭到领导责难的事；少打长电话。长电话会造成电话的占线，影响信息的传达，同时这也是令上司、同事厌恶的事。

（二）会议礼仪

开会的目的是增加彼此面对面的沟通，提高工作效率。良好的会议风范，尊重自己也尊重别人，每个现代人都必须了解会议的礼节。

1. 开会之前

（1）守时。参加会议是不能迟到的。任何人都不宜存有晚到是“重要人物”的虚荣心理，这样会影响会议议程的进行。可提早进入会场，这样可以向早到的与会者作自我介绍、联络感情；也可以多请教同行、前辈，更深入了解会议内容，以便提早进入状态。

（2）衣着应以正式上班服装为主，发言前先将衣扣扣齐，表示对自己发表的言论负责，也是尊重听讲者的行为。如果是户外会议，应事先询问主办单位是否可着休闲装。

（3）室内若无烟灰缸，表示不能抽烟。

（4）若在会议开始前，主席仍未介绍与会人员，你可主动伸手和左邻右舍的人握手，并且进行自我介绍。

（5）等他人指示入座或主席宣布大家就座时，才可坐下。

（6）通常主办单位会准备茶、咖啡、点心等食物以供使用，但若没有也尽可能不提出要求。

2. 会议进行时

（1）出席者要发言时，应先举手才可发言，这是发言的礼貌。发言时，应对事不对人，勿损及他人的人格及信誉。

（2）别人发言时不要打岔，如有问题可举手，经过会议主持人认可后再发言。

（3）不可否认开会有时很闷，但别在大众面前打哈欠、频频看表、身体动来动去、把玩手上的笔或闭上眼睛等，这些都是很不礼貌的行为。

（4）会议若因某人迟到而延后，不要一个人坐在位置上干等或显得不耐烦，可适时与周围的与会人员交谈，聊些与主题相关的事或时下流行的话题。

（5）如果要在会议中使用录音机录音，应于事前征求主持人同意，否则不宜擅自录音。若需录像，宜在会议开始前就架设好，以免到时手忙脚乱。

（6）除了指定的会议记录人员之外，与会者也可记下他人或自己的讨论及评论要点，以吸收别人的意见与经验。

（7）在会场上，要轻松流利地发表自己的观点，尽可能避免紧张或词不达意。对于他人的见解，如果不能认同，也应控制自己的情绪。暴力式的否定是粗俗无礼的表现，你可轻轻摇头，或在对方说完话之后，做一番平静的评论，以表示不认同。

(8) 如果觉得自己表达能力不是很好或者容易紧张、害羞，可在事前将发言内容和意见写在纸上，请主持人或其他人代为发言，以免因发言杂乱无章或口齿不清而浪费大家的时间。

(9) 会场若供应饮料，宜用杯子喝，不可拿着罐子猛喝而有不雅的仪态。

(10) 会议进行中，应关闭自己的移动电话、寻呼机等，以免干扰会议议程的进行。

3. 会议结束后

散会后，要祝贺主持人会议举办成功，并称赞其他与会者在会议中的表现及发言，以表示对会议的重视及参与。

参加国际会议时不应随便向相邻的与会人员借东西，以防打扰别人，因此，参加国际会议应将个人物品准备齐全。

（三）接待来访礼仪

秘书人员接待来访的客人，必须遵循礼貌、负责、方便、有效的原则。虽然领导不可能接见所有求见者，但是所有来访者都必须受到秘书人员礼仪周全的接待。从客人踏进办公室到客人离开办公室，秘书人员都是代表单位的领导接待客人，接待的态度如何，往往会对单位的形象产生重要的影响。

1. 热情接待。“出迎三步，身送七步”是迎送宾客最基本的礼仪。当你看见来访者进来时，应马上放下手中的工作，站起来，礼貌地招呼一声“你好，欢迎”。一般情况下不用主动和来访者握手，如果来访者主动把手伸过来，你要顺其自然，最好能立即确定对方从何处来，叫什么名字。

对于预约的来访者，在来之前你要有所准备，要事先记住对方的姓名，当来访者应约而来时，要热情地将其引入会客室，立即向上司通报。

每次见面结束，都要以将“再次见面”的心情来恭送对方离开。通常当客人起身告辞时，秘书人员应马上站起来，主动为客人取下衣帽，帮他穿上，与客人握手告别，同时选择最合适的言辞送别，如“希望下次再来”等礼貌用语。尤其对初次来访的客人更应热情、周到、细致。

如客人带有较多或较重的物品，送客时应帮客人代提重物。与客人在门口、电梯口或汽车旁告别时，要与客人握手，目送客人上车或离开，要以恭敬真诚的态度，笑容可掬地送客，不要急于返回，应鞠躬、挥手致意，待客人移出视线后，才可结束送别仪式。

2. 热诚帮助。遇到事先你并不知道的预约来访者时，当你问客人："事先约好时间了吗?" 来访者答："约好两点钟见面。" 你才知道这是已约好的客人，这时你一定要赶紧道歉："啊，真对不起，失礼了。" 因为站在客人的立场来说，既是约好时间才来的，却被问有没有约好，内心一定感到不太高兴，而且也显示出本身信息传达没做好，或是领导忘交代，所以一定要道歉。

有些来访者事先并未预约面谈时间，而临时来访，作为秘书人员也应热情友好，让客人感觉是受欢迎的。然后询问客人的来意，再依当时的情况，判断适当的应对方法。如果需要领导接待，要先问清你的领导是否愿意和是否有时间接待。假如领导正在开会或正在会客，并同意见客，你便可以对临时来访者说："抱歉，领导正在开会，请您等一会儿。" 如果领导没时间接待，你要记下对方的要求，日后予以答复，不能推诿、拖延或敷衍了事。

3. 机智灵活。来访者没有预先约定会谈时间，却突然来访，你向领导汇报，领导说不能会见，并请你找借口打发来访者，这时你的应对方式可以有两种情形：

一种是请示领导可否派人代理接见来客，如果领导同意派人代理，你可以告诉来访者"不巧，领导正在会客（或开会)，我请×科长来与你谈，好吗?"

另一种是以既热情又坚定的态度回答领导确实无法接待的来客，帮助领导挡驾。秘书人员还要学会在领导受到来访者纠缠时代为解围。

如果接待的是已确定好的来访团组，则通常应根据领导的意图拟定接待工作方案，它包括来访客商的基本状况（公司名称、来客人数、日期、来访目的、要求)；接待的详细安排（接待日程、各类接待人员名单、主要活动、日常迎送往来事务性工作)，经领导批准后，分头布置各方面接接待方案落实；接待结束，秘书人员应将整个接待工作进行总结，写成报告，作为存档资料。

（四）与同事相处的礼仪

同事，是朝夕相处的工作伙伴。同事之间交往频率很高，关系密切也易生矛盾。同事之间，理应互相关心、互相爱护、互相帮助。秘书人员与同事共事时，在礼仪上必须做好下述几点：

1. 要相互支持。当同事需要自己帮助时，应当责无旁贷、全心全意、全力以赴。不要在工作上斤斤计较，而要诚心诚意地与人为善、助人为乐。

2. 要相互关心。不要认为“同行是冤家”，而处处提防。更不能算计同事，在工作上相互拆台。真正的好同事，应当是风雨同舟、荣辱与共、相互关心。不要过于尖酸刻薄，也不要挖苦讽刺别人的过错。当然，关心不得干涉他人的私生活。要尊重同事，而不可对其发号施令，或是冷嘲热讽。不能轻视别人或利用职权随意支使他人。

3. 要平等待人。与许多同事一起相处，应力争做到落落大方、不偏不倚、亲疏不分。同事间开玩笑要适度。

4. 要待人以诚。同事之间有了矛盾，最好当面解决，不要背后议论别人。对待同事务必要互信不疑，踏踏实实，以诚相待。真诚是建立相互信任的基础，对于同事切勿以礼行虚，搞虚情假意。否则就会失信于人，伤害同事。

5. 要戒骄戒躁。对待同事，应当事事以尊重为先，要把对方当作自己的良师益友，而不能因为彼此较熟，就对同事盛气凌人、指手画脚，不加任何节制。在同事面前骄傲自满、自高自大，是最容易使彼此之间产生误会与隔阂，甚至还有可能伤害对方。

6. 与同事相处，特别要注意处理好与异性之间的关系。在这方面，最重要的是要与异性同事保持一定的距离。即一是要有心理距离，就是在思想、情感的交流上要站稳立场；二是要有空间距离。它指的是在工作之外，异性同事要避免一对一的交往，更不可私下过从甚密。男女同事相处，应该相互尊重，既要光明磊落、堂堂正正，又要注意男女有别。

（五）尊重领导

秘书人员是应当认真对待与上级的关系，并且妥善处理。对待上级通常应当注意服从命令、维护威信、以礼相敬、不可越位这几问题。

1. 服从命令。服从命令，听从指挥，个人服从组织，少数服从多数，下级服从上级是秘书人员应当遵守的基本纪律，因此在工作中必须服从上级。如果有意见，可以通过正当渠道向上级进行反映，但上级一旦决定了的事，就不能再以任何借口拒绝执行，更不可以擅作主张，对上级指示肆意曲解，甚至唱反调、阳奉阴违。

2. 维护威信。在工作之中，为了国家利益和单位的声誉，下级要主动支持、配合上级的工作，以自己的实际行动维护上级的威信。在一般情况下，不宜在背后议论、评说上级的工作能力，不要在他人面前批评、指责上司，更不可以随随便便地捉弄上级，或者使其当众出丑。

3. 以礼相敬。在工作之中，尊重上级，以礼相敬。在称呼上级时，不宜直呼其名或绰号，而应以其职务或姓氏加职务相称。不管自己与上级私下关系如何，都不可在上级面前行为放肆。进入上级办公室之前，要先敲门，并征得准许方可入内。与上级交谈时，应以“您”、“请”等礼貌语贯穿其间。路遇上级时，应首先问候对方。离开上级办公室时，要经过上级同意。

4. 不可越位。在工作中，必须明确自己的职责范围。上级交付的工作，应认真负责。而对待不属于自己职责范围之内的事情，则不宜擅自越位，以免造成纠纷或麻烦。在工作决策与表态时，更应当及时请示、汇报，切不可自作主张地为上级代劳。

（六）办公室环境要求

国家为改善企业的劳动条件，保护员工的安全和健康，保证劳动生产率的提高，从1956年起就制定了《工厂安全卫生规程》，对工作场所的条件提出了具体的要求。如：第9条“工作场所应该保持整齐清洁”；第17条“工作场所的光线应该充足”等，都说明国家一直非常重视员工的安全与健康。

健康、安全的办公环境的基本要求：

1. 办公区建筑必须坚固安全，地面、墙体、天花板完好整洁，门窗开启灵活、能锁，室内有基本装修；

2. 光线应充足，局部照明要达到要求，且灯光不闪烁，直射的窗户应安装挡板或窗帘，注意光线不应引起计算机屏幕的反射；

3. 温度要适宜，根据天气设置供暖制冷设备，最好室温不低于16℃；

4. 布局应注意通风，保持工作场所空气流通和空气的质量，禁止在办公室吸烟，需要时可在工作区外设立吸烟区；

5. 办公室空间及座位空间要适当，座位间要留有通道，力求员工工作的舒适；

6. 办公室噪音要低，可利用屏障、地毯、隔音罩减少噪音；

7. 办公家具要满足工作所需并符合健康、安全要求，包括工作台面、座椅、各种存储设备及必要的锁等；

8. 办公设备、办公用品和易耗品要满足工作所需并符合健康、安全要求，包括工作台面上的电话、计算机、文具及公用设备和物品；

9. 办公设备的安装、操作要符合要求，操作指南和注意事项要明晰展示；

10. 办公区及办公室要设置相应的消防设施、设备及必要的报警装置；

11. 办公室提供饮水并符合健康、安全要求；

12. 办公区或办公室设置急救包，并定期更换；

13. 建立相应的规章和制度，包括人员进出规定、保密规定等；

14. 室内有符合组织目标的装饰、标识和适当的绿色植物。

第三节　办公室特殊情况下的礼仪规范

一、处理好特殊情况与领导关系的礼仪规范

（一）消除领导误解

有时领导误解了下属，有其主观上的原因，更有客观上沟通不足的原因。领导处于一个中枢性的岗位，事务繁重、责任重大，他可能通过各种渠道，如人事档案、他人的汇报、平时的印象、特殊的考验而对下属有所了解，但一般而言他不会主动去找自己的下属进行沟通，这样他便缺乏对下属全面、直接和感性的认识，容易受他人意见的蒙蔽，加上他本人直觉的左右和主观判断的影响，从而对下属的言行产生认识误差。下属对待领导误解最明智的态度就是及时、主动地去消除它，不让它成为定形之见，不应消极回避或等待。

1. 主动沟通，积极接触。俗话说：理不讲不清，话不说不明。既然领导已明显地表露出他对下属的某些看法，而且他不可能会主动找下属谈心，那么下属就应该找准机会走上前去向领导展示自己的真实个性和真正意图，使领导能对自己有一个较为全面的了解。有些话憋在肚里就会产生敌意，而一旦谈出来就会化为轻烟而散。借此良机，下属还可趁机表现自己的才干和忠诚，从而使领导对下属的看法有一个巨大的转折和飞跃。在必要的时候，下属还不妨针对领导对自己的误解坦白地来谈，这样既能直指要害处，把结子解开，又能为彼此的交流创造一种坦诚、公开的气氛，从而有利于解决问题。

此后，下属一定要显示自己的真诚，向领导多提供一些正面的信息，培养自己在领导心中的良好形象；同时，对自己一些缺点也不妨勇敢地承认，以便使领导能充分感受到你的真诚和坦率。特别是对领导业已指出或有所察觉的缺点，更是要承认，同时你也不妨为自己表白几句，加上几句辩护。自然，最后你定要表示改正的决心，这样会使领导有权威感。

2. 装作不知，用行动表白。无论是在政治生活中，还是在人际关系中，有些事情是很难用语言来表达的，或者不宜于说破。有时，知而佯装不知，“难得糊涂”，反而会比洞察秋毫，反应敏捷要好得多。古语中“世人皆醉，何吾独醒?”说的就是这个道理。因此，有时下属觉察到领导对自己有了某种误解，也不妨装作不知，以“大智若愚”、“问心无愧”的态度对待之，并抓住机会用实际行动来证明自己，消除领导的误解。汉初时的萧何就善于以行动来释去皇帝的猜疑，最终得以功名保全。

（二）对待领导的“发火”

先让领导的火气发出来

我们都知道，在日常生活中灭火要用水，而不是用风，因为水主“静”、主“柔”，这就启示我们，对待领导的发火就是要“以静制动”、“以柔克刚”。

领导发火，其理由不一定充分，其观点也不一定正确，但是他有权发火，而且人的“火气”是易泄不易压，所以当下属遇到领导发火时，最好的办法就是硬起头皮来洗耳恭听。正确则心里接受，不对则事后再找机会说明，这比马上辩解、风助火势、火上浇油要高明得不知有多少倍。领导正在火头上，理智最容易受情绪的支配，很难冷静地分析问题和听取意见，许多人正是在“一怒之下”而做出许多遗恨千古的事情。所以，你必须明白，向情绪尚处于激动状态的领导所作的任何辩白，在效果上都是徒劳的，而且会适得其反。而且，“火”压在心中，无论对谁都是很难受的。现代医学就证明了宣泄而不是压抑对保证身心健康的重要作用。也许你用某种手段侥幸使领导压住了火气，但它迟早还是会在另一处或另一时爆发的，而且火力可能更旺、更不利于解决问题。

所以，甘当领导的“出气筒”，对领导有益，最终对下属也有利。

（三）解决与领导的分歧

同一件事，由于人们的世界观、立场、经历、利益等等的不同，就会出现各不相同的看法。因此在工作中，下属与领导发生意见分歧是最平常不过的事情了。但是，上下级之间意见分歧的处理却是一门艺术，需要下属具备一定的智慧和技巧。

1. 当面提出不同意见

当下属与领导有分歧时，最忌讳的就是当面把意见掩藏起来，却在背后发牢骚、表不满。“当面不说，背后乱说；会上不说，会后乱说”历来为领导者所深恶痛绝。

背后谈论你与领导的分歧，无助于问题的解决。因为你是通过非正式途径来表达和传播你的意见，它不能完整、准确地将你的意思输送到领导那里，你也不能与领导进行互动式的交流，因此，你也很难通过各种说服手段来打动领导，促成问题的解决。另一方面，背后非议领导的方案，容易让领导反感，他会认为你在耍阴谋。而最可怕的是他可能视你为“两面三刀”的人，领导面前一套，领导背后又一套。心下便有了不满和防范，这对下属是极为不利的。

所以，无论你作为领导的助手，在领导班子的决策过程中，对某些方案有不同意见，还是你作为普通的工作人员，对领导作出的某些决定、结论持有异议，你都应该当面提出来。一方面，帮助领导掌握真实情况、权衡利弊，从而维护单位利益和工作大局；另一方面，也有利于与领导交流信息和思想，从而找到一种更为周全的方案，弥合分歧。

然而，当面向领导提出意见也是需要技巧的，最重要的是要防止领导的猜疑，使他感到你的忠心以及对领导、对工作负责的态度。

（1）私下进言。在公开场合与领导表示分歧，这无疑会被领导认为是对他本人的不尊重，甚至是对他的权威和领导地位的挑战，因而效果不好。而且，有些话是不宜在公共场合敞开来谈的，私下的交流更容易有实质性的沟通和深入的进展。

（2）选准时机。下属选择的进言时机，应该是对论证自己的意见最为有利的时候，只有这样你才更能说服领导，影响到他的决策。

当一项决策已正式公布并准备付诸实施时，你该如何选择时机去表达异议呢？正确的方法是，先等待、观察一阵子，然后再根据实践中的问题，选择典型事例，以促使领导修正原有决策或作出新的决策。我们之所以要等待、观望，是因为当决策已公布并已着手实施时，各种人、财、物都做了一定的动员和准备，对领导来说此时接受反对意见，就等于泄众人之气，扫自己之威，因而他是绝不会更改自己的立场的。相反，他对你的进言会持一种否定态度，把你视作执行决策的阻力。而当事态发展到一定阶段，矛盾已有相当暴露时，选择一两个具有代表性的负面材料，就会引起领导的注意和深思。

（3）注意分寸和方法。进言的基本原则就是只针对工作，不针对人。要达到的客观效果是让领导觉得你是诚恳而善意的，而绝非是反对他、拆他的台。采用的基本方法是以事实为依据，辩解从其次。

2. 服从领导，态度积极

一旦领导决心已下，并作出了明确的指示和相应的部署，下属在提意见的同时，则必须以积极的态度去贯彻执行。道理很简单，因为领导掌握着决策权，并且由他来承担相应的责任。而服从领导是每一个下属都应尽的职责和义务。试想，当你提出异议时，领导就已对你的立场、动机和态度有所怀疑。而你在行动上又持一种消极态度，这不是明显地表示你对领导的不支持、不尊重和不忠诚吗？所以有头脑的下属都懂得，即使是自己持有保留意见，对于已做出的决定还是要坚决服从，不仅要积极准备，还要积极执行。要知道，领导此时此刻正关注你的一言一行呢！

二、来信处理

1. 处理来信的要求。处理来信的基本要求是：及时拆封，详细阅读、认真登记，准确交办，妥善处理，及时复信。所谓及时拆封，就是对群众来信要及时拆开，及时处理，不要采取漫不经心的态度；所谓详细阅读，就是对每一封来信要认真仔细地阅读，熟知来信的内容，不要粗枝大叶；所谓认真登记，就是对每一封来信的时间、单位、人员、事由、要求等情况，都要在《来信登记簿》上进行认真登记，以便查有依据；所谓准确交办，就是根据来信所反映的问题，按照“分级负责、归口办理”的原则，转交有关单位或部门办理，注意不要转错；所谓妥善处理，就是对来信所反映的问题，都要做出实事求是、合情合理的处理；所谓及时复信，就是对已经作出处理的来信，要及时给来信人复信，做到件件有着落，事事有回应。

2. 对异常来信的处理

（1）对联名信的处理。联名信，是指五人或五人以上为反映同一问题而共同签署姓名的来信。是群众集体反映问题的一种方式。处理好联名信，不仅是新形势对信访工作的新要求，也是维护社会稳定的一个重要环节。秘书部门要高度重视联名信的处理，针对联名信所反映的问题，及时核实情况，提出拟办意见，呈送领导阅批，或转请有关部门处理。处理联名信应注意以下几点：

①处理要及时。联名信反映的大多数是现实问题、利益关系，如果处理及时，问题就容易得到解决。反之，则有可能再次集体上访，增加工作难度。因此，对能够解决的问题要尽快抓紧处理，不能搁置拖延；对一时无法解决而群众反映又比较强烈的问题，要加大思想工作的力度，做好解释和说服工作，主动争取群众的理解和配合。

②工作要细致。在处理联名信时，一定要准确把握问题的性质、产生的原因、涉及的范围、解决问题所依据的政策等，防止因想当然、简单化而造成矛盾激化，诱发新的问题。

③预测要超前。联名信的产生是有原因的，也是有规律可循的。秘书部门不仅要处理好已经出现的联名信问题，而且要根据形势的发展和政策的变化，预测可能出现的情况，及时把握信访动向，把工作做在前面，把问题解决在萌芽状态。

（2）对匿名信的处理。匿名信，是指不署名或不署真实姓名的群众来信。匿名信的内容一般以揭发、控告领导和机关不正之风问题的居多。匿名信产生的原因比较复杂，有社会原因、历史原因，也有政治、经济、文化等方面的原因。从现实情况看，主要有三方面的原因：一是怕打击报复；二是怕错误舆论；三是怕情况不准。当然，也不能否认确有个别人心术不正，利用匿名信诬告、陷害他人。但这种情况在匿名信中所占比例不大。秘书部门处理匿名信应注意以下几点：

①要积极受理，对匿名信不另眼相看。秘书部门收到匿名信后，要与署名信一样对待，做到认真登记不入另册，精心摘要不马虎，及时呈报不拖延。要使匿名信来有登记，去有着落，办有结果，查有实据。

②要认真研究，对匿名信反映的线索不放过。实践证明，在党风廉政建设中，匿名信为揭露大案要案提供线索，揭发违法违纪行为，纠正不正之风，起到了积极的作用。因此，秘书人员要认真研究匿名来信，凡是匿名信反映的重大情况、重要线索，只要时间、地点、人员和情节很翔实，都应列为案件线索，或呈报有关领导，或提供给有关部门。

③要精心筛选，对匿名信中的信息不漏报。匿名信反映的内容十分广泛，秘书人员要进行科学分类，妥善处理。一部分可列为案件线索；一部分可作为信息反映给领导，为领导了解情况、科学决策提供依据；一部分可向有关单位和部门反馈，提醒注意，有则改之，无则加勉。对于那些经调查核实确属诬告的匿名信，应依法追究写信人的责任。

3. 对涉外信的处理

涉外信，是指外国人、华侨及港澳台同胞的来信。随着我国对外开放的进一步扩大，涉外信呈逐年增多之势。处理好涉外信，事关我国的国际形象和改革开放的大局。因此，秘书部门在处理涉外信时一定要特别慎重、稳妥。一般应注意以下几个问题：一要高度重视。涉外信的处理，事关国家的外交政策和外交关系。所以，我们在处理涉外信时，不能有悖于国家的外交政策。为此，秘书人员要懂得涉外政策和知识。收到涉外信，如果是外国文字，先翻译出来，再及时呈送领导阅批，或及时转交有关部门和单位。二要平等相待。秘书根据领导指示处理涉外信时，不能以来信人所在国家大小论高低，要尊重来信人的民族风俗习惯，不做伤害来信人民族感情的事。三要内外有别。秘书人员在写信答复涉外来信人时，要做到内外有别。凡涉及党和国家的机密事宜，不经批准，一律不准在复信中泄露。

此外，还有对其他异常来信的处理。一是对恐吓信的处理。扬言自杀、闹事、制造事端以要挟组织和领导的信件，称为恐吓信。接到恐吓信后，秘书部门要及时通报有关单位采取应急措施，查明情况。对重大情况应及时与公安部门取得联系。在问题得到妥善处理后，对来信人要进行批评和严肃处理，触犯法律的，要追究法律责任。二是对反动信和不满信的处理。反动信是指违背四项基本原则，攻击、诋毁社会主义制度，和诬蔑党和国家领导人的信件。不满信是指对党的方针、政策和领导机关的某些决策有较严重的不满情绪而发牢骚，表示抵制、指责、抗议的信件。反动信和不满信。在矛盾的性质上有着根本的区别。秘书人员要严格区分二者的界限。对反动信，要送主管领导审定后转交公安部门查处；对不满信，可函转有关单位和部门处理。三是对精神病患者来信的处理。精神病人因精神失常而不能履行其公民的义务，同时也因此丧失某些权利。所以，秘书接到此类信件，首先要认真阅读，做出初步判断。然后通过各种渠道对来信人作必要的了解。如属精神病患者，并反复来信的，一般不作处理。

三、突发事件处理

（一）处理突发事件的意义

危急事件直接威胁国家、组织和人民生命财产的安全，我们高度重视并正确处理好危急事件，可以有效地保护国家、组织和人民的生命财产安全，如果我们能够及时发现、正确判断、果断处理，就可以争取最大限度地减少这种损害，也就是保卫党和人民的最大利益。危急事件的发生，如果处理不当，往往会在组织内外产生很坏的影响，给组织形象造成极大的损害，出现形象危机，甚至危及组织的生存。如果我们能够正确处理好危急事件，就可以把这种不良影响缩小到最低限度，减少由于危急事件对组织形象产生的损害，并且很快重建组织形象。

（二）突发事件的处理程序和方法

危急事件既危险又紧急，所以处理危急事件不能犹豫、拖延，必须果断而迅速。加强对突发事故、突发事件的组织领导，坚决实行统一指挥，分级、分部门负责的原则。其基本程序和方法如下：

1. 偶发性自然灾害的处置

（1）火灾的处置。值班人员接到火灾的报告，要问清火灾的地点、火情、扑救情况等，视情况而定。如果火小，报告领导即可；如是火大，在报告领导的同时，办好下列几件事：通知公安部门派人到现场；通知电信部门保证电话线路的通畅；了解消防力量是否够用，如不够用立即向外地、外单位求援。

（2）风雹灾害的处置。灾害发生后：要立即报告领导；和受灾地区密切联系，详细了解灾害情况；根据领导意见，通知有关部门做好救灾准备，并把准备情况随时报告领导；通知办公室负责人做好准备，一旦需要，随领导一起赶赴救灾现场。

2. 偶发性人为事故的处理

（1）较大食物中毒事件的处置。招待所、食堂、居民区发生的涉及人数教多，病情较重的食物中毒事件，得到报告，要做好下列几件事：立即向领导报告中毒地点、人数、病情；通知卫生防疫部门和医院做好救治准备，并迅速派医务人员和救护车辆前往中毒地点采取措施，如果本地医院住不下，还要向外地医院联系；报告上级领导和主管部门；协助医疗卫生部门联系抢救药品和运送中毒人员的交通工具。

（2）较大交通事故的处置。虽然机、车、船不一定属本地管辖，但发生在本地界内，当地领导机关有责任，有义务协助处理；立即将事故地点、大致情况向领导报告，并听取领导的处置意见；根据领导意见通知公安部门保护现场，维护秩序；通知卫生部门组织抢救；和事故涉及的有关单位取得联系。

3. 刑事案件的处置

重大的刑事案件，如持枪杀人、抢劫银行、流氓团伙行凶伤人、公共场所爆炸等等，处置要迅速果断，关键要立即通知公安部门组织力量奔赴现场，阻止事态的发展，抓获罪犯，尽量减少事件发生后的影响和损失。同时报告领导，进一步采取措施。

4. 偶发性政治事件的处置

坏人闹事、张贴反动标语等属这一范畴。这类事件主要是通知公安部门采取措施。紧急情况，也可以先组织得力人员赴现场控制局面，同时通知公安部门。但对群众的过火行为，必须区分两类不同性质矛盾，妥善处理，不能使其激化。如游行示威、静坐、罢工等，对这类事件一定要及时报告领导，听候领导的意见，告知有关部门处理。

第四节 情景实训

一、电话礼仪技能训练

实训方案

1. 内容

模拟电话的接听

2. 训练目的

通过实训练习，掌握电话的接听技巧

3. 训练方式（模拟训练）

案例一：

××高校秘书专业即将毕业的李晓寒到泰兴公司做实习秘书，第一天上班，被安排在接电话的岗位上，心里感觉很不舒服，心想："电话谁不会打？几岁起就听电话。"第一次遇到外来电话，铃声刚响，他就抓起话筒。部门经理听完电话后，纠正道："接打电话要注意，电话一般要等铃声响第二遍时，方可拿起话筒，这样做才显得稳重、大方"。部门经理的话完，就被总经理叫走了。李晓寒的指导教师赵秘书纠正说："接电话时，切不可用轻率的语调问对方：'喂，你找谁？你是谁?'这是很不礼貌的，应该用礼貌的语言、温和的语调说：'这里是泰兴公司事务部，您好！您找谁?'不能用粗俗、急躁的口气说话。"

第二次接电话时，是对方拨错了号，李晓寒一听便告诉对方："你打错了!"就挂上了电话。他的另一位指导教师陈秘书又给他作了纠正："接到打错了的电话时，你应该说，'这是泰兴公司事务部，电话是××××××，我想您是否拨错了号?'刚才你那种回答别人的方式，很不礼貌。如果对方是我们的客户，那就更糟糕。无礼行为可能导致中断往来，给公司带来损失!"

李晓寒一天工作下来，心里很不是滋味。

实训提示：

1. 实训实施时，可分为5人一组，讨论发生上述情况的原因。

2. 参看相关资料，提炼、掌握接听电话的技巧。

3. 一组中的5位同学，分别扮演不同角色，体味不同的技能需求。

对应能力训练：电话的接听技巧。

案例二：

鑫泰公司要同外商谈判，张总经理叮嘱将担任会议记录兼咨询的王秘书和为会议服务的陈秘书，要好好准备准备，打扮打扮，免得外国人瞧不起我们。

为此，陈、王两位秘书很费了一番心计，还花了一大把钞票去采购衣物、首饰。

正式会谈这天，只见坐在张总一旁的王秘书浓妆艳抹，衣着鲜艳、色彩斑斓，金耳环、宝石戒指闪闪发光，使得张总穿在身上的那套价值千元的笔挺的西装也黯然失色。上饮料、送茶水的陈秘书，穿得更是花枝招展，一对大耳环晃来晃去、五颜六色的手镯碰桌有声、高跟鞋咋咋作响，一到添开水时，会谈不得不停片刻。

外商通过翻译开了个玩笑："张总，最好让这两位漂亮的小姐参加选美去。"

这话是赞美，还是讥讽？秘书人员应如何着装？

课堂分组讨论：作为秘书在谈判会上应该怎样穿戴？在外商面前怎样体现中国人的礼节？

案例三：

年轻的李秘书受单位委派到长河公司找行政部吴经理联系工作。任务完成后，李秘书把手伸向吴经理准备握手告别。吴经理似未看到，起身送小李。送到门口后，吴经理向小李伸手握别，李秘书也装着未看见。你认为他们谁对，谁不对？应如何处理好送别？

课堂讨论：李秘书的做法有没有错误？为什么？正确的告别应该怎样做？

学生分组进行实践练习。实践内容：联系完工作后告别。

根据本章开头的案例，模拟秘书接听电话后应采取怎样的措施处理事件。

提示：这是一个紧急事件，每个学生拟订一份处理方案。

思考题

1. 简述办公礼仪的基本内容。
2. 办公室中如何引导来访者?
3. 办公室中如何接电话?
4. 如何处理与同事的关系?
5. 办公室中如何解决领导的误解?

第七章　会议礼仪

情境导入：

新艺集团公司正在召开董事会议，讨论公司的高层人员任免问题。忽然会议室的门被打开了，不速之客闯入了会场，他愕然地看看满屋子人，嘴里嘟囔道："我不知道在开会。"这时，秘书小王的手机又响了起来，在众目睽睽之下，他一边接听一边朝门口走去，等他回来，刚一坐下就打断了李经理的发言："打断一下，刚才你的发言我没记下来，能不能再复述一遍？"会后，小王受到了董事长严厉的批评。

第一节　会议礼仪的基本原则和类型

一、会议和会议礼仪

会议是一种把人们组织起来讨论和研究问题的形式，是现代社会中秘书经常要参与组织、管理和为之服务的重要工作，也是秘书人员展示礼仪修养的一个平台。每一次成功的会议背后，都离不开大量的琐碎的会议礼仪工作。当然，会议礼仪不仅仅指会议礼仪工作，它还包括每一个会议参加者必须遵循的礼仪。

二、会议礼仪的基本原则

（一）"高效"的原则

在高速运转、讲究经济效率的现代社会，人们普遍地反感"文山会海"，要求严格控制会议的数量、规模、时间和地点，减少会议的开支。不需要用开会的形式解决的问题就不开会，不需要参加的人员就不通知他来开会，可以开短会的一律不开长会，可以在本地开的会一律不去外地开，可以用现代化通讯手段开远程会议的尽量不集中开会，这就是会议礼仪首先应该遵循的"高效"原则。否则，尽管礼仪周全，开那些走过场的会议，议而不决的会议，空洞无物的会议，或者是一连开上许多天、大吃大喝、游山逛水的会议，浪费金钱、浪费时间、浪费精力，这就是最大的失礼。相反，有的会议大家站着开，一二十分钟解决问题，没有布置会场、没有设座位、没有开场白，那也是完全符合会议礼仪的。

(二)“周全”的原则

会议礼仪的“周全”，一是指会议礼仪工作考虑要周全，二是指出席会议的人礼貌要周全。如案例中的小王，首先在开会前，他应该在会议室门口挂上“正在开会请勿打扰”的警示牌，尤其在开保密会议时，更是不能让任何闲杂人员进入会场。另外，开会时，他应将手机调为“振动”状态或关机。还有，不能中途打断别人的发言，打断别人发言是不礼貌的行为。

会议礼仪工作是个包罗万象的琐碎的细致的工作，一个环节想不到，可能使整个会议出岔。如曾有人在奏国歌时误放了流行歌曲，破坏了隆重的大会的氛围；曾有人胡乱安排主席台上的座次，使出席会议的各方代表心存芥蒂，导致会议最终没有取得预期的效果；曾有人在文件袋中少放了笔，使参加学术研讨会的专家无法做笔记，会议不得不宣布暂时休会。因此，我们不能对会议礼仪工作掉以轻心，要知道会议礼仪无“小事”。

万一出错怎么办？万一出错就要立即补救。如当年毛主席出席开国大典时，秘书叶子龙忽然发现主席胸襟上少了一个大红色的代表证，他十万火急临时做了一个。试想，如果没有果断采取补救措施，那会给我们共和国的成立大会带来多大的缺憾！

三、会议的类型

从不同的角度，依据不同的标准，可以将会议分成许多类型。

从规模上分：有特大型会议、大型会议、中型会议、小型会议、微型会议。

从时间上分：有定期会议、不定期会议。

从议题性质上分：有综合性会议、专题性会议、专业性会议。

从方式手段上分：有常规会议、电话会议、电视会议、网络会议。

从秘密程度上分：有公开会议、内部会议、机密会议。

从会议不同的性质任务来分：又有法定性会议，如，党代会、人代会、职代会、股东大会；决策性会议，如，行政会、董事会；工作性会议，如，动员会、现场会、总结会；学术性会议，如，研讨会、论证会；

显示性会议，如，表彰会、纪念会、庆祝会；会商性会议，如，联席会、协商会、座谈会；信息性会议，如，新闻发布会、报告会。

不同类型的会议对礼仪的要求各不相同。

第二节　会议召开前的礼仪准备工作

会议召开前的准备工作有多有少，小型的工作例会一般较简单，而大型的异地召开的会议准备工作就要复杂得多，而且大多都是礼仪性非常强的工作，这里主要以后者为例。

一、会议通知与邀请信

除了非正式会议和工作例会外，其他所有的会议都应发书面会议通知，即使是单位内部临时召开的会议，也不能仅仅在布告栏上贴一纸通知了事。

会议通知一般包括被通知部门、被通知人姓名、职务、会议名称和议题、时间（会期和起讫时间）、地点、与会人员应准备和知晓的其他事项。异地召开的会议通知还应注明会议所需费用、有无人接站、去会场的详细路线说明、联系方式、回执单等。异地召开的会议通知一般应提前10天发出，如通知提交论文还应更早发出，其他会议通知也应尽快发出，以便与会者早做准备。会议通知发出后，还要通过回执单回收，通过电话、传真、电子邮件、大会网站点击等方式详尽地收集反馈信息，以便作安排上的调整。

如果邀请贵宾、领导，或者是规格较高的会议，还应制作邀请信，以示郑重和礼节。邀请信除要写清会议通知的内容外，还要格外注意多用敬语。也有的邀请信是把会议通知作为附件附上的。邀请贵宾如条件许可的话，应尽量上门邀请，而不是仅仅发一封邀请信了事。

邀请信例文：

邀请信

尊敬的×××教授：

中国营养与保健食品会议定于2004年9月18日~21日在海南省海口市召开第一届专业研讨会，本研讨会以探讨营养与保健食品基础学理论及相关研究方法为主题。鉴于您在营养与保健食品领域的丰富经验和权威地位，我们诚挚地邀请您于9月19日上午在大会上作专题报告，题为“保健食品的22项功能是否一成不变”，望您拨冗光临赐教。

即颂

撰安

中国营养与保健食品学会

2004年9月6日

又：随信附上交通路线图、接站安排表、会议日程表、回执单

联系人：×××

手机：1383553××××

电话/传真：010—6312××××

邀请者接到邀请信后要尽早回复，尤其是被邀在大会上作报告的贵宾，万一有事抽不开身，一方面要尽早回复，让主办单位调整大会议程，另一方面还应写一封致歉信表示歉意。

二、会场的选择和布置

（一）选择会场

一般来说，选择会场应考虑这样几个因素：

1. 交通便利

会场的位置应尽量让与会者方便前往。短会应靠近与会人员的工作场所，超过一天的会议应靠近与会人员的住所，免得他们劳碌奔波。

2. 会场大小适宜

一般来说，会场中每人平均应有两平方米左右的活动空间。场地太大，显得空旷，落座分散，与会人员不宜集中精力。场地太小，显得拥挤局促，容易让与会人员产生压迫感。另外，会场的大小还应与会议的主题、会期的长短相适宜。显示性的会议会场可大些，决策性的会议、学术性的会议会场可小些，时间短的会议会场可小些，时间长的会议就应该有一些活动空间提供给与会者休息。

3. 场地要有良好的设备配置

会议的灯光照明、通风设备、麦克风、空调、桌椅等要配置齐全，如果会议需要，还应备有投影仪、大屏幕、计算机、演示板、VCD/DVD、音箱等，有的保密会议还要求有隔音装置，所有这些设备必须在会议前一一加以检修调试，确保开会时正常使用。音乐磁带要求试听，音响必须保证声音逼真，不能出现尖啸音。

4. 会场要避免外界干扰

应尽量避开闹市区、工厂区，选择没有噪音、空气洁净、外界干扰小的地方。

5. 会场外要有足够的车位停车

（二）布置会场

布置会场一个是指会场的整体格局的安排；一个是指为烘托会议气氛的装饰。

1. 会场格局的安排

中小型会议一般在会议室召开，大多是环状的格局。常见的有：长方形、椭圆形、T字形、马蹄形、回字形等等，如下图：

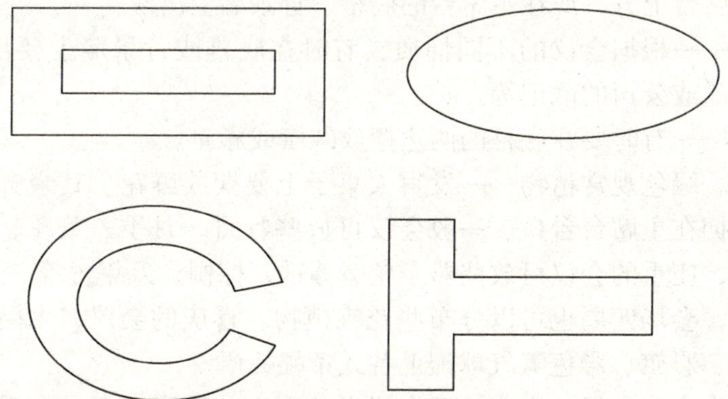

大中型会议一般在教室、礼堂、会堂、体育馆召开，格局都是固定的，都有固定的主席台。如果是备有小吃的联谊会、团拜会，会场格局可以安排为众星拱月形，如下图：

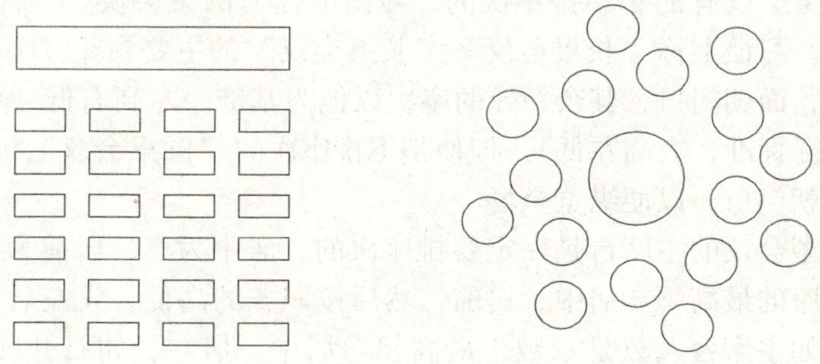

2. 烘托会议气氛

会议气氛要根据会议的主题来烘托。如联谊会的会场要布置的浪漫温馨些，学术交流会的会场要布置的和谐可亲些，协调会的会场要布置的沉稳冷静些等等。

烘托会议气氛要注意色彩的调配，要突出会议的主色调。一般来说，色调深一些更庄重一些，色调浅一些更活泼一些，冷色调更理性一些，暖色调更热烈一些。另外，红色表示火热、喜气，黄色表示辉煌、高贵，蓝色表示和平、冷静，绿色表示青春、朝气等。

会场的装饰重点是主席台，一般来说主席台应布置：

会标——多用宋体字书写，红底白字或红底黄字，写明会议的全称，悬挂在主席台上方，或在主席台的底幕、背景墙上出现。

会徽——根据会议的不同性质，有时在底幕或背景墙上要出现国徽、党徽、会徽或公司的徽记等。

旗帜——有时要在底幕的两边摆放红旗或彩旗。

鲜花、绿色观赏植物——发言人桌子上要摆放鲜花，其余鲜花、观赏植物应簇拥在主席台台口。一般会议可放些牡丹、月季、茶花、菊花、杜鹃、梅花，庄重的会议可放些君子兰、苏铁、棕榈、万年青等。

另外，会场四周也可以分布些花卉植物。喜庆的会议，大门外可以有充气拱门、彩旗、彩色氢气球配上各式条幅标语。

如是中小型会场，则应注意会议桌的围布、窗帘、字画、观赏盆景花木的整体和谐，鲜花和绿色植物可放在长桌和圆桌的空心处。

三、座次的安排

中小型会议有的是不排座次的，习惯上称“圆桌会议”，有的是需要排座次的，习惯上称“长桌会议”。“长桌会议”的主要领导应端坐短头的中间位置，面朝门口，其余领导的座次以他为基准，左高右低（涉外会议应采用国际标准，右高左低）。即使是不排座次的“圆桌会议”，主要领导一般也面朝门口，以便纵览全场。

大中型会议的主席台是一定要排座次的，居中为尊，居前为尊。一般以台上就座的最高领导居中、居前，然后按职务的高低，先左后右向两边顺序排，如主席台人数是双数，最高领导居中、居左。如召开联席会议，要注意将各单位的领导人插排，千万不能厚此薄彼，造成误会。座次一旦排定，就应制作席卡，这样既方便入座，也便于与会者和新闻记者采访辨认熟悉主席团成员。不能到会的主席团成员，事先一定要更换人员或撤掉座位，要知道开会时主席台是不允许出现空座位的。

大中型会议其他人员的座次，应根据会议具体情况安排。一般来说，会议发言人、贵宾、被表彰对象应前排就座；正式代表应在中间、前面就座，列席代表应在两侧、后面就座；国际会议一般以国家开头的字母顺序排列；国内会议，或按地区名称的笔画顺序排列，或按系统、单位排列；也有的会议不排座次，与会人员可以自由落座。

四、制作会议证件

大型的重要会议，通常要制作会议证件。会议证件包括：代表证、出席证、列席证、来（嘉）宾证、旁听证、工作证、采访（记者）证、会议车辆通行证等。

不同的会议证件要用不同的颜色来区分。制作时要注意大小适宜、款式庄重、外形美观，一般制成卡片式别在与会者的左襟上。不同的会议证件可以明确佩带者在会议期间享受的不同权利，它也是礼遇的一种标志。一般说来，列席人员不参加表决，旁听人员不参加讨论等。

第三节　会议召开过程中的礼仪

1. 从会议召开的程序来看，会议的礼仪工作主要有：

（1）接站

异地召开会议，主办方应派人前去接站。接站前一定要弄清楚与会者的身份地位、人数、所乘坐的交通工具以及抵达的准确时间。与会者的身份地位高，主办方也应以规格相当的人去迎接，如规格相当的人有事无法去，负责接站的人员一定要向对方说明原因并致歉。

接站人员应准备充足的接站车辆，提前到达汽车站、火车站、飞机场或轮船码头，出示早已做好的接站牌或横幅，上面字要写的大一些、醒目一些，一般写“热烈欢迎×××来宾莅临指导”，“×××会议来宾接待处”，不要用白纸写黑字，以避忌讳。

接到与会者后应主动向他们问候，帮助他们拿大件的行李，但来宾若坚持自己拿就不必勉强，另外密码箱、小坤包、外衣等没必要为之代劳。

（2）住宿和伙食安排

会期超过一天的应安排与会者住宿，住宿事宜应在回执单回收后就立即办妥，应尽量安排在安全、清洁、无噪音干扰的宾馆，尽量让熟悉的人同处一室，另外安排住宿要注意照顾贵宾，照顾年老体弱的人，照顾女士。其他与会人员提出的要求，只要条件允许也应尽量满足，如果实在无法满足则要耐心解释，不要不耐烦。安排好住宿后接待人员应尽快离开来宾房间，以便他们休息，当晚可陪同主办方领导去看望与会者。

大会伙食安排可合餐，可分餐。目前流行分餐制，既干净卫生又自由灵活。与会人员若有少数民族和病号，则要照顾他们不同的餐饮需要。

（3）报到和签到

在会议报到处的周围应设立引导牌和标识牌，表明报到的具体位置。会议报到要事先准备文件袋或文件夹，将会议中所需要的证件、票据、会议日程表、会议文件、做记录用的笔和本子装入其中一次性发给与会者。文件袋或文件夹要留有备份，以防人数临时增补。另外，在与会者报到的同时就应登记他们返程的车、船、机票，要提前帮他们预购，以便他们能集中精力安心开会。

会议的签到有很多种方式。小型会议可以由秘书人员按照人员名单一一代为签到；大型会议可以用签到卡和电子签到机配合使用签到；在礼仪性较强的会议上，要准备好装帧讲究的签到簿、签到笔，请与会者一一签字留念。若有必要，还要准备贵宾留言簿。无论采取哪种方式签到，负责签到的人员均要佩带证件提前到岗，以免到会较早的与会者产生无人接待的感觉。

（4）引导入场与开场白

大中型会议会场门口应有座次示意图、指示牌，以引导与会者入座。领导和贵宾应有专人引导入场，如主席台后面备有休息室，最好是将领导和贵宾先引导到休息室小憩，等到会议即将开幕时再引导他们按照席卡标明的位置一一入座。规格高的会议，在主席团成员入场时全场应起立鼓掌。

一般在会议正式开始之前还有一段开场白，隆重的会议还要举行开幕式。开场白的内容除单位内部会议外，主持人一般都要把在主席台上就座的领导和贵宾一一介绍给与会者，被介绍人可以不起立，但应欠身点头微笑。另外，主持人开头要宣布会议的议程和注意事项。会议如超过两个小时，中途应安排一次休息。会场内应要求关闭手机、禁止吸烟、不要频繁进出等。

(5) 休息和娱乐

会议休息时应备有茶水或饮料，但空瓶、空易拉罐不宜乱扔，应有专人回收。另外，天气较热时，会议中途休息还可准备一些冷饮、绿豆汤之类解暑饮品，给与会者每人发一条毛巾。

会期较长的大会，为缓解与会者的疲劳，中途还可适当组织一些文娱活动，如参观游览城市新开发区、短途观光当地的自然山水、观看文艺演出、组织卡拉 OK 或舞会等，但应内容健康，力求节俭。

(6) 记录、沟通与调度

秘书人员开会做记录、录音或速记要同时进行。在记录前应了解与会人员的座位图，以便知道发言人的姓名。漏记或不明白的内容可在会后补记，也可提示主持人请发言人重复内容，或对某一术语做出解释，但自己不可将发言人的话打断，那是不礼貌的行为。

在会议进行的过程中，秘书人员应多听、多跑、多想，上通下达，左右沟通，全面收集信息，反馈信息。在小组讨论会上，秘书人员应把上面的意见带下去，把下面讨论的意见带上来，特别是对有争议的意见，一定要向上汇报，不能只报喜不报忧，或只拣和自己意见相同的汇报。因为这样做至少也是对持有不同意见者的不尊重。

另外，对于综合性的大会，因为有许多议题都是在分组会上解决的，所以经常出现“大会套小会”的现象。此时，秘书人员应协助主持人做好会议调度工作，坚持“候会”制，而不是“陪会”制，提前通知有关人员在指定时间到指定地点去等候下一个会议的召开，保证会议之间的衔接。

(7) 摄像与留影

会议进行中如需摄像，应多方位、多角度地去摄。既要保证主席台是拍摄重点，但镜头也不能从头到尾老是对着一两个人，要面面俱到。

与会人员如需留影，可安排在会议中或散会时进行。留影前，秘书人员应对拍摄的背景、人员的位置事先做好筹划，不要让人们在镜头前被摆布很长时间。留影时，领导与贵宾一般应在前排居中，有时也将女士尽量安排在靠前的位置。但不管怎样排列，秘书和主办方人员应居后排的两侧。照片要及时冲洗，最好散会时能让与会者带走。

(8) 散会和会后

当主持人宣布散会时，应引导领导和贵宾先退场，然后其他人员再退场。

退场后，秘书人员应清理会场，注意检查与会者有无遗忘的物品。在本单位会议室召开的会还要收拾茶杯、桌椅、烟灰缸等物品，将一切恢复原状，准备下次开会再用。租用会议设备的要检查归还，损坏的要照价赔偿。

外地来开会的人员，临行时应提醒他们归还物品、办清手续，然后再将他们一一送至车站、码头、飞机场等。

外来人员需要多留一些日子的，应给他们提供方便，不能会议一结束就置之不理。

2. 从出席会议的人员来看，人们在会议召开的过程中应遵循的礼仪主要有：

（1） 主持人的礼仪

主持人是会议的焦点人物，他的礼仪表现对会议的成功与否有着重要的影响。

①主持人应注重个人仪表的修饰，穿着庄重、大方、整洁，精神饱满。

②主持人应提前到达会场，和与会人员打打招呼、交流信息，以便更有效地主持会议。

③主持人应尽量说普通话，口齿清楚、语速适中、语言简明扼要。

④主持人在会议中站姿和坐姿都应符合礼仪标准，不能拱背、打哈欠、抖腿等，因为他的一举一动会影响整个会议的气氛。别人发言时，主持人应有礼貌地倾听，用笑容、点头、目光等给予肯定，在别人发言前或发言后，应带头鼓掌表示敬意。

⑤主持人应严格掌握会议的时间，对会议的起讫、休息、发言、讨论都要有明确的时间规定，并且严格执行，不因个别人的拖拉而耽搁整个会议的进程，只有这样做才有利于形成良好的会风。

⑥会议开始，主持人要阐明会议的议题，让与会者做好发言准备。在安排会议议程时，应将事关重大的议题放在前面，将次要的议题放在后面，以保证会议达到主要目的。

⑦会议期间，主持人要合理地引导会议的进程，要给每个与会者平等的发言机会，不要让能言善辩者控制整个会议，要注意鼓励那些内向的与会者发表意见。在会议冷场时应恳请某位人士发言，对偏离议题的讨论应立即打断，对不友好的争论要出面阻止。当某一个议题讨论接近尾声时，应及时作归纳总结并形成决议，然后立即转换到下一个议题。

⑧在会议期间如果出现意外干扰，主持人要采取果断措施，以保证会议的正常进行。

⑨会议结束前，主持人要宣布大会的结果和形成的决议，让与会者心中有数。

（2）发言人的礼仪

会议发言有正式发言和自由发言两种。大会的正式发言人，走上主席台时步伐要坚定有力，脸上充满自信，对与会者要用敬语称谓，如："尊敬的各位领导、各位嘉宾"。发言时尽量不照本宣科，应用目光语与听众交流沟通。如果作书面发言，也要时常抬起头来扫视一下会场，注意一下听众的反应，不能从头至尾埋头读稿。另外，语言要尽可能通俗，让别人能听懂，发言完毕要对听众的倾听表示谢意："谢谢大家"。

自由发言一般来说比较随意，但也要做到：一是不能和别人抢着发言，如同时提出发言要求应礼让别人；二是发言前心里要打个腹稿，不可发起言来语无伦次、结结巴巴、条理不清，或者东拉西扯、偏离议题；三是发言应尽量简短，让别人也有发言机会，切忌长篇大论，尤其当听众不耐烦时要赶紧打住；四是与别人看法有分歧时不能打断别人的讲话，不能言辞过激、咄咄逼人，甚至进行人身攻击，而应让人把话说完，心平气和地交流意见，以理服人，也可保留意见，一定要顾全大局，服从主持人的协调。

（3）一般与会者的礼仪

参加会议应衣着整洁、仪表大方，准时到达会场，在会议指定的位置就座。参加会议要保持一种正常的心态，不利用会议炫耀自己或发泄不满，既不攻击别人也不阿谀逢迎。别人发言完毕应鼓掌致意，即使个人有保留意见，也绝对不可用吹口哨、喝倒彩的方式破坏会场秩序。开会期间应积极配合主持人的工作，遵守会议规则。该发言时主动发言，听取别人发言时，不私下交头接耳，不打断别人发言，不胡乱涂鸦、趴着睡觉、接打手机、随便出入。会议结束时应有序退场。

第四节　常见会议礼仪举要

一、代表大会

代表大会包括人民代表大会、党员代表大会、民主党派代表大会、职工代表大会、学生（团员）代表大会、妇女代表大会等等。

代表大会的召开是隆重热烈的，会场的布置要与大会的主题相呼应。代表大会一般要制作证件，通过证件颜色来区别与会者的不同权利，便于会议管理。代表大会对代表们提出的议案、提案和建议要按规定程序答复处理。

代表大会一般都有选举的议程，要严格按照《选举法》的规定进行。会前要制作选票箱和选票，选票上应有大会秘书处盖章，且应制作两套密封备用。选举前，要宣布出席人数、缺席人数，以保证选举的合法性。选举时，应有监票人在一旁监票，领导和主席团成员先投票，然后其他代表再按顺序进行投票，人多时要划分区域投票。计票时，首先要核对票数，如果投票数多于发票数则选举无效，需重新投票。大会结束前一定要公布选举结果。为避免投票后等待计票的时间过长，大型会议一般都采用电子表决器投票、计票，中小型会议也有通过唱票的方式来免去代表们等待的无聊，强化会议气氛的。

二、办公例会

办公例会指企事业单位内部的高层会议，它是有固定时间、固定人员、固定地点的制度化会议，包括经理例会、行政例会、董事会议等。

这类会议一般不需发会议通知，但会议临时改期则要通知。会议时间最好安排在周二至周四的上午，以避开周一、周五的假日影响，而上午开会的效率高于下午。开会时，要在会议室门口挂上“正在开会，请勿打扰”的牌子，秘书人员应坐在靠近门口的地方，拒绝不速之客闯入或处理突发事件，并且在会议上做好详细的会议记录。因这类会议常常要做出重要的决策，所以在会议结束时，主持人应将下次例会要讨论的议题提前告诉与会者，既能让大家充分酝酿讨论、避免决策失误，也有利于开短会、开有成效的会。

三、座谈讨论会

座谈讨论会或是围绕某一问题进行讨论，或是为沟通情况、增进感情而召开的。

座谈讨论会一定要体现出民主和平等。讨论的问题应事先通知大家，以便与会者做好发言准备。座位不要有主次之分，大家围坐在一起。对互不相识的发言者，主持人应作简单介绍。为了对某一问题的讨论能够深入进行，主持人应巧妙地组织话题，进行引导、鼓励争论，但不要出现冷场、不要偏离议题，让每一个人畅所欲言，努力营造一种融洽的、热烈的气氛。

四、报告会

报告会有形势报告会、学术报告会、劳模报告会、先进事迹报告会等等。

报告会的会场布置宜简朴一些，但讲台上可放些花做点缀，以免单调。接待被邀请的报告人一定要礼仪周全，应派专车专人接送，在衣食住行上要妥善安排，来人身份地位高的，主办方也应对等接待。报告会的参加人数不限，主会场不够大可采用广播、电视等形式多设几个分会场，但主会场人数不能太少，到会的人稀稀疏疏是对报告人的不尊重。有的报告会，听众可通过递纸条提问题，但不可勉强报告人一定要当场回答。报告会结束时，主持人应向报告人表示谢意，全场应报以热烈的掌声，同时请报告人先退场，然后听众再退场。退场时，要注意不可让听众在会场门口围堵报告人让其签名，除非报告人自己乐意这样做。报告会如需录音，事先应征求报告人的同意。报告的内容如需在新闻媒介上公开发布，稿件应送报告人审阅。

五、电视（电话）网络会议

运用现代化通讯设备而召开的远程电视（电话）网络会议，与传统集中开会的方式比较起来，它更节省时间、节省开支，会议交流更直接、更简短，会后也更方便做电子档案，因而越来越成为常规的会议形式。

召开电视（电话）网络会议，会前的准备工作要更完善一些。要细心检查摄像机、电视机、计算机、视听传输系统等，保证会议期间不出故障。摄像机要求有旋转设备，以便能将会场中的每一个人都摄下来。发言人应做好充分的准备，以免当摄像机转向自己时说不出话来。与会者更要注意自己的着装、坐姿、表情，不能穿着过于随便、过于休闲，不能打哈欠、讲小话，一副漫不经心的样子，要始终精神饱满、注意力集中、正襟危坐，以免被摄下形象不雅的镜头。

六、庆祝表彰会

庆祝会是指对重大节日、重大成就举行庆祝活动的会议。表彰会是指表彰先进、树立典型的会议，都属于显示性会议。

这类会议主题单一，要开得隆重热烈又简短紧凑。开庆祝会时，把贵宾请到主席台就座，请贵宾一一发表讲话，宣读贺电贺信。开表彰会时，一般被表彰人要身披大红绶带、戴光荣花在前排就座。当主持人宣读获奖名单时，要在喜庆的乐曲声中引导他们上台领奖，颁奖人应和他们主动握手表示祝贺，领奖人领到奖品后要深深地向全场观众鞠躬致谢，而全场观众也要用热烈的掌声表示祝贺。

七、新闻发布会

新闻发布会是党政机关、企业和各社会团体公布重大消息或解释重大问题而公开举行的会议，参加的人以新闻记者为主，所以又叫“记者招待会”。

新闻发布会的会场布置要突出其权威性，设备装置要符合新闻采访活动的要求。如果有国外记者参加，必须有同声传译。

新闻发布会对新闻发言人的形象要求特别高，要求他着装大方、举止沉稳、思维敏捷、口才机辩。在发布新闻时要简明扼要、突出重点。对记者可能提出的问题要胸有成竹，做好应答准备。记者一旦提问，要随问随答。特别是出现了重大的公关危机需要解释澄清真相时，新闻发言人要抱着真诚的意愿，努力营造合作的氛围，不歪曲掩盖事实，不回避推脱责任，对暂时不便发表和透露的内容，回答要委婉巧妙一些。如：“这是一个生意上的秘密，无法透露有关情况，我很抱歉，但我相信大家一定能够理解。”再如：“我和大家一样，都非常关注这件事，关注事态的发展。”不要一味滥用“无可奉告”，以免激起新闻媒体的反感。另外，新闻发言人不要随意打断记者的提问，即使明知对方不怀好意，也要等对方把话说完再据理反驳。新闻发言人一般由主办方负责人或公关负责人担任。

举办新闻发布会时，主办方应对各媒体一视同仁，不要老是将话筒交给几个大媒体的记者，而对小媒体的记者不闻不问。

来参会的记者要注意遵守秩序，不要抢话筒，不要提与发布会主题无关的问题，不要提别人已提过的问题，不要提涉及新闻发言人隐私的问题，提问完毕要表示："谢谢!"

有时新闻发布会还向记者提供一些文字、图表、音像资料等；有时为了增强效果，还在会场上展示一些图片、实物、模型，放录像或光碟，而这些在会议举办前就要准备好。

八、追悼纪念会

追悼纪念会气氛庄重肃穆，会场的布置应以黑、白、黄为主色调，与会者不宜化妆，穿着不宜花哨，在整个过程中都要严肃认真，不能随意走动，更不能高声说笑。

纪念会与追悼会相比，气氛稍微缓和一些，它可以纪念某个人，也可以纪念某个事件。因此，鲜花的颜色可相对绚丽些，一般也不播放哀乐，但在逝者家属和其他来宾走上主席台时，全场仍应起立行注目礼，会议结束后，主持人要对逝者家属和来宾进行慰问。

第五节 情景实训

兴华电脑学院是兴华教育集团1990年筹资建立的全国著名民办大学。

它是国家计算机培训认证和考试中心，同时它也是美国微软、加拿大Corel公司等20多个国际电脑权威机构的培训和考试中心。

学院拥有先进的多媒体电脑2 000多台。网络工程室、安装调试室、电脑美术设计室、影视动画设计室、现代办公设备设计室等现代化电脑设计室60余间。专职教师260多人，其中，中国计算机协会理事6名，中高级职称教师186人。在专业设置上，该院与清华大学合办的网络工程师专业，与上海交大合办的信息安全工程师专业，尤具特色。目前在校学生4 000多人，在北京、南京、南昌、长沙、昆明等8个城市设有分校。办学规模、办学层次、办学质量堪称一流民办大学。

2004年9月28日，兴华教育集团和美国微软公司联手在兴华电脑学院启动巨额奖学金工程，在××市学苑大厦隆重举办了"兴华—微软奖学金启动新闻发布会"。会上，微软公司代表戴先生称"兴华电脑学院是最值得信赖的合作伙伴"。兴华电脑学院的周院长作为新闻发言人，宣布了奖学金的奖励办法、奖励范围和奖项设置。该奖学金每年颁发一次，奖励范围不仅包括在校生，做出杰出贡献的历届生也包括在内，共设四项大奖。其中，卓越奖学金为人民币 20 000 元，精英奖、俊杰奖、英才奖各为人民币 2 000 元、1 000 元、500 元。

一年后，吴蓓等同学成为第一批奖学金的获得者，学院为他们举行了颁奖大会。

一、实训要求

（一）模拟新闻发布会

学生 20 人为一组，其中三人分别扮演周院长、戴先生、主持人，其余扮演新闻记者。

情景 1：演示主持人宣布会议开始，开场白。

情景 2：演示戴先生代表微软公司发言。

情景 3：演示周院长发布新闻。

情景 4：演示记者提问的过程。

情景 5：演示散会。

（二）模拟表彰会

学生 20 人为一组，其中 6 人分别扮演周院长、副院长、教务长、宣传部长、主持人、吴蓓同学，其余扮演获奖者和颁奖者。

情景 1：演示主持人宣布会议开始。

情景 2：演示周院长对获奖者表示祝贺，并希望同学们向他们学习的讲话。

情景 3：演示吴蓓同学代表获奖者发言。

情景 4：演示颁奖的过程。

情景 5：演示散会。

二、训练要点

1. 会场布置要根据会议主题的不同显示不同的气氛，新闻发布会要严肃些，表彰会要热烈些。

2. 主席台上要按照座次礼仪摆席卡。

3. 新闻发言人要注意形象包装。

4. 大会发言均要简短，用语要符合发言人的身份，符合会议主题。新闻记者提问要围绕案例的内容，不能提一些漫无边际的问题。

5. 演示过程要连贯，两个会议均不超过 20 分钟。

三、实训指导

演示前，扮演新闻发言人的同学可以和扮演新闻记者的同学沟通一下，适当做一些准备，以防止冷场。

思考题

1. 请画出主席台上 9 位成员的座次安排示意图。

2. 会议召开前，秘书人员要做好哪些礼仪性很强的工作？

3. 参加会议应注意哪些礼仪？

4. 小王秘书受总经理委托，召集下属分公司部分人员开座谈会，征求大家对年终奖分配方案的意见。小王早早地来到会场，和大家闲聊了几句，请大家随便坐，时间一到就宣布开会。他首先宣读了年终奖分配的草案，然后说："下面请大家自由发表意见。"话音刚落，一位老职工就发起了牢骚，说年年奖金分配总是我们老人吃亏，接着就一一历数自己的家庭负担重，钱不够用的种种苦恼。一个刚来的大学生也抱怨现在房价太高，工资微薄不能买房子结婚等。就这样，大家七嘴八舌漫无边际地谈论了两个多小时，忽然，一个女职工惊呼："哎呀，早就该下班了！我还要接孩子呢！"结果，会议就这样草草结束。

请问，小王在主持会议时，哪些做的对？哪些做的还不够好？如果你是小王，你打算怎样主持会议？

5. 全国傩文化学术交流会即将举行，小王秘书提前五天发出了会议通知。可是，接到通知应邀前来作报告的几位全国著名学者却纷纷打来电话，这个说没空，那个说论文没准备好，这下小王可傻了眼！你知道他做错了什么吗？该怎样做才符合会议礼仪？

第八章 宴请礼仪

利达电器公司拟举办十周年庆典，公关部小叶根据此次活动宾客众多、就餐时间不一的特点，策划了一种既经济实惠、又自由随意的宴请形式，效果很好，受到了经理的表扬。你知道小叶选用的是哪一种宴请形式吗?

第一节 宴请的原则与类型

宴请，是主办方为表达谢意、敬意或为了扩大影响等，盛情邀请宾客以聚餐为形式的一种交际活动，它是一种非常注重礼仪的活动。

一、宴请的原则

(一) 宴请适量的原则

我们在组织宴请活动时，活动的规模、参与的人数、用餐的档次、菜肴酒水的数量，都要以适量为原则。不要虚荣攀比、铺张浪费、暴殄天物，更不能用公款大吃大喝，败坏社会风气。

(二)“4M”原则

中西方在传统饮食文化上差别很大，中国人重视的是美食佳肴，而西方人更重视的是就餐时的精神享受，讲究“4M”，即：Menu（精美的菜单)、Mood（迷人的气氛)、Music（动人的音乐)、Manners（优雅的礼节)。今天，遵循“4M”原则，尤其是讲究优雅的礼节，已成为世界各国的共识。

二、宴请的种类

根据宴请的目的分，有迎送宴会、喜庆宴会、商务宴会、答谢宴会、工程开竣工宴会、展览开闭幕宴会等。

根据宴请的形式分，有宴会、招待会、茶会、工作餐等。

根据宴请的餐别分，有中餐、西餐。

根据宴请使用的餐具分，有分餐、共餐、混合餐。

三、宴请的形式

常见的形式有四种：

（一）宴会

指比较隆重、正式的设宴招待。根据举办的时间，有早宴、午宴、晚宴之分，一般认为，晚宴最为隆重正式。根据举办的规格，又有国宴、正式宴会、便宴和家宴之分。

1. 国宴

是规格最高的宴会，是国家级庆典宴会。举办方为本国政府首脑、国家元首，或为来访的外国元首、政府首脑。举办国宴一般要悬挂双方国旗，奏双方国歌。宴会上主人和主宾均要致辞，席间要奏音乐。

2. 正式宴会

除了不挂国旗、不奏国歌、出席者级别不同外，其余都与国宴相似，也是一种规格较高的宴会。正式宴会有桌次、席次之分，有着装要求，菜肴、酒水、餐具均很讲究质量和特色，服务要求规范。

3. 便宴

属于非正式的宴会，形式较为简便。可以不排座次，不作正式讲话，菜肴、酒水不必太多，它的特点是气氛亲切，有利于各方交往。

4. 家宴

指在家中设宴招待宾客。可以由主妇亲自掌勺，也可以请厨师上门做菜。西方国家有不少人喜欢这一宴请形式。

（二）招待会

招待会是指各种不备正餐的宴请形式。官方的招待会通常围桌而坐，隆重正式，如国庆招待会。其他一般采用自助餐的形式。招待会常见的有冷餐会与酒会。

1. 酒会

酒会又称鸡尾酒会。所谓鸡尾酒，是用多种酒按一定比例混合而成的。现在的酒会不一定非喝鸡尾酒，但酒的品种要多一些，一般不用烈性酒，还可以备些果汁、汽水等软饮料，它是一种主要用酒水招待客人的餐饮形式。略备小吃，如炸春卷、小香肠、三明治等等，多以牙签取食。时间一般安排在下午4时以后，宾客可以随意走动，从服务员所托盘子中取食，且来去自由，不受约束。

2. 冷餐会

冷餐会顾名思义，菜肴以冷菜为主。时间不受限制，可以在中午以后的任何时间，室内室外均可举办。菜肴集中摆放在大餐桌上，宾客可多次取食，可坐可站，适合于规格不是太高，出席人员众多的礼节性、纪念性活动的宴请。案例中的小叶就是策划了这一宴请形式而得到表扬的。

（三）茶会

茶会是一种更简便的宴请形式，主要是通过请客人品茶来进行交流。茶会时间一般安排在上午10时或下午4时左右。地点通常在客厅，厅内摆茶几、座椅，不排席位。但主人要有意识的和主宾坐在一起。茶会对茶叶茶具的要求比较高，要根据客人的喜好选择上等茶叶，要用精致的陶瓷茶具斟茶，茶水不宜太浓太满，盖杯要放在茶托上一同敬给客人，尽量体现出茶文化的特点。茶会也可略备小吃。招待外国客人一般用红茶和咖啡，但茶叶不能直接冲饮，要用茶壶或袋装冲饮。

（四）工作餐

工作餐是人们工作特别繁忙时采用的一种方便快捷的非正式宴请形式。它利用进餐时间，宾主边吃边谈问题，不邀请与工作无关的人员，常常采用快餐分食的方式进行。双边工作餐通常使用长桌，座位安排与会谈座位相似，以便双方交谈。

第二节　宴请的前期准备

由于宴请的种类和形式不同，宴请的前期准备工作也不一样。工作餐较简单，而正式宴会就要复杂得多。这里以正式宴请为例。

一、宴请的筹划

1. 首先要根据宴请的目的和主宾的地位、职务、身份来确定宴请的规格，规格高的要安排在高级饭店或酒店。

2. 确定宴请人员名单。这要考虑多方面的因素，不能漏请，也不能请许多“陪吃”。宴请的人数应该是偶数，使每个人在宴会上都有谈话对象。除工作餐外，如有需要，一般可邀请宾客的配偶，但所请客人中间不能有关系紧张的，以免出现尴尬场面。

3. 选择宴请的时间。一般不选择在重大节日、假日，涉外宴请还要注意避开对方的禁忌。如宴请西方客人一般不选择13日和星期五；伊斯兰教在斋月内白天禁食，宴请宜在日落后举行。

4. 选择宴请的地点。除了考虑规格高低的因素外，还应尽量选择交通便利、环境优美、干净卫生、设施完备、有特色菜肴的饭店。官方隆重的宴请活动，一般安排在政府宴会厅、会议大厦或客人下榻的宾馆。

5. 确定宴请的形式。一般说，规格高、正式、人数少的用宴会招待，人数多的以冷餐会、酒会为宜，妇女活动则用茶会。

6. 布置宴会厅。宴会厅的布置，要根据活动的性质和形式，官方正式宴会厅的布置，应严肃、庄重、大方，可摆常青树、鲜花、盆景作装饰。如配有乐队演奏国歌或席间音乐，乐队离宾客位置稍远些，乐声要轻柔一些。宴会休息室可按客厅布置。

冷餐会的菜台用长方桌，通常靠四周，也可放在中间。如需坐下用餐，要摆一些小方桌或小圆桌。

酒会一般摆小圆桌或茶几，以便放干果、点心、花瓶等。在四周放些椅子，让客人自由就座。

7. 确定菜单。确定菜单，要注意：

（1）要量力而行。要按照经费预算来确定菜肴的品种、数量和价位。

（2）要搭配合理。菜肴要冷热、荤素、甜咸、色香味搭配。时令菜与传统菜肴搭配，菜肴与酒水搭配。

（3）要体现出特色。如本地的土菜、饭店的看家菜、家庭主妇的拿手菜等。

（4）不得触犯客人禁忌。如：

宗教禁忌：穆斯林不吃猪肉、不饮酒。

工作禁忌：驾驶员工作时不得饮酒，国家公务员参加公务宴请时不得饮烈性酒。

民族禁忌：西方很多人不能接受“山珍海味”，如燕窝、鱼翅、海参、国家保护的野生动物，还有动物的内脏、蹄爪、翅膀；日本人不吃黄鳝。

个人禁忌：尤其是主宾的个人禁忌。

菜单确定后，每桌至少要摆放一份，中途不能更改。

二、制发请柬

除便宴和工作餐外，宴请活动均应发送请柬。这既是礼貌，也供客人备忘用。事先口头邀请的或电话通知的也要补发，这是礼节上的要求。

请柬的正文内容包括被邀请人的称谓、宴请的名义、形式、时间、地点、主办人或主办单位，要用敬语，行文一般不用标点符号。如要求被邀请人回复，则应注明“R. S. V. P”（法文缩写：敬请赐复）。请柬的封面一般用红色印制，上面有“请柬”二字，被邀请者的姓名、职务及敬称有时也可在封面上出现。事先排好座次的宴请，需在请柬下脚注上次号（Table No.）。

按国际习惯，对夫妇两人可发一张请柬；而父子间若已分家，则应该一人一张。

请柬通常要提前一周至二周发出，便于被邀请人早做安排。

请柬正文示例：

尊敬的×××先生：

为庆祝中国国际茶文化艺术节在我市隆重开幕谨定于5月8日下午6时在天鹅湖大酒店举办宴会恭请您偕夫人光临

R. S. V. P

××市市长　×××

英文请柬正文示例：

On the occasion of the International
Tea Civilization Day of China
People's Government of binhu city
requests the pleasure of your company
at a reception
on 8th May, 2005
at 6：00pm
In the Banquet Hall
Swan Lake Guest Hotel
Dress：Formal
×××
the chief executive of ×× city

三、排定座次

宴会一般都要事先安排好桌次和席次，使参加宴会的人能各就其位，座次的安排也能体现出对客人的尊重。

（一）桌次的安排

中餐餐桌一般采用圆桌，桌数在两桌以上，就应按次序排列。主桌一般居中、居右、远离门口。其他桌次地位的高低，以距主桌位置的远近而定。以主桌为标准，右高左低，近高远低。具体的排列方式，还要根据场地的条件和美观的原则来选择。

常见的排列方式有：

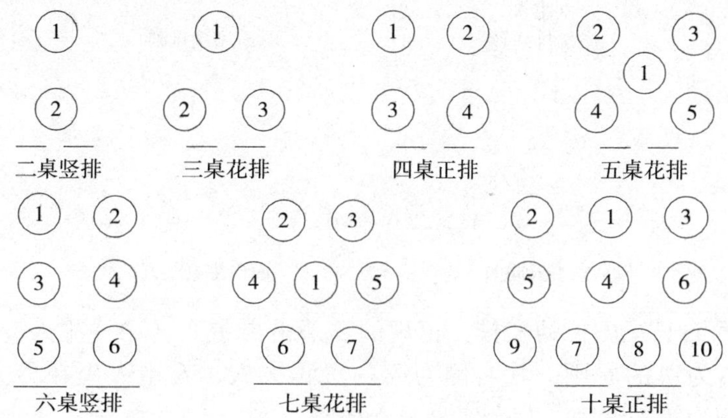

西餐餐桌一般采用长桌，常见的摆法有：

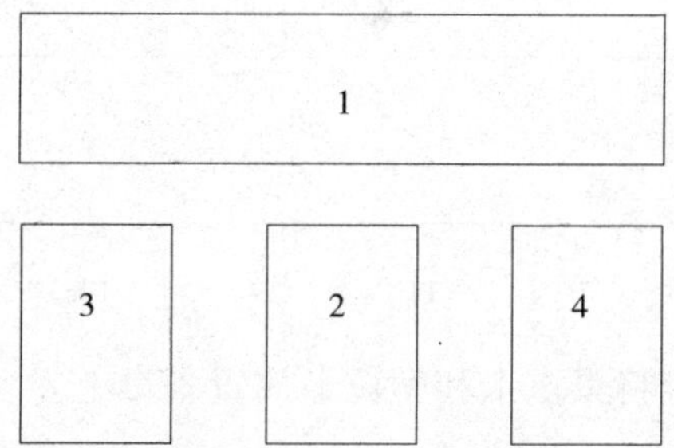

（二）席位的安排

同一桌上，席次高低以离主人的座位远近而定。

1. 中餐圆桌席位的安排，一般以面门为主，主人面朝大门正中。以右为尊，主宾就座于主人的右侧。主位同向或相向，如果是两桌以上的宴会，其他各桌的第一主人，可以与主桌主人朝向相同，也可以面向主桌主人。

我国习惯男女分开坐，男主人右边坐男主宾，女主人右边坐主宾夫人，其他来宾按职务高低依次排列。如有翻译，翻译可排在主宾的右侧，不过在许多国家，翻译是不上席的，以便工作。

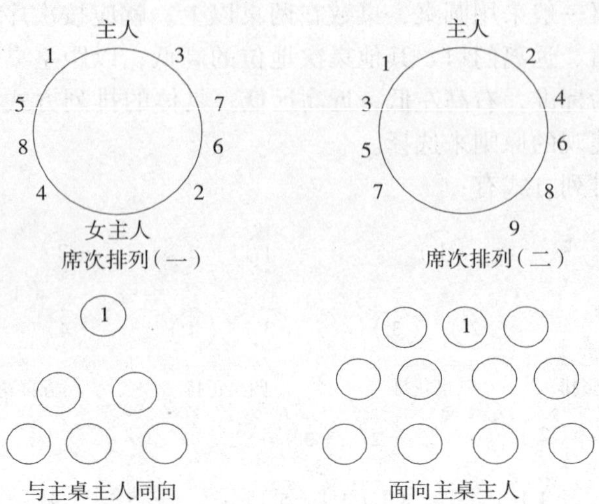

2. 西餐长桌席位的安排，正规的宴请是男主人（第一主人）坐主位，遵照以右为尊的原则，其右侧为第一贵宾夫人，女主人坐在男主人的对面，右侧为第一贵宾，其余客人男女插座。

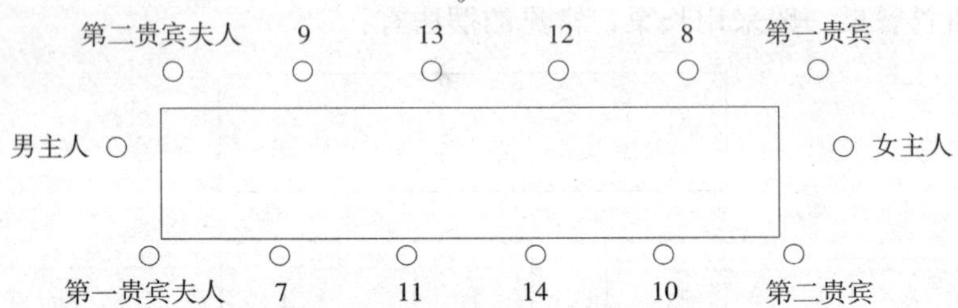

排定座次后，应将桌次卡和席位卡放置餐桌上。

四、交换致辞

如需在宴会上致辞，双方事先应交换讲稿。由主办方先提供，答谢宴会则由客方先提供，现场译员也应事先商定。

接到邀请之后，被邀请人也要做一些相应的准备。

首先，接到请柬后能否出席应尽快答复，以便主办方早做安排。对请柬上注有“R. S. V. P”的（是法文“Respondz Sil Vous Plait”的缩写），意即不论出席与否均望答复，你一定要答复；对请柬上注有“REGRETS ONLY”的，意即不能出席请复，你无法出席时才复；对请柬上注有“TO

REMIND”的，一般已经口头约妥，是备忘用的，你可以不答复。答复的方式你可以采用电话或回函。如果你是被邀的主宾，因特殊情况无法出席，要尽早向主人解释、道歉。

其次，在赴宴前你还要稍事修饰。对请柬上有服装要求的，如“Formal”（着礼服），那么，男士一般要打领带、穿深色西服套装，女士一般要穿长裙或旗袍、高跟鞋，化淡妆。对请柬上没有服装要求的，或注明“Informal”（着便服）的，男士穿着也不能过艳，女士穿着也不能过短、过薄。千万不能衣冠不整、蓬头垢面地去赴宴。

还有，赴宴前你还要估算一下路上花费的时间，最好比预定的时间早到或晚到二三分钟，去的太早主人可能没准备好，去的太晚甚至比主宾还晚，那就更失礼了。

第三节　宴请中的礼仪规范

一、宴请的程序

1. 主人要在宴会厅的大门口迎接客人。如有尊贵客人，还应列队欢迎；如举办大型宴会，主办方要在宴会厅门口挂桌次简图，或将其印制好发给每位客人。

2. 客人进门后先到休息室小坐，如果没有休息室可以直接进入宴会厅，但不正式落座。等主人陪同主宾进入宴会厅后，全体人员才正式就座，宴会开始。

3. 宴会致辞可在宴会开始或进甜食之前，由主人先致祝酒辞，再由主宾致答谢辞。

4. 席间，主人要先向客人敬酒、为客人布菜，还要主动与客人交谈，巧妙选择大家都感兴趣的话题，努力创造愉快和谐的进餐氛围。

5. 中餐的上菜顺序一般是：冷盘、热炒、大菜（通常以汤菜为结束）、甜点、水果。水果用毕，客人起身告辞，主人将其送至门口，握手道别。

二、宴请中的行为举止规范

1. 就座时应从座位的左侧入席，如带了包可以放在身体和椅背之间。坐姿要端正，胸口离餐桌约 20 厘米距离，不要趴在桌上或将双脚伸得老远。手臂不要放在桌上，也不要张开妨碍别人。

3. 宾主致辞时应注意倾听，不要摆弄桌上的餐具，也不可用餐巾揩拭餐具，这样做是对主办方的不信任和不尊重。

3. 进餐时要主动与其他人交际应酬，特别是和自己的邻座。切不可一言不发，只顾自己埋头吃喝。

4. 进食要文雅大方。要小口进食，闭嘴咀嚼，不要狼吞虎咽，进餐速度要和大家同步。采用自助餐形式应遵循“一次少取，多次取食”的原则，不要将自己的盘中食物堆得冒尖。也不要站起来去取距离较远的食物，可转动转盘或请别人帮忙。不要在餐桌上翻拣自己喜爱的菜肴。咀嚼食物和喝汤时，不要发出很响的声音，不要用嘴吹汤，应待其自然冷却后再喝。

5. 要控制体内异响。如需咳嗽、打喷嚏之类，要赶紧拿餐巾捂住嘴。如需吐骨头、剔牙，也需拿餐巾遮掩。

6. 正式宴会一般不可抽烟，抽烟应去休息室。小型便宴抽烟要得到主人允许。

7. 正式宴会不可当众穿脱衣服、解开纽扣。小型便宴，如主人请客人脱下外衣，男宾可将外衣脱下搭在椅背上。

8. 女士不可当众化妆，如有必要应去盥洗室。

9. 碰落、打碎了餐具，在正式宴会上都应请服务员来帮助收拾，不要自己动手。如将酒水溅在邻座身上，应表示歉意，协助擦干，邻座如是女士，则不必动手，只需将餐巾递上，让她自己擦即可。

10. 主宾未告辞不可提前退席，万一有事需提前走可事先告知主人，到时悄悄离席，不要惊动很多人。

11. 宴会结束时，应有礼貌的向主人道别，如主办方备有小纪念品赠送，可略加赞扬，不必过分客气。餐桌上的东西，若非主人示意，一律不得拿走。

12. 宴请外宾，不可一再劝酒劝菜，也不可说“菜不好，请原谅”之类过分谦虚的话，他会误解为你有意怠慢他。

13. 如果出席的是西式宴会，应首先向女主人招呼握手，再转向男主人，这是西方的习俗，颠倒了次序是失礼的。在整个宴会过程中，一切以女主人的行动为标准，女主人打开餐巾，表示宴会开始；女主人如起立迎客，或举杯祝酒，大家都应陪同起立、举杯；女主人将餐巾放在餐桌上，表示宴会结束。另外，男宾对女宾还要多加照顾，以体现绅士风度。如替她们拉开椅子，为她们拿调味品等等。当然，女宾对此也应该表示感谢。

14. 参加宴会后，还应打电话或发函再次感谢主人的盛情款待。

三、正确使用餐具

1. 中餐一般备有筷、匙、碗、盘、酒杯、饮料杯等，如宴请外宾，要在他（她）们面前摆上西餐餐具，让他（她）们中菜西吃。

在使用中餐餐具时，应注意：要用公筷、公勺为别人布菜，不能用自己使用过的筷子、勺子为别人布菜。筷子不可直立插在饭菜里，因为根据中国民俗，祭祖才能这样做。不可用筷、勺敲击碗、盘，或一边讲话，一边舞动筷、勺。不要端起碗、盘来进食，而应以口就之。不能倒扣酒杯和饮料杯。

2. 西餐的餐具品种繁多。

广义的西餐餐具包括刀、叉、匙、盘、杯、餐巾等。其中盘又有菜盘、布丁盘、奶油盘、白脱盘等；酒杯更是讲究，正式宴会几乎每上一种酒，都要换上专用的玻璃酒杯。

狭义的西餐餐具则专指刀、叉、匙三大件。刀分为食用刀、鱼刀、肉刀（刀口有锯齿，用以切牛排、猪排等）、黄油刀和水果刀。叉分为食用叉、鱼叉、肉叉和虾叉。匙则有汤匙、甜食匙、茶匙。公用刀、叉、匙的规格明显大于餐用刀叉。

（1）餐具的摆法。餐盘放在餐席的正中心，盘上放折叠整齐的餐巾或餐纸（也有把餐巾或餐纸折成花蕊状放在玻璃杯内的）。两侧的刀、叉、匙排成整齐的平行线，所有的餐刀放在餐盘的右侧，刀刃朝内，匙放在餐刀右边，匙心朝上。餐叉则放在餐盘的左边，叉齿朝上。一个坐席一般只摆放三副刀叉。面包碟放在客人的左手边，上置面包刀（即黄油刀，供抹奶油、果酱用，而不是用来切面包）一把，各类酒杯和水杯则放在右前方。

（2）刀叉的使用。右手持刀，左手持叉，先用叉子把食物按住，然后用刀切成小块，再用叉送入口内。欧洲人使用时刀叉不换手，即从切割到送食物入口均以左手持叉，切一块吃一块。美国人则切割后，将刀放下，换右手持叉送食入口。对不用切割的食物，可单独用叉送入口内。

用刀时，应将刀柄的顶端置于手掌之中，以拇指抵住刀柄的一侧，食指按在刀柄背上，但需注意食指决不可碰到刀背，其余三指顺势弯曲，握住刀柄。刀叉并用时，持叉姿势与持刀相似，叉齿应朝下。单独持叉时，则叉齿朝上，尽可能持住叉柄的末端，不要满掌握。

刀叉使用的顺序，按上菜的顺序由外而内取用，吃一道菜，用一副刀叉，用完后，将刀叉并排竖放或斜放在盘中，刀右叉左，刀刃朝内，叉齿朝上，服务员见了便会主动撤去这套餐具。如尚未用完或暂时停顿，应将刀叉交叉或呈八字型架在或摆在餐盘上，刀刃朝内，叉齿朝下，意思是告诉服务员，我还没吃完，请不要把餐具拿走。

记住，刀刃不可对着人，刀叉也不可放成十字型，这都是西方人忌讳的。

(3) 匙的使用。在西餐的正餐里，至少会出现两把餐匙，个头大的是汤匙，个头小的是甜品匙或茶匙，不可错用。用汤匙舀汤喝时，应由内向外舀出，而不是如中餐那样由外向内舀，喝完汤后匙把向着自己，有事暂离，可将汤匙斜放或横放。

(4) 餐巾的使用。大的正方形餐巾可折成等腰三角形，并将直角朝向膝盖铺在大腿上；长方形餐巾可对折，折口向外平铺在腿上；小餐巾可伸开直接铺在腿上。注意不可将餐巾挂在胸前（但在空间不大的地方，如飞机上可以如此）。拭嘴时最好用其内侧，绝不可用来擦刀叉、碗碟等。中途要临时离席，应将餐巾放在椅子上，表示我还要回来。宴会结束，将餐巾大致折叠一下放在桌上就可以了。

四、西餐的食用方法

西餐的上菜顺序一般是：面包、汤、各类菜肴、甜点、水果、咖啡或红茶。

1. 汤　除主食外，西餐第一道菜往往是汤。在主人未拿起汤匙前，客人不得提前食用。喝汤时，要从匙的旁边喝，不要从顶端喝。快喝完时，可用左手托起汤盘向外倾斜，以便舀剩下来的汤。除了用双耳杯盛的汤可端喝外，其余均不可端喝。

2. 面包　面包一般先摆上餐桌，但要等喝完汤后才开始食用。吃面包应用手掰成小块送入口中，掰一块吃一块，不要拿着整块面包去咬。抹黄油和果酱时也要先将面包掰成小块再抹。不要用面包蘸汤吃，也不要用面包抹盘子。

3. 鱼、虾、海鲜　食用全鱼时，应用刀将头尾切下，堆在盘边，然后用刀轻轻切割上层鱼肉，用叉叉吃。吃完上层鱼肉后不可将鱼翻身，要用刀叉剔除其主刺后再食用下层。食用半只海虾或贝类海鲜，可用叉将其肉叉出来再食用。食用整只龙虾，可用手撕去虾壳，吃完后用送上来的漂有花瓣或柠檬片的水洗手指。注意！千万不能把这水给喝了。

4. 牛排　西餐牛排有三分熟、五分熟、七分熟和全熟之分。一般要全熟的，否则牛排端上来后，你不敢吃或让人端下去重烤是失礼的。切牛排，要由外而内一下一下地切，不要来回锯切，切一块，吃一块。

5. 鸡肉、鸽肉　整鸡整鸽端上时，应用刀从其胸脯处一剖为二，然后再食用，不可将其翻身。

6. 水果　水果品种多，吃法也不尽相同。吃苹果、梨时，应去皮去核，切成小块，用叉取食；吃香蕉，应先用刀将皮从中划开，用刀叉将皮向两边剥开，再将其切成小块，用叉吃；吃葡萄、樱桃，要一粒粒的拈取，不要整串拿在手中吃。

7. 咖啡　饮用咖啡可以加牛奶和方糖，应该用方糖夹夹方糖。如果只有砂糖，也可用咖啡匙来舀，但一般认为，咖啡匙是专门用来搅拌咖啡的，饮用时应当把它取出来放在咖啡的托盘上，用咖啡匙一匙一匙舀着喝是不合规矩的，也不可大口猛喝，应将杯子端起来慢慢喝。如果是紧靠桌子坐着喝，不要拿托盘，如果离桌较远或者是站着喝，左手一定要托着托盘。

五、敬酒与饮酒

（一）西餐中的酒水

在正式的西餐里，不同的菜肴要配不同的酒水，吃一道菜便要换一道新的酒水，酒水是主角。有餐前酒、佐餐酒、餐后酒三种。

餐前酒，是在正式用餐前饮用的，一般有鸡尾酒、味美思和香槟酒，另外，还备有果汁、汽水、可乐等软饮料。

佐餐酒，是在用餐期间饮用的。西餐里的佐餐酒，大多是葡萄酒，而且要“白酒配白肉，红酒配红肉”。白肉指鱼、海鲜、鸡肉，红肉指牛、羊、猪肉。

餐后酒，是在用餐后帮助消化的，最常见的是白兰地酒。餐后酒一般是正餐结束，客人进休息室后和咖啡一同送上的。

饮用不同的酒水要用不同的酒杯，正规的摆放是雪利酒杯摆放在汤匙的正前方，因为雪利酒是和汤同饮的；白葡萄酒杯在前排中央；红葡萄酒杯在其左侧；水杯在葡萄酒杯的后面，它的右侧是香槟酒杯。拿取酒杯正确的姿势是，三只手指捏着杯脚的下部，因为怕手掌的温度会影响酒的品质。西餐敬酒只有香槟酒才可以用作干杯，不能用葡萄酒和其他酒代替，而且在西餐宴会上，人们是只祝酒不劝酒、只敬酒而不真正碰杯。

（二）敬酒的礼仪

在正式宴会上第一次敬酒的一般是男主人。他可以在祝酒辞后或在宴会开始时，提议为某人某事干杯，然后和主宾碰杯，大家一同举杯共饮。

席间主人应到每一桌敬酒，每桌也应推举一个代表到贵宾席回敬。另外同桌的也可以互相敬酒，一般先从主宾和主人敬起，其余可不分次序，或按顺时针方向逐一敬酒。

敬酒时，应起身站立，右手端起酒杯，左手轻托杯底，酒杯以不超过自己的眼睛高度为限，面含微笑，目视对方，口颂祝福之词，待对方开始饮时，然后将酒一饮而尽，量小的可少斟一点。有时在干杯前，可轻轻与对方碰杯，出于敬意，自己杯子可比对方稍低。注意不可用力过猛，不可交叉碰杯，距离较远时，可采用“过桥”法变通，即以手中杯轻碰桌面即可。

（三）斟酒的礼仪

宴会上一般由服务员斟酒，有时主人也会亲自为客人斟酒。斟酒应从客人右侧进入，酒不要斟得过满。斟啤酒要将杯子倾斜，从杯口缓缓注入，以免淌的满桌都是。服务员斟酒时，宾客只需口头致谢。主人亲自来斟酒时，还需起身站立或欠身点头。有时，在中餐桌上还可以右手拇指、食指、中指捏在一起，指尖向下轻扣几下桌面，以“叩指礼”表致敬。

不会饮酒或不想饮酒的可以用两种方式来拒绝斟酒，当别人为自己斟酒时，或用手悬空遮一下酒杯，或用手指轻轻敲击酒杯边缘，以表示“我不喝酒，谢谢”。如果别人坚持要斟，那么执意不饮也是符合礼仪的。但是，在宴会上一口酒水不喝是失礼的，应陪大家喝些果汁、汽水等软饮料，或者以茶代酒以助兴。

无论中式或西式宴会，都不可酗酒。“酒逢知己千杯少”“一醉方休”的酒文化已经不符合现代社会的要求了。饮酒量应控制在自己平时酒量的三分之一左右，也不可强行劝酒，说什么“感情深，一口闷，感情浅，一点点”之类灌酒的话。

第四节　情景实训

某汽车集团公司，是一家拥有我们民族自主品牌、自主知识产权的国有大型股份制企业，年生产能力达35万辆整车，主要产品有“风华”“瑞雅”“QQ”“追月”四种车型，是国内首家通过国际上最严格最先进的汽车生产质量控制体系——ISO/TS16949标准认证的整车制造企业，轿车已出口到中东、北非、美洲二十几个国家和地区，连续5年居全国轿车行业销量前八名之列。其中“风华”一款轿车，以其大气稳重，动感优雅的造型设计和国际领先的“溜背式”两厢结构设计，5万元~7万元的价格空间，更是被称为“国民车”第一品牌。

新都出租汽车营运公司是一家上世纪80年代起步，现已形成规模经营的大型汽车出租公司，净资产达二十多亿，营运网点遍布长沙、武汉等十几个大中城市，拥有货车、大客车、小轿车等各种车辆近两万辆。

最近，他们准备分期分批更新出租轿车，首选目标就是“风华”型。日前，公司曾总经理亲自到这家汽车集团公司来看样车、签合同。经过磋商，双方成功签订了第一批合同，订购“风华”型轿车1000辆。当晚，为了庆祝这大宗合同的签订，为了两家公司的进一步合作，这家汽车集团公司王副总裁设宴招待曾总经理一行。

一、实训要求

学生每10人为一组，分别扮演这家汽车集团公司王副总裁，销售总部吴部长，华中地区销售处盛处长，秘书小刘、小吴，新都出租汽车营运公司曾总经理，财会总监马先生，技术总监刘先生，总经理秘书小苗、小孙。

情景1：宴会厅门口。演示迎接客人、引导客人入场就座的过程。

情景2：演示王副总裁、曾总经理分别致辞、敬酒的场面。

情景3：演示席间谈话交流的情景。

情景4：演示秘书小刘不小心打翻了酒水，正确处理的过程。

情景5：演示送客的过程。

二、训练要点

1. 席次安排符合礼仪，要注意将主客方地位相当的穿插安排在一起就座，以便交流。

2. 学生要充分体会角色特点，认真演示，尤其是席间的致辞和谈话要进入角色。

3. 演示的过程要连贯，每组演示一般不超过15分钟。

4. 着装尽量符合职业特点。

三、实训指导

演示地点可借用学院宴会厅。

演示前可让学生写出祝酒辞、答谢辞，但在演示中不要照本宣科。

思考题

1. 请分别画出三张11桌以上的中餐桌次排列图，在图上用小黑点标出每桌主人所在的位置。

2. 制作一份宴请请柬，内容自拟。

3. 谈谈中餐与西餐在餐具上、食用方法上、礼仪规范上有哪些不同。

4. 美国某著名企业家有到×市投资合作的意向，×市为了争取外资，举办了规模盛大的迎宾宴会，席上堆满了山珍海味，可主宾在宴会上很少动筷，不悦而去，你知道这中间的种种原因吗?

5. 小刘正在西餐厅用餐，手机响了，为了不打扰别人，他赶紧到门口去接听，可是等他回到自己的座位一看，傻了眼，因为服务员不仅将他的餐具、餐巾收拾走了，连刚送来他还没来得及享用的那份牛排也撤下了，还有那份汤，他才刚刚喝了几口，你知道他犯了什么错误吗?请你教教他，在吃西餐需要暂时离开时，如何暗示服务员，等一会儿他还要继续用餐。

第九章　商务活动礼仪

情境导入：

小谭是一位秘书，上班不久公司就连连接到客户投诉，抱怨这个小伙子太没有礼貌。一位客户说，小谭接起电话来，张嘴就是分贝特别高的一声："喂？你找谁啊？"把他吓了一跳，以为自己错打到了民宅。另一位客户说，他的话还没有说完，小谭就来一句"行了行了，知道了"，让他非常不高兴。一天，老总带小谭出席客户的商务餐。开胃菜刚一上来，早就饿了的小谭就迫不及待地动手了，而且吃东西声音还特别大。吃牛排的时候，小谭的餐刀碰得盘子当当响，有几次甚至打断了老总和客户的谈话。回来后，颜面尽失的老总对他大发雷霆。

也许小谭没有意识到：平常生活中看起来没什么大不了的个人习惯，在工作中就成了特别失礼的行为。

作为一个秘书人员，不可避免地要经常涉足商务活动。商务活动是一个社会组织在其运作过程中与其他方面谋求合作互动过程的总称。在商务活动中有许多特别的礼仪规范，对秘书人员来说，礼仪不仅是公众交往场合中的"通行证"，而且还是体现修养和业务素质的一种标志。相信没有人愿意自己在社交场合上因为失礼而成为众人关注的焦点，给人们留下不好的印象。由此可见，掌握商务礼仪在商业交往中就显得非常必要了。

第一节　商务活动礼仪的基本内容和特点

商务礼仪使用的目的有三：

第一，提升个人的素养。比尔·盖茨讲"企业竞争，是员工素质的竞争"。进而到企业，就是企业形象的竞争。教养体现细节，细节展示素质。

第二，方便我们的个人交往应酬。我们在商业交往中会遇到不同的人，对不同的人如何进行交往这是要讲究艺术的，比如夸奖人要讲究艺术，不然的话即使是夸人也会让人感到不舒服。

第三，有助于维护企业形象。在商务交往中个人代表整体，个人形象代表企业形象，个人的所作所为，就是本企业的典型活体广告。一举一动，无声胜有声。

随着科学技术的发展，许多新兴领域都充满了崭新的礼仪知识，这就需要我们不断学习现代礼仪知识，以适应现代迅猛发展的商业浪潮。随着国际合作与贸易交流日益频繁，商务活动的礼仪越来越引起人们的重视。

商业心理学的研究告诉我们，人与人之间的沟通所产生的影响力和信任度是来自语言、语调和形象三个方面。它们的重要性所占比例是：语言只占7%，语调占38%，视觉（即形象）占55%。由此可见，形象的确是一种征服人心的利器。几乎所有国际大机构都非常重视公司员工的形象塑造，力图把形象这属于静态的因素变成一种动态的竞争力去超越对手，使其成为公司征战市场的有力武器。礼仪是构成形象的一个更广泛的概念。个人形象在构成上主要包括六个方面。亦称个人形象六要素。

第一，是仪容。仪容，是指一个人个人形体的基本外观。

第二，是表情。表情，通常主要是一个人的面部表情。

第三，是举止。举止，指的是人们的肢体动作。

第四，是服饰。服饰，是对人们穿着的服装和佩戴的首饰的统称。

第五，是谈吐。谈吐，即一个人的言谈话语。

第六，是待人接物。所谓待人接物，具体是指与他人相处时的表现，亦即为人处世的态度。

礼仪虽然有一套为大家所公认的规则，但在不同的场合又有不同的表现形式。懂得礼仪规则是容易的，懂得在不同场合和不同对象面前恰如其分地运用不同的礼仪形式，就不是简单的事情了。秘书商务活动礼仪，指的是秘书人员在各种商务活动中应遵循的仪表仪容、行为举止、言谈举止、言谈风度等方面的礼仪。商务交往涉及的面很多，但基本来讲是人与人的交往，所以我们把商务礼仪界定为商务人员交往的艺术，是人们在日常商务交往活动中体现相互尊重的行为准则，是商务活动中对人的仪容仪表以及举止言谈的普遍要求。商务礼仪有很强的操作性，即应该怎么做，不应该怎么做。讲一个关于商务活动礼仪中的座次的例子：我们都知道来了客人要让座，但有时不知道哪是上座。一般情况下可能无所谓，但在外事活动和商务谈判中就必须要讲究了。了解和掌握正确的商务礼仪，能使我们在商务交往活动中赢得良好的第一印象，从而使商务交往活动顺利进行、事半功倍。

商务活动礼仪的基本特点有如下三方面：

1. 规范性。规范者，标准也，即是标准化要求。讲不讲规范涉及到企业的形象问题。商务礼仪的规范是一个舆论约束，与法律约束不同，法律约束具有强制性。（如：吃自助餐？多次少取，几次都可以；喝咖啡时调匙的使用；介绍别人的先后顺序。商务场合通电话时谁先挂断电话?）

2. 对象性。区分对象，因人而异。就是跟什么人说什么话（比如：引导者和客人的顺序。宴请客人时优先考虑的问题是什么?）

3. 技巧性。比如：如何问客人喝什么饮料？要问封闭式的问题；总经理和董事长在台上的标准位置怎样排列？三项基本原则，前排的人高于后排，中央高于两侧，左右的确定是有技巧的，左侧高于右侧。涉外商务交往是讲国际惯例的，国际惯例正好相反，右高左低。

商务礼仪在应用操作中要有分寸和层次。商务礼仪的分寸，是指尊重他人的习惯，不宜过分热情。商务礼仪的层次，是指有所为有所不为。有所为是高标准，是高端要求。比如着装的三色原则，说起来容易，做起来不是很容易。唇彩和指甲的颜色应是一致的，唇彩要和衬衫的颜色一致，化妆品的品牌也要一致，香型也要一致。有所不为是比较容易做到的，比如商务交往中展示性别魅力的首饰不能带，胸针不能戴，脚链不能戴。

第二节　商务礼仪的适用范围

商务礼仪的适用范围，从理论的层面上讲有三种。

第一是初次交往要讲究商务礼仪。比如到一个企业看企业的管理，要看三个要点：一没有噪音；二着装规范与否，自己的着装都不规范，怎么能把公司管理规范？三是距离有度，尤其是男女之间不能太近。商务礼仪告诉我们，人际交往常规距离有四：（1）私人距离，小于0.5米；（2）常规距离（交际距离），0.5米~1.5米；（3）礼仪距离（尊重的距离），对长辈、对领导，1.5米~3米，拉开距离维护尊严，（4）公共距离（叫有距离的距离），3米半或3米半以上的距离。

第二是公务交往，就是代表企业时要讲礼仪，公务交往讲礼仪作用有二：（1）和交往对象划清界限，保持适当的距离。一定要讲规矩，就是同学、朋友也要称呼李总、王经理等，以便划清利害关系；（2）维护企业形象。个体代表企业，下列场合商务礼仪最值得注意：①庆典；②仪式；③

商务会议、记者招待会、发布会、博览会；④商务活动、商务谈判（其一要讲着装，其二谈判策略、报价的时机，其三讲座次）；⑤迎送。

第三是涉外交往。比如握手，商务礼仪上讲握手只能用右手。赠送礼品，菊花不可以送给日本人，更不能送给欧美人。总之要尊重对象的风俗习惯。

商务礼仪的3A原则，是美国学者布吉尼教授提出来的。3A原则实际上是强调在商务交往中处理人际关系最重要的需要注意的问题。3A原则告诉我们在商务交往中不能只见到物而忘掉人，强调人的重要性，要注意人际关系的处理，不然就会影响商务交往的效果。3A原则是讲对交往对象尊重的三大途径。第一，接受对方，宽以待人。不要为难对方，让对方难堪，客人永远是对的。比如在交谈时有“三不准”：①不要打断别人；②不准轻易补充对方的话；③不准随意更正对方，因为事情的答案有时不止一个，不违反原则的话就接受对方。第二，重视对方，欣赏对方。要看到对方的优点，不要专找对方的缺点，更不能当众指正。重视对方的技巧：一是在人际交往中要善于使用尊称，称行政职务或技术职称；二是记住对方，比如接过名片要看，为什么？欣赏，记不住时不要张冠李戴；第三，赞美对方。对交往对象应该给予的一种赞美和肯定，懂得欣赏别人的人实际上是在欣赏自己，发现别人的优点，实际上就等于肯定自我，那说明你宽容、谦虚、好学。赞美对方也有技巧：一是实事求是，不能太夸张；二是适应对方，要夸到点子上。

第三节　各种商务活动的礼仪规范

礼仪虽然有一套为大家所公认的规则，但在不同的场合有不同的表现形式。懂得礼仪规则是容易的，懂得在不同场合和不同对象面前恰如其分地运用不同的礼仪，就不是简单的事情了。

一、电话礼仪

常用文明五句：第一句话问候语“你好”；第二句话请求语，一个“请”字；第三句话是感谢语“谢谢”；第四句话是抱歉语“对不起”；第五句话道别语“再见”。打电话时不要咀嚼口香糖、吃东西、翻弄资料，也不要和另外的人讲话。打电话之前，组织你的思路。在留言时，吐字清晰，切中要点。

（一）重要的第一声

当我们打电话给某单位，若一接通，就能听到对方亲切、优美的招呼声，心里一定会很愉快，使双方对话能顺利展开，对该单位有了较好的印象。在电话中只要稍微注意一下自己的行为就会给对方留下完全不同的印象。同样说：“你好，这里是××公司”。但声音清晰、悦耳、吐字清脆，一定会给对方留下好的印象。因此要记住，接电话时应有“我代表单位形象”的意识。

（二）要有喜悦的心情

打电话时我们要保持良好的心情，这样对方虽然看不见你，但是从欢快的语调中也会被你感染，给对方留下极佳的印象。由于面部表情会影响声音的变化，所以即使在电话中，也要抱着“对方看着我”的心态去对待。

（三）清晰明朗的声音

打电话过程中绝对不能吸烟、喝茶、吃零食，即使是懒散的姿势对方也能够“听”得出来。如果你打电话的时候，躺在椅子上，对方听你的声音就是懒散的、无精打采的；若坐姿端正，所发出的声音也会亲切悦耳、充满活力。因此打电话时，虽然看不见对方，也要当作对方就在眼前，尽可能注意自己的姿势。

（四）迅速准确地接听

现代工作人员业务繁忙，桌上往往会有两三部电话，听到电话铃声，应准确迅速地拿起听筒，最好在三声之内接听。电话铃响一声大约 3 秒钟，若长时间无人接电话让对方久等是很不礼貌的。对方在等待时心里会十分急躁，你的单位会给他留下不好的印象。即便电话离自己很远，听到电话铃声后，附近又没有其他人，也应该用最快的速度拿起听筒，这样的态度是每个人都应该拥有的，这样的习惯是每个办公室工作人员都应该养成的。如果电话铃响了五声才拿起话筒，应该先向对方道歉，若电话响了许久，拿起电话只是“喂”一声，对方会十分不满，会给对方留下恶劣的印象。

（五）认真清楚地记录

随时牢记 5W1H 技巧，所谓 5W1H 是指：When 何时，Who 何人，Where 何地，What 何事，Why 为什么，How 如何进行。在工作中这些资料都是十分重要的。与打电话、接电话具有相同的重要性。电话记录既要简洁又要完备，有赖于对 5W1H 技巧的掌握。

（六）了解来电话的目的

上班时间打来的电话几乎都与工作有关，公司的每个电话都十分重要，不可敷衍，即使对方要找的人不在，切忌只说“不在”就把电话挂了。接电话时也要尽可能问清事由，避免误事。我们首先应了解对方来电的目的，如果自己无法处理，也应认真记录下来，就可不误事而且赢得对方的好感。比如秘书首先应该说明情况：“吴先生，王总在，但此刻正在开会，他现在无法接听您的电话。”然后，进一步为对方提供选择的机会：“我能帮您做些什么？”或者，“您能找别的什么人谈一谈吗？”如果这两个问话都得到否定答复，秘书可以这样了结此类电话：“我将转告王总，一有时间马上给您回电话，但他要开一天的会，恐怕要等到明天了。”

（七）挂电话前的礼貌

要结束电话交谈时，一般应当由打电话的一方提出，然后彼此客气地道别，说一声“再见”再挂电话，不可只管自己讲完就挂断电话。

二、商务谈判礼仪

商务谈判礼仪是日常社交礼仪在商业活动中的具体体现。同时，商务谈判，特别是对外谈判，由于本身的商业性、涉外性和正规性，对礼仪方面有着一些特殊的要求。

（一）迎送

迎接为谈判礼节的序幕，事关谈判氛围。利益对抗较剧烈的双方，可以因为迎接周到得当，先入为主地为谈判准备好恰当氛围及情感基础，会化解双方矛盾，促成谈判的成功。利益较为协调的双方，也完全可能因迎接不热情、不得当，致双方情绪对立，谈判氛围恶化，使谈判无功而返。迎送均应善始善终，不可虎头蛇尾。具体做法为：

1. 确定迎送规格

迎送规格，应当依据前来谈判人员的身份和目的、己方与被迎送者之间的关系以及惯例决定。只有当对方与己方关系特别密切，或者己方出于某种特殊需要时，方可破格接待。除此之外，均应按常规接待。

2. 掌握抵达和离开时间

迎接人员应当准确掌握对方抵达时间，提前到机场、车站或码头以示对对方的尊重，只能由你去等候客人，绝不能让客人在那里等你。同样，送别人员亦应事先了解对方离开的准确时间，提前到达来宾住宿的宾馆，陪同来宾一同前往机场、码头或车站，亦可直接前往机场、码头或车站恭候来宾，与来宾道别。

3. 做好接待的准备工作

在得知来宾抵达的日期后应首先考虑到其住宿安排问题。客人到达后，通常只需稍加寒暄，即陪客人前往旅馆，在行车途中或在旅馆简单介绍一下情况，征询一下对方意见，即可告辞。

（二）介绍

在与来宾见面时，通常有两种介绍方式，一是第三者作介绍；二是自我介绍。自我介绍适用于人数多、分散活动而无人代为介绍的时候，自我介绍时应先将自己的姓名、职务告诉来宾。

（三）握手

谈判双方人员见面和离别时一般都以握手作为友好的表示。握手的动作虽然平常简单，但通过这一动作，确能起到增进双方亲密感的作用。

1. 握手的主动与被动

一般情况下，主动和对方握手，表示友好、感激或尊重。在别人前来拜访时，主人应先伸出手去握客人的手，以表示欢迎和感谢。主、客双方在别人介绍或引见时，一般是主方、身份较高或年龄较大的人先伸手，借此表示对客方、身份较低的或年龄小者的尊重，握手时应身体微欠、面带笑容或双手握住对方的手，以表示对对方的敬意。

在异性面前，男性一般不宜主动向女性伸手。

2. 握手时间的长与短

谈判双方握手的时间以三至五秒为宜。

3. 握手的力度与握手者之间的距离

握手时，一般应走到对方的面前，不能在与他人交谈时，漫不经心地侧面与对方握手。握手者的身体不宜靠得太近，但也不宜离得太远。双方握手时用力的大小，常常表示感情深浅的程度。

4. 握手的面部表情与身体弯度

握手者的面部表情是配合握手行为的一种辅助动作，通常可以起到加深情感、加深印象的作用。

（四）交谈

交谈时的表情要自然，态度要和蔼可亲，表达要得体。交谈现场超过三个人时，应不时地与在场所有人交谈几句，不要只和一两个人说话，而不理会其他人。所谈问题不宜让别人知道时，则应另择场合。

在交谈中，自己讲话时要给别人发表意见的机会，别人讲话时也应寻找机会适时地发表自己的看法；要善于聆听对方谈话，不要轻易打断别人的讲话。交谈时，一般不询问女性的年龄、婚姻等状况；不径直询问对方的履历、工资收入、家庭财产、衣饰价格等私生活方面的问题；对方不愿回答的问题不要刨根问底；对方反感的问题应示歉意并立即转移话题；不对某人评头论足；不讥讽别人；也不要随便谈论宗教问题。

商务交往中有六种话题不得涉及：1. 不能非议国家和政府；2. 不能涉及国家和行业秘密；3. 不能涉及对方内部的事情；4. 不能在背后议论领导、同事、同行的坏话（来说是非者，必是是非人）；5. 不能够谈论格调不高的问题，我们都是现代人，要有修养；6. 不涉及私人问题，关心人要有度，关心过度是一种伤害。做到私人问题五不问：第一不问收入，第二不问年龄，第三不问婚姻家庭，第四不问健康问题，第五不问经历。比如婚姻家庭问题，因为家家都有难念的经；两种人不问年龄，将近退休的人和白领丽人的年龄不问；商务人员不谈健康；经历不能问，英雄不问出处，重在现在，你是大学，人家不一定是；为什么不讨论收入？收入和个人能力和企业效益有关，谈论就要比较，痛苦来自比较之中。

（五）宴请和赴宴

宴请和赴宴无论是在国际交往中，还是在一般社交活动中或是在经济谈判活动中，都是常见的交际活动形式。

1. 宴请

一个谈判周期，宴请一般安排 3 次 ~4 次为宜。接风、告别各一次，中间插 1 次 ~2 次（视谈判周期长短而定）。宴请首先要确定规格，包括宴请名义、目的、人数、形式（冷餐会、自助餐、酒宴等）、价格等。

2. 赴宴

首先，一般情况下应愉快接受，从速回复（口头回复即可，除非请柬上注明“请回复”字样）。其次，应邀后应守时守约，不可怠慢贻误。最后，散席时要向主人致谢，热烈握手深化感情，还应对宴会作些赞美，切勿对饭菜发表贬损性评论。

（六）礼品

商务交往中常互赠礼物以增进双方的情感与友谊，巩固交易伙伴关系。赠送礼品首先应根据对方的喜好与习惯加以选择。一般应偏重于意义、价值，即有意义的礼品，使用价值不是很重要，但也绝不能是无用之物。

（七）签约

商务签约仪式礼仪规定，为了使有关各方重视合同、遵守合同，在签署合同时，应举行郑重其事的签字仪式，即所谓签约。在商务交往中，人们在签署合同之前，通常会竭力做好以下几个方面的准备工作。

第一，要布置好签字厅。签字厅有常设专用的，也有临时以会议厅、会客室来代替的。布置它的总原则是庄重、整洁、清静。

一间标准的签字厅，应当室内铺满地毯，除了必要的签字用桌椅外，其他的陈设都不需要。正规的签字桌应为长桌，其上最好铺设深绿色的台布。

按照签字仪式礼仪的规定，签字桌应当横放于室内，在其后可摆放适量的坐椅。签署双边性合同时，可放置两把坐椅供签字人就座。签署多边性合同时，可以仅放一把坐椅，供各方签字人签字时轮流就座；也可以为每位签字人都提供一把坐椅。签字人在就座时，一般应当面对正门。

在签字桌上，循例应事先安放好待签的合同文本以及签字笔、吸墨器等签字时所用的文具。

与外商签署涉外商务合同时还需在签字桌上插放签约各方的国旗。插放国旗时，在其位置与顺序上，必须按照礼宾序列实行。例如，签署双边性涉外商务合同时，各方的国旗须插放在该方签字人坐椅的正前方。

第二，要安排好签字时的座次。在正式签署合同时，各方代表对于礼遇均非常在意，秘书人员对于在签字仪式上最能体现礼遇高低的座次问题，应当认真对待。

签字时各方代表的座次是由主方代为先期排定的。合乎礼仪的做法是：在签署双边性合同时，应请客方签字人在签字桌右侧就座，主方签字人则应同时就座于签字桌左侧。双方各自的助签人应分别站立于各自一方签字人的外侧，以便随时给签字人提供帮助。双方其他的随员，可以按照一定的顺序在己方签字人的正对面就座。也可以依照职位的高低，依次自左至右（客方）或是自右至左（主方）地列成一行，站立于己方签字人的身后。当一行站不完时，可以按照以上顺序并遵照“前高后低”的惯例排成两行、三行或四行，原则上双方随员人数应大体上相近。

在签署多边性合同时，一般仅设一把签字椅。各方签字人签字时，须依照有关各方事先同意的先后顺序，依次上前签字。他们的助签人，应随之一同行动。在助签时，依“右高左低”的规矩，助签人应站立于签字人的左侧。与此同时，有关各方的随员应按照一定的序列，面对签字桌就座或站立。

第三，要预备好待签的合同文本。依照商界的习惯，在正式签署合同之前，应由举行签字仪式的主方负责准备待签合同的正式文本。

举行签字仪式，是一桩严肃而庄重的大事，因此不能将“了犹未了”的“半成品”交付签署；或是临近签字时，有关各方还在为某些细节而纠缠不休。在决定正式签署合同时，就应当拟定合同的最终文本。它应当是正式的、不再进行任何更改的标准文本。

负责为签字仪式提供待签的合同文本的主方，应会同有关各方一道指定专人，共同负责合同的定稿、校对、印刷与装订。按常规，应为在合同上签字的各方均提供一份待签的合同文本，必要时还可再向各方提供一份副本。

签署涉外商务合同时，比照国际惯例，待签的合同文本，应同时使用有关各方法定的官方语言，或是使用国际上通行的英文、法文。此外，亦可同时并用有关各方法定的官方语言与英文或法文。使用外文撰写合同时，应反复推敲，字斟句酌，不要望文生义或不解其意而乱用词汇。

待签的合同文本，应以精美的白纸制成，按大八开的规格装订成册，并辅以高档质料（如真皮、金属、软木等）作为其封面。

第四，要规范好签字人员的服饰。按照规定，签字人、助签人以及随员在出席签字仪式时，应当穿着具有礼服性质的深色西装套装、中山装套装或西装套裙，并且配以白色衬衫与深色皮鞋。男士还必须系上单色领带，以示正规。

在签字仪式上露面的礼仪人员、接待人员可以穿自己的工作制服，或是旗袍一类的礼仪性服装。

签字仪式是签署合同的高潮，它的时间不长但规范、庄重而热烈。签字仪式的正式程序一共分为四项，它们分别是：

其一，签字仪式正式开始。有关各方人员进入签字厅，在既定的位次上各就各位。

其二，签字人正式签署合同文本。通常的做法是首先签署己方保存的合同文本，再签他方保存的合同文本。

商务礼仪规定：每个签字人在由己方保留的合同文本上签字时，按惯例应当名列首位，因此，每个签字人均应首先签署己方保存的合同文本，然后再交由他方签字人签字。这一做法，在礼仪上称为“轮换制”。它的含义是在位次排列上，轮流使有关各方均有机会居于首位一次，以显示机会均等、各方平等。

其三，签字人正式交换已经由有关各方正式签署的合同文本。此时，各方签字人应热烈握手，互致祝贺，并相互交换各自一方刚才使用过的签字笔，以表纪念。全场人员应鼓掌，表示祝贺。

其四，共饮香槟酒互相道贺。交换已签的合同文本后，有关人员尤其是签字人当场干上一杯香槟酒，是国际上通行的用以增添喜庆色彩的做法。

在一般情况下，商务合同在正式签署后，应提交有关方面进行公证，此后才正式生效。

应该说明的是：签字仪式不一定非搞不可，尽管它可以制造声势，扩大影响。

三、交接仪式礼仪

在商务交往之中，商务伙伴之间合作的成功是值得有关各方庆祝与庆贺的一桩大事。实事求是地说，在激烈的竞争环境之中、泾渭分明的利益关系之下以及变幻莫测的商界风云之内，商务伙伴之间的合作的确来之不易，因此，它备受有关各方的高度重视。举行热烈而隆重的交接仪式，就是在商务往来中通常用以庆贺商务伙伴们彼此之间合作成功的一种常见的活动形式。

交接仪式，在商界一般是指施工单位依照合同将已经建设、安装完成的工程项目或大型设备，例如厂房、商厦、宾馆、办公楼、机场、码头、车站、飞机、轮船、火车、机械等等，经验收合格后正式移交给使用单位之时，所专门举行的庆祝典礼。

举行交接仪式的重要意义在于，它既是商务伙伴们对于所进行过的成功合作的庆贺，是对给予过自己关怀、支持、帮助和理解的社会各界的答谢，又是接收单位与施工、安装单位巧妙地利用时机，为双方提高知名度和美誉度而进行的一种公共关系宣传活动。

交接仪式的礼仪，一般是指在举行交接仪式时所须遵守的有关规范。通常包括交接仪式的准备、交接仪式的程序、交接仪式的参加等三个方面的内容。以下就分别加以介绍。

首先要做好交接仪式的准备。准备交接仪式，主要要关注下列三件事：即来宾的邀请、现场的布置、物品的准备等。

来宾的邀请，一般应由交接仪式的东道主——施工、安装单位负责。

在具体拟定来宾名单时，施工、安装单位亦应主动征求自己的合作伙伴——接收单位的意见。接收单位对于施工、安装单位所草拟的名单不宜过于挑剔，不过可以对此酌情提出自己的一些合理建议。

在一般情况下，参加交接仪式的人自然越多越好。如果参加者太少，难免会使仪式显得冷冷清清。但是，在宏观上确定参加者的总人数时，必须兼顾场地条件与接待能力，切忌贪多。

从原则上来讲，交接仪式的出席人员应当包括：施工、安装单位的有关人员，接收单位的有关人员，上级主管部门的有关人员，当地政府的有关人员，行业组织、社会团体的有关人员，各界知名人士，新闻界人士以及协作单位的有关人员等等。

在上述人员之中，除施工、安装单位与接收单位的有关人员之外，对于其他所有的人员，均应提前送达或寄达正式的书面邀请，以示对对方的尊重之意。

邀请上级主管部门、当地政府、行业组织的有关人员时，虽不必勉强对方，但却必须努力争取，并表现得心诚意切。因为利用举行交接仪式这一良机，使施工、安装单位，接收单位与上级主管部门、当地政府、行业组织进行多方接触，不仅可以宣传自己的工作成绩，而且也有助于有关各方之间进一步地实现相互理解和相互沟通。

除涉密或暂且不宜广而告之的项目外，在举行交接仪式时，东道主要争取多邀请新闻界的人士参加。对于不邀而至的新闻界人士，亦应尽量来者不拒。至于邀请海外的媒体人员参加交接仪式的问题，则必须遵守有关的外事规则与外事纪律，事先履行必要的报批手续。

举行交接仪式的现场，亦称交接仪式的会场。在对其进行选择时，通常应视交接仪式的重要程度、出席的具体人数、交接仪式的具体程序与内容，以及是否要求对其进行保密等几个方面的因素而定。

根据常规，一般可将交接仪式的举行地点安排在已经建设、安装完成并已验收合格的工程项目或大型设备所在地的现场。有时亦可将其酌情安排在东道主单位本部的会议厅，或者由施工、安装单位与接收单位双方共同认可的其他场所。

将交接仪式安排在业已建设、安装完成并已验收合格的工程项目或大型设备所在地的现场举行，最大的好处是可使出席仪式的人员身临其境，获得对被交付使用的工程项目或大型设备的直观而形象的了解，掌握较为充分的第一手资料。倘若在交接仪式举行之后安排来宾进行参观，则更为方便。不过，若是在现场举行交接仪式，往往进行准备的工作量较大。另外，由于将被交付的工程项目或大型设备归接收单位所有，故此东道主事先要征得对方的同意，事后还需取得对方的配合。

将交接仪式安排在东道主单位本部的会议厅举行，可免除大量的接待工作，会场的布置也十分便利。特别是在将被交付的工程项目、大型设备不宜为外人参观，或者暂时不方便外人参观的情况下，以东道主单位本部的会议厅作为举行交接仪式的现场，不失为一种较好的选择。此种选择的主要缺陷是：东道主单位往往需要付出更多的人力、财力、物力，全体来宾对于将被交付的工程项目或大型设备缺乏身临其境的直观感受。

如果由于工程项目或大型设备的现场条件欠佳，或者东道主单位的本部不在当地以及将要出席仪式的人员较多等原因，经施工、安装单位提议，并经接收单位同意之后，交接仪式亦可在其他场所举行。诸如宾馆的多功能厅、外单位出租的礼堂或大厅等。在其他场所举行交接仪式，尽管开支较高，但可省去大量的安排、布置工作，而且还可以提升仪式的档次。

四、电子邮件礼仪

电子邮件，又称电子函件或电子信函。它是利用电子计算机所组成的互联网络向交往对象发出的一种电子信件。使用电子邮件进行对外联络，不仅安全保密、节省时间、不受篇幅的限制、清晰度高，而且还可以大大地降低通讯费用。

商界人士在使用电子邮件对外进行联络时，应当遵守的礼仪规范主要包括以下四个方面。

第一，电子邮件应当认真撰写。向他人发送的电子邮件，一定要精心构思，认真撰写。若是随想随写既不尊重对方，也不尊重自己。在撰写电子邮件时，以下三点必须注意：

一是主题要明确。一个电子邮件，大都只有一个主题，并且往往需要在前注明。若是将其归纳得当，收件人见到它便对整个电子邮件一目了然。

二是语言要流畅。电子邮件要便于阅读，就要以语言流畅为要。尽量别写生僻字、异体字。引用数据、资料时最好标明出处，以便收件人核对。

三是内容要简洁。网上的时间极为宝贵，所以电子邮件的内容应当简明扼要。

第二，电子邮件应当避免滥用。在信息社会中，任何人的时间都是无比珍贵的。对商界人士来讲时间更珍贵，所以有人说：“在商务交往中要尊重一个人，首先就要懂得替他节省时间。”

鉴于此，若无必要，轻易不要向他人乱发电子邮件。尤其是不要以此与他人谈天说地，或是只为了检验一下自己的电子邮件能否成功地发出就随便给人发电子邮件，更不宜以这种方式在网上“征友”。

目前，有不少网民时常会因为自己的电子信箱中堆满了无数无聊的电子邮件，甚至是陌生人的电子邮件而烦心。对其进行处理，不仅会浪费自己的时间和精力，而且还有可能会耽搁自己的正事。

不过一般而言，收到他人的重要电子邮件后，应即刻回复对方。

第三，电子邮件应当注意编码。编码的问题是每一位电子邮件的使用者均应予以注意的大事。由于中文文字自身的特点加上一些其他的原因，我国的内地、台湾省、港澳地区以及世界上其他国家里的华人，目前使用着互不相同的中文编码系统。因此，当一位商界人士使用中国内地的编码系统向生活在除中国内地之外的其他地区的中国人发出电子邮件时，由于双方所采用的中文编码系统有所不同，对方便很有可能只会收到一封由乱字符所组成的“天书”。

因此，商界人士在使用中文向除了中国内地之外的其他地区的华人发出电子邮件时，必须同时用英文注明自己所使用的中文编码系统，以保证对方可以收到自己的邮件。

第四，电子邮件应当慎选功能。现在市场上所提供的先进的电子邮件软件可有多种字体备用，甚至还有各种信纸可供使用者选择。这固然可以强化电子邮件的个人特色，但是此类功能商界人士是必须慎用的。

这主要是因为，一方面对电子邮件修饰过多会使其容量增大，收发时间增长，既浪费时间又浪费金钱，而且往往会给人以华而不实之感；另外一方面电子邮件的收件人所拥有的软件不一定能够支持上述功能，他所收到的那个电子邮件就很有可能会大大地背离了发件人的初衷。

要小心写在 E－mail 里的每一个字，每一句话。因为现在法律规定 E－mail也可以作为法律证据。所以发 E－mail 时要小心，对公司不利的文字千万不要写上，如报价等。

五、商务送礼的四个规矩

商务送礼有其约定俗成的规矩，送给谁、送什么、怎么送都很有奥妙，绝不能瞎送、胡送、滥送。根据古今中外一些成功的送礼经验和失败的教训，可以总结出如下原则：

1. 礼物轻重得当

礼品最能体现出公司的形象，送给外国伙伴的礼品应是高质量的，表明你的公司懂得质量的意义，并能提供高品质的产品，而且应尽可能与对方送给公司或单位的礼品价值相当。如果礼品质低价廉，不仅是对收礼方的不恭敬，还可能直接影响公司形象。因此，礼物的轻重选择以对方能够愉快接受为尺度，争取做到少花钱，多办事；多花钱，办好事。

2. 送礼间隔适宜

送礼的时间间隔也很有讲究，过频过繁或间隔过长都不合适。送礼者可能手头宽裕，或求助心切，便时常大包小包地送上门去，有人以为这样大方，一定可以博得别人的好感，细想起来，其实不然。因为你以这样的频率送礼目的性太强。另外，礼尚往来，人家还必须还情于你。一般来说，以选择重要节日、寿诞送礼为宜，送礼的既不显得突兀，受礼的也心安理得，两全其美。

送礼的时机一般在双方谈生意前或结束时，最好不要在交易进行中送礼。在决定送给谁时必须谨慎，如果只送一件礼物，要送给对方职位最高者，同时可以表明赠送这件礼物是为了对各位的帮助表示感谢。如果不止一人接受礼物，要注意对同等级别的人，送上的礼品也应该相同。

3. 了解风俗禁忌

送礼前应了解受礼人的文化背景、身份、爱好、民族习惯，免得送礼送出麻烦来。有个人去医院看望病人，带去一袋苹果以示慰问，哪知引出了麻烦，正巧那位病人是上海人，上海人叫“苹果”跟“病故”二字发音相同，送去苹果岂不是咒人家病故。由于送礼人不了解情况，弄得不欢而散。鉴于此，送礼时，一定要考虑周全，以免节外生枝。要注意品种、色彩、图案、形状、数目、包装方面的禁忌，禁送现金、有价证券、天然珠宝、贵重首饰、药品、营养品、广告性和宣传性物品、易于引起异性误会的物品、涉及国家机密和商业秘密的物品及不道德的物品。例如，不要送钟，因为“钟”与“终”谐音，让人觉得不吉利；对文化素养高的知识分子你送去一幅蹩脚的书画就很没趣；给伊斯兰教徒送去有猪的形象作装饰图案的礼品，可能会让人轰出来。法国人讨厌别人送菊花，因为在法国只有葬礼上才用菊花；在阿拉伯国家，酒类不能充作礼品，更不能送礼品给当事者的妻子；在英国，受礼人不欣赏有送礼人公司标记的礼品。所以我们在赠送礼品时就要重视这些差异。

4. 礼品要有意义

礼物是感情的载体。任何礼物都表示送礼人的特有心意，或酬谢、或求人、或联络感情等等。所以，你选择的礼品必须与你的心意相符，并使受礼者觉得你的礼物非同寻常，备感珍贵。实际上，最好的礼品应该是根据对方兴趣爱好选择的，富有意义、耐人寻味、品质不凡却不显山露水的礼品。因此，选择礼物时要考虑它的思想性、艺术性、趣味性、纪念性等多方面的因素，力求别出心裁，不落俗套。礼品的选择要突出纪念性，讲究“礼轻情义重”，不宜赠送过于贵重的礼物，否则有行贿之嫌。还要体现民族和地方特色，要有针对性，因人、因事而异，尽量使礼品得到来宾的欢迎。

在有些国家，商务礼品与做客礼品是有区别的。这种区别既包括礼品种类，又包括赠送场合。做客礼品是客人用以表达对主人设宴款待或留客住宿后的感激之情，它的感情色彩较浓，最能反映送礼人的个性和品位。而商务礼品所表达的是一种职业联系，既是友好的、礼节性的，又是公务性的。在与客户交往中，礼品既可以成为“敲门砖”，也可以作为告别礼。这类礼品一般不必迎合收礼人的兴趣爱好，只要与收礼人的地位、作用相符就行。商务礼品的标准往往较为统一，只要是业务量相等的客户，收到礼品的种类和价值可能都一样。有时赠礼品不必直接交到收礼人手中，可在公司宴请时放在每个人的座位上。

有些场合商务礼品与做客礼品很难细分，商务合作伙伴往往同时也是主人，这时只要了解各国送礼习俗，就能将礼品送得恰到好处。美国、英国、加拿大和澳大利亚等英语国家和法国、西班牙等欧洲国家的公司间很少交换商务礼品，礼品通常仅用于公司对雇员的奖励。而在亚洲国家，公司间不赠礼就可能对将来的业务关系产生消极影响。

六、名片礼仪

社交场合，没有名片的人是一个没有现代意识的人，不会使用名片的人也是一个没有现代意识的人。名片是商务人员个人形象和企业形象的有机组成，没有名片对方会对你产生怀疑，是真的吗？说了算吗？还能找到你吗？有名片不会用名片等于形象自残。在商务交往中，特别是在对外交往中使用名片有三不准：第一不准涂改，第二不准提供两个以上的头衔，第三不准提供私人联络方式。否则，许多非商业因素的事就有可能发生，给你的生活带来一些不必要的麻烦。

商务人员名片的使用和制作。名片的制作，要有名片规格、尺寸、色彩标准化。第一注意规格，商务人员的名片是有规格的，国际的标准规格是6厘米×10厘米，国内商务交往的通用规格是5.5厘米×9厘米，艺术界人士另当别论；第二注意材料，一般比较专业的名片是纸质的，而且是再生纸的比较好；第三注意色彩，商务交往中一般要求色彩淡雅、单色；第四注意图案，一般来讲不要有与本公司无关的图案。商务人员名片上一般可以有企业标志、单位的所处位置、本企业的标志性建筑、主打产品，特别不要印照片；第五注意字体，用标准的印刷体和楷体，中文和外文要两面印刷。再有就是不要印名人警句之类的。名片最好单印一面，以便必要时可作简短留言之用，但是绝不能标新立异、喧宾夺主。

接下来说一下名片的内容。原则上讲名片分为三种：第一种企业名片，第二种私人名片，第三种商用名片。基本内容三个"三"：第一个"三"是本人归属、企业标志、单位全称，第二个"三"是本人姓名、行政职务、学术头衔，第三个"三"是，联络地址、邮政编码、办公电话。

名片的交换问题。名片交换一般涉及三个问题：索取、接受和递送。如何索取名片，不要主动索要，除非非常必要。索取别人的名片要郑重地向对方提出要求。递送名片要谦恭，用两只手拿着上方，起身递给。顺序要由尊而卑，由近而远。在圆桌上要按顺时针方向开始。接受别人的名片，接过来要看，并且要用欣赏的态度认真地看一遍名片上的姓名、企业名称、职务，然后满怀真诚地看着对方说一句："很高兴认识您！"要有来有往，来而不往非礼也。没有带名片时比较委婉地告诉对方，没带或用完了。

七、商务用餐礼仪

一般在正式的商务会谈当中，往往中间会穿插商务用餐，那么在商务用餐的时候，我们应该注意哪些细节呢？

首先有一个前提，是以商务活动为主。就是说在商务用餐当中，进餐只是一种形式，真正的内容是继续谈商务话题。

商务用餐的形式分成两大类，一类是比较松散的自助餐，或者是自助餐酒会。另一类是正式的宴会，就是商务宴会。商务宴会通常还有中式宴会和西式宴会两种形式。

1. 自助餐酒会

自助餐酒会有它自己的特点，它不像中餐或者西餐的宴会大家分宾主入席，而是一般会由嘉宾或者主办方先即席发言。在嘉宾发言的时候，应该尽量停止手中的一切活动，如取餐或者是在进餐，都应该停下来。通常自助餐不牵扯到座次的安排，大家可以在这个区域中来回地走动。

在和他人进行交谈的时候，应该注意尽量停止咀嚼食物。

一般公司采用商务自助餐这种形式，它最突出的一点就是体现出公司的勤俭节约，所以在用餐的时候，要特别注意避免浪费。

2. 中餐宴会

(1) 使用公筷。给其他人布菜的时候，要特别注意用公筷。

(2) 敬酒。在商务用餐中经常会遇到这种情况：主办方非常热情，不停地夹菜，不停地劝酒。在正式的商务用餐中，应该尽量避免这种情况的出现。也就是说作为主办方，要特别注意客人的习惯，有可能客人不胜酒力，或者某种菜他不喜欢吃，那么在让菜的时候，应该尽量地为他人着想，尊重他人的习惯。

(3) 喝汤。在喝汤的时候，声音要尽量小，不要影响他人。

(4) 座次。在商务用餐的时候，一般也牵扯到座次的问题。在这里教大家一个最简单的方法：你可以从餐巾的折放上看出哪个是主位、哪个是客位。一般主宾位的餐巾纸的桌花和其他的不一样。如果你不了解情况，也可以问一下餐厅的服务员，哪个位置是主位。如果餐巾纸是折好放在桌面上的，没有桌花的话，我们应该看什么呢？主要是以门为基准点，比较靠里面的位置为主位。

3. 西式宴会

主菜都需要用刀切割，一次切一块食用。

(1) 面条用叉子卷食；

(2) 面包需用手撕下小块放入口内，不可用嘴啃食；

(3) 喝汤时不可发出声音；

(4) 水果是用叉子取用；

(5) 正确使用餐具：左叉固定食物，右刀切割。餐具由外向内取用，每个餐具使用一次；

(6) 不要在没有进餐完毕的时候，就把刀和叉向右叠放在一起，握把都向右，这样的话服务员会以为你已经就餐完毕，会把你的饭菜撤下去。

就餐有三不准，一不能当众修饰自己；二不能为对方劝酒夹菜，不能强迫别人吃；三是进餐不能发出声音。

第四节　情景实训

训练一：对秘书角色的认识

将学生分为每 7 人一组，4 人分别扮演秘书、上司、同事、客户的角色，另三人扮演打分的裁判。角色选择每个都要轮换，确保四种角色都能充分体验。

训练指导：

首先，由上司、同事、客户分别向秘书提问，每个角色可以问三个刁难性的问题，问题必须与秘书和与角色本身工作有关，必须具有很大的难度，如果只是一般的常识性问题，提问者将被罚 3 个问题用在自己扮演秘书角色时。

秘书面对这些非常刁难的问题，必须冷静应对、从容化解、即时回答。回答必须巧妙，既不伤和气，又坚持职业原则，同时保持应有的风度，否则加罚 3 个问题。

完成刁难问题的解答后，接着进行刁难行为的练习，扮演上司、同事、客户的角色可以分别用两个极具有刁难性的举止行为来增加秘书工作的难度，为其制造沟通上的障碍或工作上的困扰。譬如上司故意不理睬秘书，客户当场大吵大闹要找老板算账，同事有意把一大堆文件散放在秘书桌上等等，然后由秘书用最直观和最有效的方式来处理这些矛盾与问题。刁难者要想方设法在合情合理的范围内刁难秘书。所谓合情合理，是指日常工作中确实有可能会发生的，至于程度激烈与否，完全在于表演者对特定情境的理解和对实训难度的把握。总之，不要让秘书太顺利太容易地就能化解难题，这对提高实训质量，锻炼秘书的综合能力很有帮助。而秘书则应以应有的职业表现去面对与处理这些刁难，即使对方设法激怒你以达到目的，你也应以不变应万变。游刃有余地见招拆招，让对方心悦诚服。

由 3 名裁判制定标准（可以从表现能力、控制能力、应变能力、职业形象）来对秘书的表演者打分。

最后，由参加者交流体会，加深对秘书职业表现的认识。

注视别人要友善，要会看。注视部位是有讲究的，一般是看头部，强调要点时要看双眼，中间通常不能看，下面尤其不能看，不论男女，对长辈、对客户，不能居高临下的俯视，应该采取平视，必要时仰视。注视对方的时间有要求，专业的讲法是当你和对方沟通和交流时，注视对方的时间应该是对方和你相处时间长度的 1/3 左右。问候时要看，引证对方观点是要看，告别再见时要看，慰问致意时要看，其他时间可看可不看。

训练二：学习使用标准的声音接打电话

训练指导：打电话之前，组织你的思路。在留言时，吐字清晰，切中要点，随时牢记 5W1H 技巧，在接电话时切忌使用“说!”“讲!”。

电话记录既要简洁又要完备。用语应简练准确，任何拖泥带水及有可能造成歧义的用词都不应该出现。应用令人愉快的语调：××集团，您好！这是总经理办公室。能为您做什么？您好！我是吴××，请问李××在吗？请问您是哪位？可以让王总知道因为何事打来电话吗？

常用文明五句（您好、谢谢、请、对不起、再见）。

语气温和、亲切、自然、稳重，切忌语气生硬傲慢、装腔作势或者表现出厌烦、责备的口吻。

警惕我听到的是些什么声音？当你拿起话筒时——无论是亲自交谈还是留言——尽量不要做一些对方能够听到动静的事，这样会分散他们的注意力。不要咀嚼口香糖、吃东西、翻弄资料，也不要和其他人讲话。

商务场合通电话时谁先挂断电话？地位高者先挂、客户先挂、上级机关先挂、同等的主叫者先挂。

事先想好，遇到不同情况怎么办。比如，外部打来电话，打错了，找的不是他要找的单位，我们怎么回答。有经验的要说：先生，对不起，这里不是你要找的公司，如果你需要我可以帮助你查一查。这是宣传自己的一个绝好机会，会给人一个很好的印象。

训练三：设计商务活动不同场合秘书穿着

训练指导：女士穿职业裙装，需注意四不准：（1）黑色皮裙，在正式场合绝对不能穿，这是国际惯例，给人们的感觉是不正经；（2）正式的高级的场合不能光腿，为什么？不好看；（3）丝袜不能出现脱丝；（4）鞋袜不配套，穿套裙不能穿便鞋，与袜子更要配套，穿凉鞋不能不穿袜子，穿正装时可以穿前不露脚趾后不露脚跟的凉鞋。

一般要求，女人看头，男人看腰。头指的是发型、发色。头发不能过长，不能随意披散开来，头发长可以盘起来、束起来，不要染色。腰指的是腰上在正式场合时不能挂东西。

男士着装的问题：穿西装怎样体现身份，从专业上讲“三个三”，即：三色原则、三一定律、三大禁忌。三色原则指的是全身的颜色限制在三种颜色之内，三种颜色指的是三大色系；三一定律，是讲三种服饰的颜色搭配：鞋子、腰带和公文包。这三个饰物要一个颜色，一般以黑色为主；三大禁忌，第一个禁忌是商标必须要拆掉，第二个禁忌是袜子的问题，袜子色彩、质地要讲究，正式场合不穿尼龙丝袜，不穿白色的袜子，袜子的颜色要以与鞋子的颜色一致或其他深色的袜子为佳，第三个禁忌是领带问题，主要是质地和颜色的要求。穿非职业装和短袖装不打领带，穿夹克不打领带。领带的时尚打法：一是有个窝，这叫“男人的酒窝”。第二种打法打领带不用领带夹，用领带夹的一是 VIP 或者是穿职业装，因为在他们的领带加上有职业标识，一看就知道他是哪方神圣，男人不打领带夹，风一吹是很酷的。第三种打法是领带的长度，领带的箭头以在皮带扣的上沿为宜。

职场着装六不准，第一不能过分杂乱，制服不是制服，便装不像便装，非得穿出点毛病来；第二不能过分鲜艳（三色要求）；第三不能过分暴露，女同志不能超低空，影响办公秩序；第四过分透视，里面穿的东西别人一目了然，这不是时尚，是没有修养；第五不能过分短小；第六不能过分紧身，女同志较多，公司在交往中尤其不允许。

训练四：模拟商务谈判

训练指导：

（一）谈判准备

商务谈判之前首先要确定谈判人员，与对方谈判代表的身份、职务要相当。

谈判代表要有良好的综合素质，谈判前应整理好自己的仪容仪表，穿着要整洁正式、庄重。男士应刮净胡须，穿西服必须打领带。女士穿着不宜太性感，不宜穿细高跟鞋，应化淡妆。

布置好谈判会场，采用长方形或椭圆形的谈判桌，门右手座位或对面座位为尊，应让给客方。

谈判前应对谈判主题、内容、议程作好充分准备，制定好计划、目标及谈判策略。

（二）谈判之初

谈判之初，谈判双方接触的第一印象十分重要，言谈举止要尽可能创造出友好、轻松的良好谈判气氛。

作自我介绍时要自然大方，不可露傲慢之意。被介绍到的人应起立一下微笑示意，可以礼貌地道：“幸会”、“请多关照”之类。询问对方要客气，如“请教尊姓大名”等。如有名片，要双手接递。介绍完毕，可选择双方共同感兴趣的话题进行交谈。稍作寒暄，以沟通感情，创造温和气氛。

谈判之初的姿态动作也对把握谈判气氛起着重大作用，目光注视对方时，目光应停留于对方双眼至前额的三角区域正方，这样使对方感到被关注，觉得你诚恳严肃。手心冲上比冲下好，手势自然，不宜乱打手势，以免造成轻浮之感。切忌双臂在胸前交叉，那样显得十分傲慢无礼。

谈判之初的重要任务是摸清对方的底细，因此要认真听对方谈话，细心观察对方举止表情，并适当给予回应，这样既可了解对方意图，又可表现出尊重与礼貌。

（三）谈判之中

这是谈判的实质性阶段，主要是报价、查询、磋商、解决矛盾、处理冷场。

报价——要明确无误，恪守信用，不欺蒙对方。在谈判中报价不得变幻不定，对方一旦接受价格，即不再更改。

查询——事先要准备好有关问题，选择气氛和谐时提出，态度要开诚布公。切忌气氛比较冷淡或紧张时查询，言辞不可过激或追问不休，以免引起对方反感甚至恼怒。但对原则性问题应当力争不让。对方回答查问时不宜随意打断，答完时要向解答者表示谢意。

磋商——讨价还价事关双方利益，容易因情急而失礼，因此更要注意保持风度，应心平气和，求大同，容许存小异。发言措辞应文明礼貌。

解决矛盾——要就事论事，保持耐心、冷静，不可因发生矛盾就怒气冲冲，甚至进行人身攻击或侮辱对方。

处理冷场——此时主方要灵活处理，可以暂时转移话题，稍作松弛。如果确实已无话可说，则应当机立断，暂时中止谈判，稍作休息后再重新进行。主方要主动提出话题，不要让冷场持续过长。

（四）谈后签约

签约仪式上，双方参加谈判的全体人员都要出席，共同进入会场，相互致意握手，一起入座。双方都应设有助签人员，分立在各自一方代表签约人外侧，其余人排列站立在各自一方代表身后。

助签人员要协助签字人员打开文本，用手指明签字位置。双方代表各在己方的文本上签字，然后由助签人员互相交换，代表再在对方文本上签字。

签字完毕后，双方应同时起立，交换文本，并相互握手，祝贺合作成功。其他随行人员则应该以热烈的掌声表示喜悦和祝贺。

思考题

1. 指出章前案例中小谭秘书的行为有哪些不当？秘书应该怎样约束自己的举止行为？

2. 接打电话为什么非要讲专业用语？如果讲话随便，结果会是什么样？

3. 接打电话用语应简练准确，任何拖泥带水及有可能造成歧义的用词都不应该出现，你觉得有必要吗？为什么？

4. 商务活动安排是否合理，直接影响事情的有效程度，如何确保安排的合理性？

5. 安排包括三个方面，一是对理想结局的预计，二是对必要程序的设计，三是对有关细节的要求。试以某个商务活动作为模拟个案，体会这三个方面不同的内容。

6. 制定一份商务宴会的完整方案，按照进行顺序，将所有的过程及要求都一一写清，以此形成专业经验。

7. 人缘良好的人其行为也很有感染力，你能试举几例来说明吗？

8. 训练一下，有人给秘书办公室打来电话，声称有紧急重要的事情向领导报告，请求领导人亲自接电话。假如你是接电话的秘书，你将如何处理此事？

9. 什么是商务活动礼仪？

10．签字厅应当如何布置？

第十章 习俗礼仪

我国是一个多民族的国家，每个民族都有自己的礼仪、习俗，同时随着改革开放，我国与外国的接触越来越多，为了便于工作的开展，在制定接待计划和接待工作时，一定要尊重少数民族的礼仪、习俗，熟悉外国的风俗、习惯。

第一节 习俗礼仪的概述

一、习俗礼仪的概述

十里不同风，百里不同俗。所以"入乡随俗，入境问禁"就成了交往的前提。风俗是人类社会发展中长期沿袭下来的各种习惯的总和。任何一个民族的风俗都是该民族传统文化的一种表现，同时也是该民族心理素质的一种反映。因此理解了风俗习惯，就能准确细致地了解该民族人民的感情，从而使交往顺利进行。全球有 200 多个国家和地区，1 万多个民族。如此众多民族人民的交往，除在语言交往惯例上执行国际通用规定外，还应了解各国的风俗习惯，以加强对不同民族心理素质的认识。

习俗礼仪是以一年为周期，以节气和时节以及风俗为依据，定时举行的礼仪活动。习俗礼仪以民俗信仰和社会信念作基础，同时更为重要的是时间概念的强化。习俗礼仪在连续反复的同一时间上进行，每年重复的节日表面上是一个叠加、层积，实际上是生命的再生、能量的积聚。这种再生和积聚给人一种永恒的绵延感，让人们时刻不忘传统，也时刻不忘继承和延续传统。现代的岁节，既是古老的传统礼仪的延续和发扬，又有新的内容和新的形式的补充，它永远在控制着、影响着人们的生活。

在这些以节俗节庆为主的礼仪活动中，就其庆祝内容来看，大致可分为以下四种情况：一是以二十四节气为内容所进行的节庆活动，如清明节、夏至节、冬至节；二是由古时对日月星辰、山林川泽、四方万物的祭奠中保留下来的节庆，如花朝节、重阳节等；三是对民族英雄、烈士先贤、已故亲友表示纪念的节日，如清明节、端午节、中元节；四是现代国家政治生活中法定的纪念节庆，如元旦、五一国际劳动节和国庆节、春节。

第二节 中国习俗礼仪

一、中国传统节庆习俗礼仪

（一）春节

春节是我国民间传统中最隆重、最盛大的一个节日。旧俗从农历十二月二十三日“送灶”（小年）开始。春节也叫“年”，就汉字的“年”而言，它是谷穗沉沉下垂的形象，是收获的象征，“五谷熟曰年”。《尔雅·释天用疏》曰：“回年昔，禾熟之名，每岁一熟，故以为岁名。”

在民间传说中，“年”不是植物，而是动物。相传“年”是一只怪兽，一年四季都在深海里，只有除夕才爬上岸来。它一上来，所到之处便是洪水泛滥，人们只好搬到高山上去避难。有一年除夕，正当人们奔走避难时，来了一个乞讨的老头，执意要留在村里，说是要赶跑怪物。这“年”来到村里，只见一户人家门口贴着红纸，院子里灯火通明，屋里一个穿红袍的老头手拿两把菜刀剁个不停，发出雷鸣般的声音。“年”见此情景，掉头便逃回了海里。后来，人们为了不再受“年”的侵扰，便在除夕过年时贴出红对联、张灯结彩、放鞭炮、穿鲜艳的衣服，还要剁饺馅、包饺子。

敬神祭祖也是传统年活动中的一个重要内容。人们在庙里、家里和门口临时搭桌设台接四方神，同时对祖先和那些新近故去的亲人供奉比家人饭食还要丰盛的饭食，还要对冥冥中的神和各路财神、天地人鬼进行供奉。除夕时，外出的人寥寥无几，此时一定是全家人围坐桌前，开始“守岁”。先是除夕“年夜饭”，然后阖家围坐守岁。此时，小辈人要向父祖家长行礼辞岁，老人们则要分给孩子们压岁钱。午夜，还要吃饺子。除夕过后，即结束了忙碌紧张阶段，开始轻松愉快地过节。过去初一至十五甚至整个正月都有禁忌，诸如妇女不能拿针做鞋、不可倾倒垃圾等等。

现在的年，当然简单得多，主要是有两个方面：一方面是指向过去，对一年来的诸多事情作一了结，有个交代；另一方面是指向将来的，即为年节做准备。还有很多的社交活动。正如台湾学者朱介凡在《中国谣俗论丛（中国人的年）之构想》中说："中国人的年，有家庭之团聚，社会生活的和谐，乃至对宇宙对万事万物的感激——不仅仅是吃喝玩乐，实在有种种工作上和生活上除旧布新的作为，以及敦亲睦族、社群公益、宗教祭典、全民康乐的活动。"这实是对中国传统的年的确切总结和概括。

（二）元宵节

元宵节是春节活动中最为重要的一个大节，颇为显要。因为这个节日的主要活动是夜晚放灯，故又名"灯节"。此外，它也叫"上元节"，这是从道教借来的说法。道教所谓的"三元"神，即上元天官、中元地官、下元水官，分别以正月十五、七月十五、十月十五日为诞辰，因此这三个日子就分别叫上元节、中元节、下元节。

我国自唐代起，每逢元宵节都必张灯。按民间习俗，正月十三灯节活动便已开始，到十五日元宵节当天晚上，全国上下，从宫廷到一般平民百姓一律"闹元宵"。元宵节期间除了放烟花、掌各种灯笼以外，还要猜灯谜、吃元宵。南方人吃米粉搓的小圆子，叫做"汤圆"；北方人吃有馅的元宵（也叫汤圆），以取"团圆"之意。此外，还有踩高跷、跑旱船、耍狮子、舞龙灯、扭秧歌、打腰鼓等喜庆活动。

（三）清明节

这原本是人们游春踏青的日子。由于旧时在清明节前两日为晋文公哀念介之推而定的"寒食节"，这一天里要禁火冷食，以示对死者的纪念。日久天长，寒食节的原意已被湮没，逐渐与清明节融为一体，故悼念先人也成为清明节的一项重要节俗。

清明祭扫坟茔是和丧葬礼俗有关的节俗。据载，古代"墓而不坟"，就是说只打墓坟，不筑坟丘，所以祭扫就不见载于史籍。后来墓而且坟，祭扫之俗便有了依据。秦汉时代，墓祭已经成为不可或缺的礼俗活动，一直到唐宋元明清及近代也不例外。清明节作为鬼节之一，其独特之处就是墓祭，这种特点当然要被人们充分地利用。户外的墓祭除了上述诸原因外，还有能够表示家族兴盛的功能，坟头纸钱、纸幡、花圈正是后继有人的标志，供品多而讲究又是家庭殷实富足的象征。

现代人仍沿袭旧习，清明节要举行扫墓活动，到亲人墓地献上鲜花或花圈，各机关团体、共青团、少先队还选择这一有意义的日子以缅怀先烈事迹为主题，进行团日或队日活动。

（四）端午节

农历五月初五日是围绕“除鬼驱邪”和纪念我国历史上伟大的爱国诗人屈原展开的。

端午这一天，旧俗从清晨起，家家户户都要在大门口挂起菖蒲、艾蓬和大蒜头。有的不仅挂在家门口，甚至挂在卧室门上。其用意是：富蒲犀利，形如宝剑；艾蓬多节，如钢鞭高悬；大蒜头象征一柄铁锤。悬挂这些东西可以“除鬼驱邪”。有的人家这一天还张挂钟馗像，直接表明了“打鬼”的愿望。

纪念屈原，是端午节传统节俗的另一项重要内容。据说当年屈原是在这一天投汨罗江的。屈原的姐姐曾包了粽子投入江中，一是为了水祭屈原，二是为让鱼鳖饱食，以免伤害屈原的遗体。从此，每年端午，即屈原的祭日，当地人都要包粽子投在水中纪念屈原。久而久之，粽子便成了人们在端午节的节日食品。

划龙舟是端午节的一项盛大活动。据说也是为了纪念屈原，是为抛掷粽子而制作的运输工具。经过历代相传，它已经成为一项具有民族特色的体育运动了。

（五）七夕节

农历七月初七是民间传统的“七夕节”，又称“女儿节”、“中国情人节”，因为相传那天是牛郎织女鹊桥相会的日子，故有此名。在北方农村，这一天妇女们要摆上瓜果，向织女“乞巧”，即希望织女把一手巧艺传给人间。有的地方到这一天要把新出嫁的女儿接回娘家，据说是生怕王母娘娘看到新婚夫妇的幸福生活后强迫他们分开，故采取这种暂时分离的办法，避开王母娘娘，以求今后的长久团圆，所以有的地方又称这一天为“避节”。

（六）中秋节

农历八月十五是中秋节，又称为团圆节。中秋，原叫仲秋。“仲”是居中的意思。七、八、九三个月是农历的秋季，八月正值秋季之中，八月十五又在八月中间，所以人们把这一天叫“仲秋”。此时，正值桂花开放，清香四溢，加上十五日月亮正圆，秋高气爽，分外明亮。“花好月圆”是中秋节的一大特色。“月到中秋分外明”。

中秋节最美丽动人的传说故事应是嫦娥奔月了。李商隐有首《嫦娥》诗：“云母屏风烛影深，长河渐落晓星沉。嫦娥应悔偷灵药，碧海云天夜夜心。”汉代，赏月的风俗已形成。相传汉武帝曾建造“俯月台”，用以赏月，名叫“眺檐”；俯月台下又挖有影娥池，是用来映现天上宫娥嫔妃的。

此外，还有赏桂、观潮的习俗。八月中秋正是桂花飘香的时节，又因中秋节传说中的月桂，遂有赏桂之举。还有地域性很强的中秋观潮，当然是指杭州的钱塘观潮。因为钱塘江入海口有它得天独厚的条件，是海潮之最为壮观处。唐宋时已经很盛行，尤以南宋为最，后来也一直沿袭下来。

中秋的另一项节事风俗是吃月饼。月饼就是过节吃的糕饼，因形状如圆月故而得名。中秋之夜，全家团聚，来吃月饼赏月，取“人月共圆”之意，正是人们这种希望阖家团聚的愿望与古代月崇拜相结合，而形成了吃月饼赏月的风俗。

建国后，我国人民依然保留了中秋节的传统习俗，特别是中秋一般都在国庆后，更增添了节日的欢乐气氛。在晴空万里、瓜果飘香的秋日里，一家人或亲朋好友、同事同学团聚在一起，赏月谈心共度中秋佳节，自然是身心愉快的事情。

（七）重阳节

农历九月九日是重阳节，也叫登高节。据《易经》记载：九为阳数，九月九日两阳相重，故名“重阳”。

重阳节是我国的传统节日，在战国时期就已经有了。重阳节的传统活动很多。如登高、佩茱萸（一种草药）、饮菊花酒和赏菊等。因为每年农历九月九日以后，渐入十月，天气有一段时间回暖，而在重阳节前的一段时间里，秋雨霏霏，天气阴潮，秋热也未退尽，衣物容易霉变，人也容易在这换季时节感冒生病，因此，这期间需要特别注意防虫、防寒热。而菊花有平肝明目、清热祛风的功效。茱萸气味辛辣芳香，可以驱蚊杀虫、治寒祛毒，这两种东西正好能起除虫防病的作用。正是由于它们在秋季人们生活中的重要作用，所以才逐渐形成了重阳制茱萸囊插于臂和饮菊花酒的习俗。

至于重阳登高，因这时山中的野果、药材之类正值成熟季节，是人们上山采摘的大好时机。民间向来有把这种上山采集叫“小秋收”的俗语。民间登高风俗就是从这种生产活动中逐渐形成的，这是个吉利的日子，集中在这一天登高，图个吉利。

每年的重阳，天高云淡，确实是登高远眺的好时机，上山游览，既令人精神舒畅，心旷神怡，又能饱览壮丽山河，锻炼身体。因此我们可以利用重阳节进行登山活动。

（九）腊八节

民间的“腊八节”（农历腊月初八），佛教徒叫它“佛成道节”。据传说，佛祖释迦牟尼，年轻时痛感人世间生老病死等各种苦恼，舍弃王位出家修道。有一天在尼连禅河附近，因劳累饥饿昏倒在地，幸好被一位牧羊女救起。牧羊女用泉水、杂粮、野果煮成粥喂他。释迦牟尼吃后感到精神振奋，元气恢复。他在菩提树下，静坐沉思。在十二月初八这天悟道成佛。后来佛教徒们每到腊月初七，都要取来新谷果，擦干净器皿，熬粥到天明，用它来供奉佛祖，这就是“腊八粥”的来历。这种风俗后来在民间流传开来，但逐渐失去了敬佛的原意，只是作为一种民俗流传至今。

吃“腊八粥”的习俗在我国南北朝时期就已盛行开来。腊八粥也叫“五味粥”、“七宝粥”。腊八粥现有南咸北甜的风味。北方人煮腊八粥用白米、赤豆、莲子、桂圆、核桃、松子、枣子等和水煮熟，还要加上杨仁、杏仁、瓜子、花生，用白糖、红糖、葡萄做点缀，又加青丝、红丝、桂花等做成甜味腊八粥；南方人喜欢用大米、花生、黄豆、蚕豆、芋艿、栗子、白果、萝卜肉丁等制成咸味腊八粥。有的还在粥里掺少许桂皮、茴香。

腊八粥营养丰富，是一种冬季佳食，由于粥内加入大量干果，又与多种粮食同煮，加强了营养素的互补作用。并具有安神、养血、健脾、补气等功效。

二、我国少数民族的节日、习俗及禁忌

（一）回族

我国回族人口多、分布广，素有大分散小集中之说。回族信奉伊斯兰教，故其习俗都与伊斯兰教有关。回族人重视卫生，饭前饭后都要洗手。忌食非反刍动物，忌烟酒。

回族的主要节日是开斋节、古尔邦节和圣祭节。每年回历九月为斋月，斋月期间只能在日出前和日落后进餐，一直到新月出现的第二天开斋，称为开斋节。这一天，穆斯林聚集在清真寺做礼拜，然后开始节日活动。

（二）壮族

壮族是我国人口较多的一个少数民族，主要分布在广西壮族自治区和其邻近的云南文山、广东连山、贵州从江和湖南江华等地区。

壮族人喜歌舞，有多姿多彩的歌舞活动。有反映男女爱情生活的“绣

球舞”、“捞虾舞”，有反映生产活动的“扁担舞”、“采茶舞”。最能反映壮族人感情细腻、诙谐活泼性格的是他们的传统节日三月三“歌圩”活动。到了这一天，青年男女往往要对歌终日，歌圩人山人海，少则数百人，多时可达万人以上，非常热闹。歌圩上还有碰红蛋、放花炮、演壮戏等活动。另外，农历三月，男女青年还有在花街上分小群体对歌的习俗。对歌时，对阵的群体先各推一人开唱，随后再自动接替，歌目内容有问有答，彼落此起，未婚男女趁此机会选择意中人。

和汉族一样，壮族也很重视春节，为了敬祖宗，正月初一要忌荤。无论过节还是平时，壮族人都很好客，他们在待客让座时，有许多讲究。例如：青少年不能与客人同坐，要站在旁边与客人说话。如果客人叫小主人坐下，可坐。但坐时不能跷二郎腿，也不能将脚向客人伸去，不应与客人并排坐，只能坐在对面，否则被认为对客人无礼，客人也不高兴。倒茶或舀粥要双手递给客人，不能一只手递交，否则被认为失礼。吃饭时，忌让客人自己到厨房盛饭。陪客人喝酒时，主人不能先停，席间不能将筷子伸到客人面前去夹菜。吃完饭后，忌不声不响地放筷走开。

（三）蒙古族

蒙古族信奉藏传佛教，俗称喇嘛教，寺院较多，内蒙锡林郭勒盟锡林浩特寺最有名气。

蒙古牧区以肉食为主，农业区以粮食为主，肉食中主要是牛羊肉。蒙古族人爱喝奶茶和奶子酒。

蒙古族人热情豪放，能歌善舞，其安代舞、筷子舞最负盛名。

蒙古族很讲究礼节。在西北地区，小孩子一个人去做客，得绕到毡房后面才能下马，不能直接在毡房前面下马，以示对主人的尊重。做客进入别人的毡房，男人须从右边走到佛龛下面落座，妇女须从左边走到佛龛下面落座。这种不许男女混坐的禁忌，与《礼记·曲礼上》说的“男女不杂坐”相同。

蒙古族人很尊敬长者，接受长者赠送的东西，必须屈身去接或跪下一腿、伸出右手接，严禁任何不敬长者的言行举止。蒙古族人待人接物诚实诚恳，如果客人对主人赠送的礼物不接受是不礼貌的。对蒙古族风味的食品，即使吃不惯，也不能拒绝。象征性地品尝一下，主人会很高兴。

蒙古族一年一度的盛大节日是“那达慕”大会，多在七八月份举行。“那达慕”是蒙古语的娱乐或游戏的意思。届时，举行惊险动人的赛马、摔跤、射箭、下棋、歌舞等活动，男女老少乘车骑马，身着盛装从远处聚在一起参加比赛和观赏。彩旗飘扬，人欢马啸，一片欢腾。到晚上，马头琴声中，人们围坐在帐篷旁喝奶茶、唱歌跳舞，好不快活。每年农历六七月间，还要过传统的敖包节。“敖包”是蒙古语音译，意为木、石、土堆。节日这天，举行祭祖仪式，在木堆、土堆、石堆上插树枝，四面放烧柏叶香的垫石，然后在敖包旁点火、供肉。祭敖包是祈求神灵保佑人人平安、年年丰产。

（四）藏族

佛教的一支传入我国西藏地区后，与当地古老宗教融会，形成了具有西藏地方色彩的喇嘛教。

藏族节日主要有藏历年和望果节。藏历年在藏历的正月初一。到这一天，家家户户的屋顶上部燃起象征吉祥的松烟，各色点心和青稞酒款待客人。天亮前，妇女们到河边背“吉祥水”，男女老幼互祝快乐。

藏族的望果节是庆祝丰收的传统节日，在秋收前择吉日举行，主要是在田间巡游，求神诵经，祈祷丰收。

藏族的饮食习惯比较特殊，是一种用炒热的青稞或豌豆磨成的炒面。餐具很简单，一把小刀和一只木碗，不用筷子，也不喜欢用别人的餐具。

藏族的传统礼仪方式是伸开双手，掌心向上，弯腰躬身向受礼者。较正式的场会，其礼仪是敬献哈达。有的藏民在进餐前先用手沾酒往桌上滴3滴，表示敬佛。

（五）维吾尔族

维吾尔族信奉伊斯兰教，禁忌要求很多，忌猪肉、驴肉、骡肉、狗肉、骆驼肉，南疆地区还禁食马肉、鸽肉。

维吾尔族是一个很讲究礼节的民族。对长者很尊敬，走路、说话、就座、就餐都要先礼让长者。见面彬彬有礼，多用右手扶胸，躬身后退一步说：“亚克西姆塞斯。”送人礼物时，接受者须用双手，忌用单手，更忌左手。在室内交谈，忌讳吐痰、打哈欠等恶习。他们很讲究卫生，洗手洗脸均用凉水壶冲洗，喝茶习惯于用专用茶杯，未经许可，不得动用他们的东西。

古尔邦节是维吾尔族的主要节日，时间是希古拉历十二月十日。节日期间，打扫卫生、着新衣、宰牛羊。所宰牛羊一部分献给清真寺，其余供节日食用。

维吾尔族迎春的节日叫努鲁斯节，也称新日节。节期开始于公历3月21日或22日。此时正是以春分为岁首的伊朗历法新年，它是从伊朗传来的习俗。维吾尔族人在过此节时，互相贺礼问好，合唱努鲁斯歌：“春节光临，给人间带来了繁荣……”

维吾尔族很讲究主食，主食种类很多，最普遍的一种是馕，是一种面粉制成的圆形烤饼，有的还加上蛋、奶油，香脆可口，可以久存。节日待客常用“帕罗”，又叫抓饭。饮料一般是奶茶，也爱饮砖茶等。

维吾尔族无论男女老幼，皆能歌善舞，有刀朗舞、赛乃姆舞、萨玛舞等，日常生活在歌舞欢乐之中，极富民族特色。

（六）彝族

彝族的主要节日叫彝族年。各地没有统一时间，一般在10月上旬择吉日举行，是一种庆贺丰收，祈求风调雨顺、五谷丰登的节日。节日里常举行吹、奏、弹、跳、赛马、射箭、摔跤等娱乐活动。

彝族青年举行婚礼的方式颇为奇特。当男方派代表来迎新娘时，女方家和邻居的姑娘们往往用冷水、棍棒、锅灰等“袭击”来人。经过一番有趣的打斗后，男方代表冲破姑娘们的道道防线，直至摸到新娘的耳朵，打闹才告结束，女方则以酒肉待客。饭后主客双方各出同等数量的摔跤手，一对一地较量输赢以助兴。

彝族的阿西跳月常于节日夜晚举行，男女青年聚集在松林里或空场上，小伙子弹起大小三弦、月琴，吹起笛子伴奏，青年男女对对起舞。主要舞步是跑三步停二拍，向前一抬脚在原地跳转、拍手等。舞者成双，拉手成圈，左右移动，也有相对拉手的，以小腿和脚的动作为主，动作激烈，场面活跃欢快。

在西南彝族区，寨子建有寨门，这是地界的标志，客人骑马到寨门必须下马而行，忌骑马长驱直入。

（七）苗族

苗族的传统节日叫苗年，在农历十月五日至十一月二十五日。期间进行跳吹芦笙、跳铜鼓、对歌、盘歌、斗牛、赛马等活动，还有赶坡会、赛芦竺等活动，多为青年男女交往并选择意中人的活动，亦富有民族情趣。

苗族的习俗食品是酸鱼、酸汤、酸白菜。

（八）傣族

傣历六月十七日至十九日间是傣族的泼水节，相当于汉族农历清明节前后，也是傣族的新年。西双版纳的傣族和其他各民族人民欢庆泼水节时，穿上五颜六色的民族服装，聚在澜沧江边，彼此泼水，互祝新年，还有赛龙船、唱歌跳舞等活动。

傣族的主食是大米饭，嗜酸、辣味、肉类以猪肉为主，习惯用油炸，不爱炒食，不吃羊肉。喜欢把蔬菜做成于酸菜。常吃一种竹筒饭，把米装入竹筒，灌入适量水，塞住后放在火中烧烤，筒表烧焦，饭也熟了，吃起来香味可口。

傣族舞蹈丰富多彩。著名的孔雀舞形象生动，感情细腻，优美娴雅。

傣族和彝族、佤族一样，寨前有寨门，骑马者须下马而行，否则会触怒主人。

（九）侗族

侗族有斗牛节。各村寨都饲养着善斗的水牛王，每到农历二月或八月的亥日举行斗牛活动。清晨，牛王在锣鼓和芦笙中被牵往斗牛塘内，两寨牛王斗成一团，胜者继续与其他寨牛王相斗，直到最后分出胜负。

侗族另一节日是赶三月街。一般在立夏前18天左右举行，主要是侗歌对唱，各族青年都可参加。其他旁观者、买卖者、斗鸡者也来凑热闹，亦是青年缔结良缘的好时机。

侗族讲究酸味食品，招待贵客的酸宴食品中有酸草鱼、酸猪肉、酸鸭肉、酸辣椒等十几种。爱喝打油茶，是一种先用油把干茶叶炒煮，再加上姜末、盐，冲上水就成的茶。送给客人时，奇特的是只给一根筷子，意思是：抱歉，碗里没有什么东西可夹捞，只能算半餐。

侗族的其他节日还很多，有二月的春牛节、四月的摔跤节、五月的洗澡节和九月的菜节等。

（十）朝鲜族

朝鲜族人民尊老爱幼，待人礼貌和气，尤其敬重老年人。长辈外出，全家鞠躬礼送，归来则晚辈出接。父辈在座，晚辈不可抽烟喝酒。到了农历六月二十日，还要为老人们庆贺老人节。届时，各村敲锣打鼓、喜气洋洋，男女打扮一新，纷纷给老人们祝福，让60岁以上的老人戴上大红花，接受全村人的祝福。

朝鲜族以大米、小米为主食，习俗食品是干饭、打糕、汤饺子、冷面等。口味喜酸辣、清淡，爱吃辣酱、黄豆酱。爱喝狗肉汤。不爱吃羊肉、肥猪肉和河鱼，也不爱吃带甜味和放花椒的菜。

（十一）满族

五月节是满族的传统节日，在农历五月上旬。节日里，人们成群结队地赶往西山，用年息花上的露水洗眼睛、治眼疾，摘年息花防治气管炎。男女青年采集年息花互赠，作为爱情的信物。

满族忌吃狗肉，忌戴狗皮帽子。相传古代有一位满族人在危难之际，为义犬所救，为感恩于义犬，设此忌讳，后世人遵从祖训，逐渐形成了这种习俗。在满族人家中忌坐西炕，因为西炕是供奉祖先的地方。

（十二）哈萨克族

哈萨克族信奉伊斯兰教。每年的春分时节是他们的那吾鲁孜节。哈语中的“那吾鲁孜”即送旧迎新、预祝丰收的意思。节日那天，人们载歌载舞，各家用羊肉、奶疙瘩、大麦、小麦、大米、小米等多种食物混在一起做成饭，供大家享用。

姑娘追是哈萨克青年男女中的一种传统民间游戏，也是表达爱情的一种方式，游戏开始，一对对自由结合的男女青年并马走向指定目标，到达目标返回时小伙子策马惊慌奔逃，姑娘策马追赶，赶上了就可以用马鞭任意抽打，伙子不能有任何反抗。如果姑娘对小伙子有意，则鞭子只在头上晃动而不落下，叫作鞭下留情。

哈萨克是个热情好客的民族，太阳落山前绝不放走客人。对拜访和投宿的客人，不管相识与否，都会热情接待。客人须入乡随俗：忌讳当主人的面数羊、马的数目；忌讳跨过拴牲畜的绳子，遇羊群不绕行；忌讳乱丢食物，忌讳坐在放有食品的箱子上，更忌跨过或脚踏餐桌布；忌别人赞美小孩肥胖；忌客人坐在火炉右边；在牧区，骑马要绕到毡房后下马，忌快马直到门前下马，因为只有报丧才在门前下马。

三、中国习俗禁忌

（一）台湾民间送礼禁忌

1. 禁用手巾赠人

按台湾民俗，丧事办完，送手巾给吊丧者留念，意为让吊丧者与死者断绝来往。所以台湾俗语有“送中断根”或“送巾离根”之说。因此，非丧事不宜赠手巾。

2. 禁用扇子赠人

扇子用于夏季扇凉，一到深秋，再无利用价值，可狠心抛弃。台湾民间有句俗语：“送扇，无相见。”因此，扇子不可当礼物赠人。

3. 禁用雨伞赠人

台湾方言中“伞”与“散”同音，“雨”与“给”同音，因此“雨伞”与“给散”同意。拿伞送人，难免会引起对方的误解。

4. 禁用刀剪赠人

刀剪是伤人的利器，含有“一刀两断”之意。以刀剪赠人，会让获赠者觉得有威胁之感。

5. 禁用粽子送人

居丧之家习惯既不蒸甜果，也不包粽子。如果赠粽子给别人，会被误解为把对方当作丧家，所以十分忌讳。

6. 禁用鸭子赠坐月子的人

台湾人坐月子通常吃麻油、鸡、猪肝、猪腰等热性食物，鸭子属凉性食物，而且台湾民间还有“七月半的鸭仔——不知死期”等谚语。若以鸭子赠给坐月子的人，易使对方联想到不祥之兆。

7. 禁用甜果赠人

民间逢年过节，常以甜果为祭祖拜神之物，若以甜果赠人，令对方有不祥之感。

（二）香港人的禁忌

1. 看望病人的禁忌

看望病人忌送剑兰和扶桑，因为“扶桑”和“服丧”谐音，“剑兰”与“见难”谐音尤为大忌。

2. 赠送商人花卉的禁忌

茉莉花与梅花千万不要送给商人，因为“茉莉”与“没利”谐音，“梅”和倒霉的“霉”谐音。

3. 称呼的禁忌

香港的中老年妇女忌称“伯母”，因为“伯母”与“百无”谐音。夫妻向港人介绍称“先生”或“太太”，勿称“爱人”，在香港，“爱人”有“第三者”的意思。

4. 过节的禁忌

在内地，“元旦”、“春节”都说“新年快乐”、“春节快乐”，而在香港就不行，因为“快乐”和“快落”谐音，嫌不吉利。

5. 饮食业的禁忌

香港饮食业的雇员在店内不能看书，因为“书”与“输”谐音。香港开设的餐馆最忌第一个光顾餐馆的人点“炒饭”，因“炒”字在港是“解雇”的意思，开灶就炒，将会不吉利。

（三）吃鱼忌“翻”

鱼是宴席、饭桌上不可缺少的佳肴，但怎么吃，讲究很多。在我国南方的一些地区，鱼是整个宴席的最后一道菜，基本上是端出来摆摆样子，谁也不去吃它。这意味着这鱼是今年剩下来的，留给明年。

在举行婚宴时，也离不开全鱼，但只能吃中间的，鱼头和鱼尾要完好地保留下来，最好是连中间的那根鱼骨头都不要弄断。因为这是祝福新婚夫妇白头偕老、“有头有尾”的意思。

在水上吃鱼讲究更多。大鱼上桌时，必须将鱼头冲向船老大，一般是驾驶船手面前，鱼尾放在舢板小老大处，捕鱼手吃鱼的中段，其他人只能吃放在自己面前的鱼。在渔船上吃鱼，要先吃上半片，吃完后把鱼骨头拿掉，再吃下半片，切忌把鱼翻过来吃。渔民们在“三面朝水，一面向天”的渔船上，最忌讳的就是一个“翻”字。

（四）尊老与忌“老”

中国一贯以尊敬老人为美德，以“老”字为尊称，见了老人称“老先生”、“老太太”、“老大娘”；对年高德重的长者称“郭老”、“谢老”等等。但是西方人则完全相反，他们晚年与儿女分居，讲究独立，最怕别人称老。西方社会是个竞争的社会，只有年轻人才有竞争力。老总和“老不死的”、“老没用的”相联系。所以，绝不可以把中国习惯套用于西方老人，称他们为“老先生”等。甚至不要在言谈举止中对他们的年龄有什么暗示，比如不必要的恭维：“按您的岁数说您可真结实”之类的话，这都会引起老人不快。

中国在朋友邻居之间喜欢“论资排辈”，孩子们要称与自己父母岁数相仿的人为“叔叔”、“阿姨”，再长一辈的为“爷爷”、“奶奶”。英国人不讲这一套，孩子们对父母的友人称某某先生或夫人。他们只对父母的亲兄弟姐妹才称“叔”、“舅”和“姑”、“姨”。在少数现代的家庭中，为了表示亲密，孩子对父母直呼其名的情形也已出现。

（五）送花禁忌

在社交活动中，鲜花已经成为最受欢迎的礼品。但是，也不是任何鲜花都可以送给友人的。在选择鲜花作为礼物时，至少要在其品种、色彩和数目等三个方面加以注意。

在国内外，鲜花都被人们赋予了特定的含义。如在我国，牡丹表示富贵吉祥，百合寓意百年好合。在西方，玫瑰象征爱情，康乃馨则表示伤感或拒绝，单独送人时必须慎之又慎。

菊、莲和杜鹃，在国内口碑甚佳，在涉外交往中却不宜用作礼品。菊花在西方系“葬礼之花”，用于送人便有诅咒之意。莲花在佛教中有特殊的地位，杜鹃则被视为“贫贱之花”，用于送人也难免发生误会。

鲜花的色彩丰富多样，不同的民族对鲜花的色彩有着不同的讲究。在我国，红色的鲜花是最受欢迎的喜庆之花，白色的鲜花则常用于丧礼。中国人颇为欣赏的黄色鲜花，是不宜送给西方人的，因为他们认为黄色暗含断交之意。巴西人认定紫色是死亡的征兆，故对紫色鲜花成其忌讳。

中国人讲究送花时数目越多越好，双数吉利。对西方人却不宜如此，他们认为只要意思到了，一支鲜花亦可胜过一束。只不过男士送鲜花给关系普通的女士时，数目宜单，否则便是指望与人家“成双成对”了。

四、民间贺仪与丧仪习俗

（一）结婚仪式

我国旧时各民族的结婚仪式，是相当复杂严格的。随着历史的进步，社会的发展，古老的结婚仪式已被新的带有中西合璧色彩的活动仪式所取代。

结婚日最好选择在亲朋好友、同事大多数都能前来参加的时间，最好是在节假日或某个星期日。

结婚仪式通常在宾馆、酒家、礼堂或家中举行。仪式开始前的准备活动有：在举行仪式的厅堂外和新房内“张灯结彩”，精心布置以增添喜庆气氛。在宴会厅和仪式大厅的正中或主席台处，设一主桌；并在桌面上摆设一只精美花篮或一瓶花；还可同时燃点一双龙凤喜烛。为了避免出现意外，龙凤喜烛宜多备一两对。

为新郎新娘选配好男女傧相。男女傧相最好让新郎新娘的知心朋友充当。选配傧相时要考虑外在长相、仪态、身高、服饰等因素，以适配新郎新娘为原则，切忌喧宾夺主；傧相一般应是比新郎新娘年轻一点的未婚青年。同时应从新郎新娘的亲友中请几个做招待人员，具体人数可根据婚礼的规模而定。

帮助新郎新娘挑选礼服。如果条件允许，新郎最好穿燕尾服。现在的婚礼中，新郎穿西装的最为多见。夏天在设有空调的地方举行婚礼，新郎可穿衬衫打领带；也有的新郎在结婚仪式上着中山装。新娘的结婚礼服一般为白纱或白缎制作的晚礼服。男女傧相的衣服应与新郎新娘的服装基本一致。

婚礼的程序可视婚礼的规模而定。婚礼的程序（通常由司仪即婚礼主持人）事先与相关的主要当事人商定，并在举行婚礼时按步骤进行。常见的婚礼主要程序如下：

1. ×××先生
×××小姐 结婚典礼开始
2. 请证婚人入席
3. 请介绍人入席（若没有介绍人，此项可省去）
4. 请主婚人入席
5. 全体起立
6. 迎新郎新娘入席。奏喜乐、鸣喜炮，童男童女撒喜花
7. 证婚人宣读结婚证书
8. 新郎新娘、介绍人、主婚人、证婚人签名
9. 新郎新娘互表誓言（通常在证婚人引导下进行）
10. 新郎新娘互赠礼物（通常是戒指等首饰、小装饰品）
11. 新郎新娘互致三鞠躬或互相拥抱（亦可先鞠躬，后拥抱）
12. 证婚人致辞
13. 来宾致辞
14. 主婚人致辞
15. 新郎新娘向父母、证婚人、介绍人、来宾以及主婚人各致三鞠躬
16. 奏喜乐，鸣喜炮
17. 宴会开始
18. 礼毕

在安排策划婚礼时，应充分尊重和体谅主人。要尽量让新郎新娘感到幸福、愉快。在结婚喜宴中，新郎新娘须相偕至各席为来宾敬酒，来宾好友当然会以礼回敬。这时，如果新郎新娘完全推辞，滴酒不沾是很不恰当的，也是有失礼貌的；相反，如果“来者不拒”，统统一饮而尽，最后喝得烂醉如泥，也会有伤风度与体面。因此，敬酒时最好要安排一位或几位酒量较大的朋友相陪代酒。有的地方还有让新娘为抽烟的宾客点烟的习俗。

婚礼当晚，各地一般都有至亲至友“闹洞房”的习惯。内容以要求新郎新娘汇报恋爱经过，让新郎新娘参与一些旨在让他们表示亲热的小游戏为主。

“闹洞房”既应闹得热闹欢乐，也要讲究适可而止，体现文明高雅，庸俗、粗野、不文明的恶作剧是应避免或制止的。

（二）寿庆习俗

寿礼，即祝寿的礼仪规范。寿，在我国有区别于过生日的特殊含义。

寿礼寿仪虽然简单，但也应有所了解。

1. 寿意

寿，即长命、岁数大、年龄长久的意思。古人把人寿分为上寿、中寿、下寿三级。年满60岁是下寿，年满80是中寿，年满100是上寿。所以60岁以下的人庆祝生辰，只能算作“过生日”，没“资格”叫做寿。即使是年过六旬的老人，庆祝生辰时也往往自称是过生日，只是别人才恭称为某老人“做寿”或“祝寿”。

2. 寿仪

做寿无什么固定的仪式。现代寿礼的仪式已具有典型的中西合璧的色彩。

新式寿诞程式很简单：

（1）由亲人或领导宣布寿仪开始；

（2）点燃生日蛋糕上的蜡烛；

（3）亲友、来宾唱“祝你生日快乐”；

（4）亲友或晚辈致简短的祝词；

（5）过生日的人“许愿”并吹灭蜡烛；

（6）由寿诞者分切蛋糕给来宾；

（7）为寿诞者的健康长寿干杯；

（8）宴会开始。

另外，在许多地方，寿宴必备面条，谓之“长寿面”。

（三）丧葬习俗

人固有一死，也许受生死轮回的佛学思想影响，中国人历来十分注重丧礼，把生与死看成同样重要。

在传统丧礼中，固然有些封建迷信的色彩，但是，根据时代和条件不同，举行一定的仪式，总结死者生前业绩，以形成“盖棺论定”，寄托生者的哀思，唤起大家珍惜时间和生命，无疑是人类应当永远保持的活动。

周到安排，依礼治丧。为了全面周到的安排治丧活动，应参考以下工作事项进行操办：

1. 努力劝慰死者的家人和好友，让他们保持镇静。虽然现代人几乎人人都知道人死不能复生的道理，但是，对于其家人来说，由于死者的突然离去，音容笑貌的瞬间消失，无疑会引起极大的悲痛；特别是对那些因意外事故、急病、暴灾而离世的家属而言，更有可能造成五雷轰顶，恨不能同去的情感反应。这时，安排合适人员通过入情入理的劝慰使之镇静下来，是十分必要的。

2. 将死者的遗体进行妥善处理。现在通常有两种方式，一种是经医生鉴定宣告死亡后，立即通知殡仪馆，派专车将遗体运往冰库暂存；另一种是到附近“冰棺”出租店租借“冰棺”，将遗体暂存于“冰棺”内，供亲友瞻仰。在遗体送往殡仪馆时，应安排死者亲友（如妻儿等）陪送；但不宜安排那些年老或体弱者陪送，以免因过度悲恸而导致意外。

3. 组织丧礼服务小组。把死者的亲友和单位服务人员组织起来，进行分工，指定专人管理财务、总务、采购、接待、礼乐、伙食等项事务，并召开会议，讨论确定与治丧有关的各种问题；必要时还应设立治丧委员会。

4. 布置灵堂。灵堂的布置应以庄严肃穆为基本原则。具体的布置方法应根据各地的传统习惯、灵堂的大小以及其他具体条件而定。

常见的一种灵堂布置方法是：正后方墙壁上方悬挂死者 24 寸遗像；下方扎花牌；花牌正前方置灵桌；灵桌中间放灵位；灵位两侧及前方通常置放以黄白菊花为主的鲜花、供果、供菜、香炉等；两旁置放大香烛一对；灵桌两侧可八字形摆放至亲、领导人送的花圈；其他亲友、各界人士送的挽幛、挽联分别挂在灵堂两边墙壁上，花圈放置于入厅口的两侧；灵堂内左右可置放长桌和若干座椅，桌上摆放茶水、香烟及小食品，供吊唁者使用。

5. 刊发讣告。为了向死者的亲人及生前好友告知死者逝世的消息，应由死者家属或以治丧委员会的名义发布讣告。

6. 指定专人起草并审议悼词。

7. 协助死者家属根据经济条件或死者遗嘱选购骨灰盒。

8. 按死者亲属的愿望协同殡仪馆工作人员处理好整容、穿衣、化妆等事宜。

9. 对送殡人数、追悼会规模、程序等有大概的估计和必要的安排，准备适量的车辆；如路途较远，时间较长，还应准备适量点心和茶水。如有老弱病人参加送殡，还应准备携带一定的急救药品和器具，以防因过度伤悲而出现不测。

10. 举行追悼会。

第三节　外国习俗礼仪

一、外国主要节庆习俗礼仪

随着我国的改革开放，西方的一些节日被引入中国，在某种程度上受到喜爱和被乐于接受。这些“洋节”主要有圣诞节、母亲节、情人节等。

（一）圣诞节

每年的12月25日，是基督教所信奉的耶稣基督诞生的纪念日。在这一天，全世界基督教和天主教教徒都举行盛大庆祝活动。在欧美各国，过圣诞就等于过年。关于耶稣的确切生年，史无记载。12月25日这个日子是在公元354年由罗马天主教教会规定的。

圣诞节之所以选择在这一天，是为了同世俗的农神节相一致。因为在欧洲，阳历12月24日是冬至日，也即日照最短的一天，而12月25日便开始白天一天天变长。人们为了感谢太阳赐给人间的温暖和光明，常常举行各种活动向太阳顶礼膜拜。使圣诞节与传统的农神节相吻合，用意是为了表示耶稣的降生就是太阳的再生。

圣诞节期间，在一些国家里，公共场所、街边、商店大多布置得五光十色，娱乐场所还要举行各种艺术表演，家家都要团聚会餐。

庆祝活动中，最为常见的活动方式有两种；其一是布置圣诞树。据说，圣诞树首先出现在德国。做圣诞树要用一棵小枞杉或松树，树枝上挂着各种玩具、礼品。五光十色的圆球、绚丽多彩的灯泡。树顶端往往装饰一颗明亮的星。按照西方的习俗，每年圣诞期间，家家都要摆上圣诞树。全家人围在圣诞树周围吃圣诞晚宴。宴前打开放在圣诞树下的一包包礼品，相互祝贺；宴后在圣诞树前做游戏，唱圣诞歌曲，欣赏宗教音乐等。其二是在公共场所或商店设有所谓专门赐人福祉和给孩子们赠送礼品的圣诞老人。据说，圣诞老人是根据1000多年前的两位主教保护儿童的事迹予以神化的人物。圣诞节时，一位白须红袍的老人穿着大皮靴、背着个大红包袱，乘坐由两只鹿驾驶的雪橇由北方来，从烟囱进入每个有孩子的家庭，把礼品送给孩子。孩子们在入睡前，要给圣诞老人留些食物，作为圣诞老人的夜餐。因此，圣诞老人在圣诞节是最受欢迎的人物。

圣诞节活动除了以上两项最为常见的庆祝活动之外，节日里每一家都要吃式样新奇悦目的圣诞蛋糕，互送圣诞卡（贺年卡），在院内点燃特制的圣诞蜡烛，有些人家的门上还饰有圣诞花。

现在，圣诞节逐渐跨越了它的宗教意义，成了万民同庆的世俗节日。世界上有140多个国家和地区的人民庆祝圣诞节，圣诞节成为全世界影响范围最广、庆祝最为隆重的节日之一。

（二）复活节

复活节是基督教纪念耶稣复活的节日。据传说，耶稣被钉死在十字架上，死后复活升天。耶稣受难于他去耶路撒冷参加犹太教逾越节的日子里，这一天又是古代斯堪第纳维亚地区的居民庆祝大地回春的春太阳节。后来，复活节逐渐代替了逾越节和春太阳节。

古代复活节的日期，由于各地教会的历法不同，因地而异。公元325年，在罗马帝国的一次教士会议上，决定每年春分月圆后的第一个星期日为复活节。

复活节期间的活动，除基督教的宗教仪式外，许多习俗都是异教流传下来的。在英国泰晤士河南岸的白特西公园，每年举行复活节的化装游行。在墨西哥，有的地方焚燃犹大的模拟像。在希腊，有的举行象征性的耶稣葬礼等。

鸡蛋和兔子在西方是新的生命和兴旺发达的象征。把鸡蛋染成红色，象征生活幸福。鸡蛋本色象征太阳。在美国，复活节第二天，全国各地的公园为孩子们举办“复活节彩蛋游戏”。

复活节在欧美各国是仅次于圣诞节的重大节日。英国、法国、澳大利亚等国规定休息4天，德国休息两天，美国休息1天。节日里，家人团聚，准备各式各样的传统食品。父母在商店里购买用巧克力糖制成的鸡蛋、小兔等糖果，装在小篮里，送给孩子。节日里，大家见面时互相祝贺，给亲友寄送贺片，祝贺节日愉快。

（三）宰牲节

宰牲节是伊斯兰教的盛大节日之一。在伊斯兰教历的每年十二月十日举行。我国回族称此为古尔邦节。维吾尔族、哈萨克族、柯尔克孜族称其为库尔班节。在阿拉伯语中，它被称作“尔德·古尔邦”或“尔德·阿祖哈”。“尔德”即节日的意思，“古尔邦”和“阿祖哈”都含有“牺牲”、“献身”之意，因此这一节日被意译为宰牲节，即宰牲献祭的节日。

根据古代阿拉伯宗教传说：北部阿拉伯人的始祖易卜拉欣梦见真主安拉令他宰杀自己的儿子伊斯玛仪勒，以表示对安拉的虔诚。当易卜拉欣忠实地执行真主的旨意准备杀其亲生之子时，魔鬼撒旦3次巧言引诱易卜拉欣违抗安拉的旨意，放走献祭的儿子，易卜拉欣不为所动，投石打退撒旦。易卜拉欣的忠诚感动了安拉，他派天使牵着一只羊赶到现场，命令易卜拉欣以宰羊代替杀子，从此就形成了每年以宰羊献祭的风俗。

真主的使者穆罕默德创立伊斯兰教后，承认先知易卜拉欣为圣祖，并继承了这一风俗，将回历十二月十日定为宰牲节，成为宗教节日之一。

非洲信伊斯兰教的国家这一天都要全国放假。节前好多天，穆斯林家家户户就打扫得干干净净。城镇街边上到处都摆满了水果、蔬菜和油炸食品，牛羊市场更是热闹非凡。

按照规定，凡在节日期间宰杀的牛必须是两年零一天大，绵羊则必须满 181 天。为此，买主们穿梭在牛羊群里精心挑选；卖主们则是事先将牛羊冲洗得干净水灵，身上的毛流理得齐齐整整，还在牛羊脖子上系上铃铛，稍一晃动，便叮当作响，惹人怜爱。

节日上午，穆斯林们的参拜仪式结束，各家便开始宰羊活动。羊宰好后即剥掉皮，掏尽内脏，砍去头和四肢，用水洗净，再将四肢绑在一起，挂在一个木架上曝晒。羊晒干后即涂上佐料，固定在烤羊场的铁架上，用火慢慢烧烤。待夕阳西下，全羊烤熟，香味四溢，引人垂涎，全家老少便围坐四周，长者发话后，即全体用手抓食，边吃边谈，充满节日的快乐。

（四）开斋节

开斋节是全世界穆斯林的盛大节日之一，一般在伊斯兰教历九月二十日或十月一日举行。开斋节是阿拉伯语“尔德·菲士尔”的意译，所以也叫“菲士尔节”。我国新疆地区称“肉孜节”，“肉孜”是波斯语斋戒的意思。

公元 7 世纪初，阿拉伯人穆罕默德创立伊斯兰教。按教义规定，伊斯兰教历的九月一日至十月一日为斋月。斋月期间，除病人、旅行者、孕妇、乳婴和作战士兵外，全世界穆斯林都必须斋戒，即在日出之前要吃好封斋饭，日出以后至太阳西下，整个白天无论怎样饥渴，不准吃一点东西或喝一口水，平时抽烟的人也要暂时戒烟。此外，还要禁止其他一切娱乐活动，克制一切私欲，断绝一切邪念，以示笃信真主安拉。据说斋戒能使富人“感到饥饿者的愿望，尝到别人的痛苦”。其目的和意义便是控制个人私欲，让人们尝试饥饿的滋味，不要挥霍无度，同时也旨在养成宽厚仁慈和互助互爱的品行，培养人们坚强的意志、廉洁的操行、守法的精神和吃苦耐劳的性格。他们还认为斋戒能防治慢性病。

到斋月期满时，由阿訇登楼望月，寻看“新月”（月牙）和天象，确定开斋时辰。见月即可开斋，第二天为开斋节。如果没有看见月亮，则开斋顺延，但一般不超过 3 天。

每年的开斋节都非常隆重。节前人们要把房屋庭院粉刷一新，还要理发洗澡，做节日服装，准备节日食品。

节日这天，虔诚的穆斯林一大早便起床做祷告。男女沐浴后，身着节日盛装，探亲访友，举行集体礼拜和庆祝活动，互相馈赠礼品，互相祝福。男女青年往往选择这一天举行婚礼，增添了欢乐的气氛。

中国的哈萨克、塔吉克、柯尔克孜等民族在开斋节习惯举行叼羊、赛马、套马、摔跤等活动。中国西北的撒拉族、东乡族等以节日撞钟为号，集体到清真寺举行会礼，向麦加方向叩拜；会礼结束后由阿訇带领游祖坟、念《古兰经》；尔后探亲访友，互送节日食品。

关于开斋节的来源，说法不一。多数人认为：早期阿拉伯人为了躲避异族统治，白天躲在山里，月亮出来以后才开始做饭。历代沿袭，成为习俗。

（五）情人节

每年的 2 月 14 日，是欧洲、美洲和大洋洲许多国家的情人节。情人节是一个表白感情的甜蜜的节日，特别受到青年人的重视。

西方把情人节又叫作“瓦伦丁节”。据传说。公元 3 世纪的时候，古罗马帝国有一位名叫瓦伦丁的虔诚的基督教徒，由于带头反抗罗马统治者对基督教徒的疯狂迫害而被捕入狱。幸运的是，瓦伦丁在监狱中受到典狱长之女的精心照料，并且同她相爱。然而，爱情未能拯救瓦伦丁的生命，他仍于公元 270 年被残暴的罗马统治者判处死刑，2 月 14 日执行。从此之后，基督教徒们为了纪念瓦伦丁这位殉教者，便将瓦伦丁被处死之日定为“瓦伦丁节”。

虽然情人节来历是一个令人伤感的故事，但是民间在欢度这一节日时所注重的是创造出一种美丽、浪漫、甜蜜的气氛，借以表达对爱情的赞美和对情人的祝福，因此青年人特别喜欢选择情人节这一天向自己爱慕的人表达自己的心意。

16 世纪欧洲情人节的习俗是：青年人将自己在 2 月 14 日这一天所见的第一位年龄相仿的异性视为自己的情人，所以他们为了在这一天交上好运，便纷纷祈求上帝保佑自己。后来，人们过情人节的花样不断翻新，小伙子们通常把向自己的心上人求爱的情人卡制成鲜花、蝴蝶和爱神丘比特弯弓搭箭的形状，以此向姑娘显示自己的心诚志坚。姑娘们往往在情人节的前一天傍晚，就把月桂树的叶子贴在自己的枕头上，据说这样做就会梦见自己的意中人。当然，情人节不仅仅只属于情侣们，任何年龄的人都可以在这一天向自己的父母、尊长和朋友们表达自己的情意，并互赠礼物。

（六）愚人节

美国南部一座小城的广播电台有一天突然播出一条“新闻”：外星人已在美国登陆，他们对地球人大开杀戒，市政府紧急呼呼市民们立即从城市里撤离。顿时，这座一向以幽静著称的小城乱成一锅粥，人们四处逃散。有人甚至惊吓得从楼上跳了下来，摔断了腿。然而市民们只是虚惊一场，这不过是播音员一时高兴，顺嘴给大家开了个玩笑，因为这一天乃是愚人节。

每年4月1日是西方国家的愚人节，这是一个已有800年历史的民间传统节日，欧美各国的人民都非常喜欢这一节日。在愚人节这一天，人们可随心所欲地说谎和造谣。有的人把细线拴着的钱包丢在大街上，自己在暗处拉着线的另一端。一旦有人捡起钱包，他们就出其不备猛然把钱包拽走。小孩子会告诉父母说自己脸上有个黑点，等大人俯身来看时，他们就一边喊着“四月傻瓜”，一边笑着跑开去。总之，每逢愚人节这一天，孩子们最高兴。谁的谎言别出心裁、新奇而刺激，谁的谎言欺骗人最多，谁就最受欢迎。这时差不多什么玩笑都可开，搞什么样的恶作剧都不过分。谁都可以被愚弄或被欺骗，而且被愚弄或被欺骗的人只许苦笑，不许发火。正因为如此，美国人才开了上面那样一个惊心动魄的玩笑。

美国人天性豪爽幽默，对愚人节极其钟爱。距离愚人节好多天的时候，许多美国人便开始苦想冥思，非要制造出一个轰动全国的谎言不可。

西方人在愚人节以相互欺骗为乐事，各种各样的谎言五花八门、无奇不有。80年代中期，英国的一家报纸就曾登载过这样一张独家所有的“新闻照片”：当时英国首相撒切尔夫人和苏联领导人戈尔巴乔夫正坐在公园的一条长椅上接吻。

愚人节轻松、幽默、快活的气氛，不仅深受欧美人的喜欢，而且近年来中国的许多城市，尤其在青年当中也过起愚人节来。

（七）美国的感恩节

11月的第四个星期四，是美国传统的感恩节。

感恩节始于1620年。1620年，100名英国人由于不满英国教会的迫害，搭乘“五月花”号船渡过大西洋，在今天美国马萨诸塞州的普利茅斯上岸。他们到达这里已是12月中旬，人生地疏，生活困难，约有一半人死于饥寒和疫病。当地的印第安人同情他们，于是教他们种植玉黍，帮助他们寻找充饥的东西。移民们经过辛勤耕耘，终于获得丰收。人们为此奔走相告。其中一个长者感慨地说：我们要感谢上帝的恩惠，过一个感恩节吧。大家一致赞同，并邀请印第安人一起过节。11 月下旬的星期四，印第安酋长带了 90 名勇士和 5 只鹿前来助兴。宴席上主要是玉米、面包、烤野火鸡和野鸭肉、南瓜馅饼及野葡萄酒。他们尽情歌舞，举行射击、打靶等活动，高高兴兴地过了 3 天。

1863 年，林肯总统在白宫宣布 11 月最后一个星期四为全国的感恩节，并号召美国人民不分东西南北，同心同德为美国的繁荣做出努力，同时不忘移民先驱者艰苦创业、造福后人之恩。在美国，感恩节是合家团聚欢庆的日子，其隆重程度类似于中国人过春节。感恩节的晚餐非常丰盛，也最为人们看重。虽然菜肴很多，但烤火鸡和南瓜馅饼则是必不可少的。

（八）狂欢节

在世界上，不少国家有狂欢节。它起源于古罗马的农神节，发展于中世纪，盛行于当代。狂欢节的节期各国不一，有的开始于元旦，有的开始于圣诞节或其他日子。即使在同一个国家，各个地区可能也不一样。如在德国的科隆是 11 月 11 日 11 时 11 分欢庆狂欢节的到来，而慕尼黑则是在 1 月 6 日开始过狂欢节。大多数国家是在 2 月 ~3 月间气候宜人之时举行。现在的狂欢节已成为许多国家、民族送旧迎新、抒发对自由和幸福向往的重要节日。

在世界所有狂欢节中，巴西的狂欢节最为引人注目，巴西也历来被誉为“狂欢节之乡”。

巴西狂欢节是 16 世纪中叶由葡萄牙人传入的，在每年 2 月中旬举行。在节日的 3 天 3 夜里，人们倾城而出，不管白天黑夜，不论男女老幼，不拘平时礼节，没大没小地尽情狂欢。有的戴着面具，有的穿古装，有的画花脸，也有的男扮女装，穿旱冰鞋，踩高跷，以乐队为先导，在乐曲伴奏下表演各种精彩节目。台上台下气氛交融，欢声笑语不绝于耳，尤其是桑巴舞的旋律响彻大街小巷。

相传桑巴舞起源于非洲西海岸，传人巴西后。吸收了葡萄牙和印第安人的舞蹈艺术，演变为今日的桑巴舞。可以说，巴西狂欢节的主要内容就是跳桑巴舞。

“没有桑巴舞，就没有狂欢节。”几乎所有的巴西人都这样认为。

（九）泼水节

泼水节是东南亚众多民族的共同节日。泰国称“宗干节”，缅甸称“摩河了健”，老挝称“五月节”。

佛教有大乘、小乘之分。小乘佛教主要流传在南亚、东南亚一带。信奉小乘佛教的地区大多以释迦牟尼诞辰为纪元。每年佛历五月期间，约公历4月14日至16日为新年。新年期间的一项重要活动就是相互泼水，表示洗去一年污尘，预祝新年吉祥如意。泼水形式不尽相同，可以用银钵轻轻往人身上抖洒，更多的人喜欢整盆地泼，甚至用水龙浇。缅甸还有人在车上装水桶和喷水器，互相打水仗。柬埔寨人则干脆将对方浸入水中。尽管形式不一，但泼水节所具有的辞旧迎新的意义是一致的。

二、国外的习俗与禁忌

（一）阿富汗

阿富汗人极为好客。如有人来借宿，不论对方是否伊斯兰教徒，也不论过去认识与否，主人一律殷勤款待。他们请客人住最好的房子，用最好的饮食招待客人，有时甚至为客人做阿富汗名菜——烤全羊。饭后往往还以各种各样的点心和水果招待客人。3天之内，绝不过问客人的身份和来意。在山区农家做客，当地首领还会向客人赠送一把匕首或一件阿富汗长袍，这样可以在这一地区内受到保护。如果客人在某家做客3天之内，又到其他人家做客，主人会不高兴，认为自己受到了轻视。

阿富汗人民的好客之风有悠久的历史。远在中国唐代，我国高僧玄奘法师往印度取经，往返都经过阿富汗，受到阿富汗人的热情接待，还受到阿富汗国王的接见，在阿富汗僧人的陪伴下四处参观朝拜。这些事情在玄奘所著的《大唐西域记》里都有记载，成为千古佳话。

阿富汗人还讲究举止文明，无论在繁华都市，还是在偏僻的乡村，亲友、熟人相逢时总是将右手按在胸前，以向对方致意，说的第一句话就是：“愿真主保佑你！”

阿富汗人平日不喝酒，只喝茶。一些生活贫困的人宁可在其他方面少花钱，每天也要喝上几杯清茶。因为爱喝茶，他们对茶的故乡中国有着深厚的感情。见到中国人，他们的第一句话常说：“中国茶叶世界第一，中国瓷器举世无双。”阿富汗的老一辈人非常喜欢中国茶叶，只要把两种不相同的茶叶放在嘴里一嚼，就能分辨出它们的质地优劣。他们喝茶时，喜欢把茶放在铜壶中煮，喝时再放糖，成为风味糖茶。

阿富汗人在生活风俗和饮食习惯方面，受伊斯兰教的影响很大，严格遵守五条教规（又称作“五功”）。按风俗，妇女须终生戴面纱。往往从穿着打扮上，可以看出他们的身份和社会地位。

在食物上，阿富汗人忌食猪肉、海味和鱼虾之类，进餐时用右手抓饭，而不用碗筷。只有吃西餐时，才使用西洋餐具。

阿富汗人喜欢红、绿色，忌猪、狗图案，忌13和39，禁忌邮寄烟灰缸、通心粉、香口胶、日历、明信片、塑胶花等。

（二）日本

日本国情民俗与中国有许多相通之处，他们对中国的文化表现出一种特有的尊重，至今仍有“唐风”之说。

日本人很讲究礼节，见面要互相问候，行鞠躬礼；初次见面，要行90度鞠躬礼，并口诵“请多多关照”，互相交换名片。日本人以酒待客时，须由主人或侍者斟，方法是：右手持壶，左手托壶底，壶嘴不能碰杯口；客人须右手持杯，左手托杯底接受斟酒为礼。一人喝完，不要把酒杯到放；等大家都喝完了，一齐把酒杯到放才是礼貌的做法。饭桌上，日本人“忌八筷”：舔筷、迷筷、移筷、扭筷、插筷、跨筷、剔筷、掏筷。

日本人给老人祝寿不是逢十大庆，而以一些有特定意义的年岁为大寿。例如：61岁为“还历”，意思是过了60岁为返老还童。70岁为“古稀”，这与中国一样。77岁为“喜寿”。88岁为“米寿”，因汉字米拆开可变成八十八。99岁为“白寿”，白字上面加一横为百。

日本还有世界知名的茶道和花道。茶道是日本煮茶、品茶的特殊文化，也是一种茶会交际礼仪。它不仅要求有优雅自然环境，而且规定有一整套煮茶、泡茶、品茶的程序。至于茶具的选择与欣赏、茶室书画的布置装饰和茶室茶庭的建筑等都包括在内。日本人把茶道作为修身养性、提高文化素养和进行社交的手段。茶道，作为日本传统文化遗产，流传至今有400多年了。至今日本许多重大的典礼活动，还安排献茶仪式。

花道是一种插花艺术，是日本的室内装饰艺术，在古代曾是一种供佛的宗教活动，如今成为一种富有乐趣的民间技艺。

日本人爱吃鱼，有吃生鱼片的习惯；喜欢饮酒，喝得酩酊大醉也不为耻。

日本人喜爱红、白、蓝、橙、黄等色，禁忌黑白相间色、绿色、深灰色。习惯上，红色被当作吉庆幸运的颜色，如红小豆饭、红白年糕等。给初生的婴儿穿黄色的衣服。给病人做的被子要用黄棉花，这是古俗，因为黄色被认为是阳光的颜色，可以起到保暖的作用。在日本，蓝色意味着年轻。白色表示纯真和洁白。

日本人忌讳“4”。某国的一家高尔夫球厂将4个球装一组运到日本，销售冷落。因为日本语中“4”同死的发音相同。

日本人喜爱的图案是松、竹、梅、鸭子、乌龟，禁忌菊花、荷花。菊花被当作皇室专用的花，所以普通人不得乱用。他们认为荷花出于污泥，是不洁之物。

梳子在日本受到冷遇。在大街上，若有人不慎将梳子掉落于地，是不会有人捡起来使用的。日本没有单独送梳子作为礼物的。即使在较为豪华的饭店客房里，也很少摆梳子供旅客使用。

原因何在呢？原来在日文中梳子的发音与“苦死”相同，意为极其辛苦。那么，捡梳子等于自找苦吃，送梳子等于给人送苦，谁愿干这种不吉利、不受欢迎的事呢？

（三）韩国

韩国是一个礼仪之邦，尤其尊敬老人。跟长辈同坐的时候，总是保持一定的姿势，绝不敢掉以轻心；与长辈握手时，要以左手轻置于其右手之上，“是”与“否”要明确表示；若要抽烟，一定要先得到长辈的允许；用餐时，切不可比年长者先动筷子；小孩绝不能吃得比父母快，或比父母早离开座位；绝不说长辈的坏话，更不能背地里批评长辈。

在待客方面，韩国有独特的敬酒方式。第一次聚会共饮，主人要先将自己的酒杯斟满酒，喝个干净，然后再往已用过的酒杯里斟满酒，递给每一位客人。在韩国用餐，凡重要一些的、隆重一些的聚餐，常常盘腿坐在地板上用餐，人变矮了，规格却高了；那些一般性的用餐，则像通常那样，坐在很讲究的高背椅子上。

无论在什么场合，韩国人都不大声说笑，韩国妇女一般不与人握手。与男士进门时，男士走在前面，妇女帮着男人脱大衣。男女同坐时，男士在上座，女士在下座。

韩国人忌“4”字，吃东西不吃4盘4碗，喝酒不肯喝4杯；吃东西不肯边吃边谈，更不能发出其他声音。

（四）新加坡

在新加坡，华裔人数占76.7%，语言、文字、习俗方面都保留有中国气息。华裔多信奉佛教，并有在室内诵经的习惯，诵经时是不准任何人打扰的。人们对色彩想像力很强，一般对红、绿、蓝色很欢迎，视紫色、黑色为不吉利，黑、白、黄为禁忌色。在商业上反对使用如来佛的形态和侧面像。在标志上，禁止使用宗教词句和象征性标志。喜欢红双喜、大象、蝙蝠图案。

新加坡是一个美丽的花园城市，园林绿化举世瞩目，街头一尘不染，严禁乱扔烟头及杂物，否则罚款500新加坡元。

新加坡是一个文明的国家，讲究礼貌已成为人们行为的准则。与人交谈时，忌跷起二郎腿。日常生活中，人人都以讲究礼貌为荣，笑脸相迎，热情周到。连警察对违反交通规则的人处以罚款时，也总是笑眯眯的。因为到处都有笑脸，到新加坡总有“宾至如归”之感。

新加坡人对人不说“恭喜发财”的话，认为这句话有教唆人发不义之财的意思，是挑逗、煽动他人干损人利己的事、对社会有害的行为。

（五）泰国

泰国95%的居民信仰佛教。佛教为国教，国王是佛教的最高赞助人。通行佛历。泰国人的礼仪都沿用佛教的礼仪。一般每个20岁左右的男子都要当3个月的和尚，最短也要出家3天，才能取得成年人的资格，王族亦不例外。

泰国人喜爱红色、黄色，禁忌褐色，并习惯于用颜色表示不同日期：星期日为红色，星期一到星期六依次为黄色、粉红色、绿色、橙色、浅蓝色、紫红色。群众常按不同日期，穿着不同色彩的服装。

泰国人认为门槛下住着神灵，所以千万不要踩踏他们的门槛。与人交往交换名片、接受物品，都必须用右手。

重视头颅，讲究头部的梳洗打扮，几乎是东南亚各民族的普遍习俗，但泰国人似乎尤其重视、认真。他们认为人的头颅是性命和尊严之所在，是神圣不可侵犯的。如果用手触摸他们的头部，则被认为对他们是一种奇耻大辱。长辈在座，晚辈必须坐在或蹲跪在地上，以免高于长辈的头部。理发师在给人理发之前，也要先说一声“对不起”，然后才能动顾客的头。住宅门口的上方禁止悬挂衣物。如果用手打了小孩的头，人们就认为小孩一定会生病。睡觉时，头部绝对不能朝向西方，因为他们认为太阳从西方落下，西方象征死亡。

重视头颅，却轻视两足。他们认为脚除了走路之外，别无他用，因此不可用脚指东西、指人或用脚踢门。交谈时，不能让自己的脚底被人看到，更忌双腿交叉。

（六）沙特阿拉伯

沙特阿拉伯人是当今阿拉伯世界最虔诚的穆斯林。他们大多数人信奉伊斯兰教派的瓦哈比派。瓦哈比派以敬奉唯一真主的人自称，反对崇拜先知，谴责一切吉日、厄运和占卜行为。他们还禁止穿绸缎、佩戴装饰物，把吸烟、喝酒、舞蹈和赌博等列为教规中的禁条，违者都要受到严惩。他们还禁止一切偶像崇拜，禁止绘制一切有生命的东西，连学校的教科书也不许有人像和动物的画页。外人最好不要向沙特阿拉伯人赠送有人像和动物画片的图书或年历，否则将被认为是对他们习俗的不尊重。

沙特阿拉伯商人多通晓英文，名片和说明用阿文和英文两种文字。来往信件人名前冠以职衔，如果来函用阿文，回函以阿文为宜。如果你想给家中写信，千万不要说这也不好、那也不是，因为万一信件被检查出来，你就很难呆下去了。

沙特阿拉伯禁邮一切偶像，如工艺品中的人物雕像、儿童玩具娃娃等。因为崇拜偶像与伊斯兰教义背道而驰。在海关，对进出人员的物品检查很严，连妇女带的香水也要嗅之再三，唯恐是酒。

沙特阿拉伯人热情好客，应邀去做客可以带点小礼品，但别送酒类礼品。

（七）英国

记得一位法国作家说过："英国有60种宗教，遗憾的是只有一种调味品。"究其原因，英国历史上有相当长的一段时间，人们的日常生活受到了教会势力的过多干预，使得英国人讲究衣饰，讲究礼节，但饮食过于简单。

英国人待人彬彬有礼，讲话十分客气、婉转。对妇女很尊重，很讲究"女士优先"的绅士风度。彼此第一次见面认识时，一般都以握手为礼。随便拍打客人被认为是非礼的行为，即使在公务之后也不行。英国人有些禁忌须注意，如他们从来不从梯子下走过，在屋里不撑伞，从不把鞋子放在桌子上，忌用人像作装潢。

英国各民族还有遵循传统的习惯。应避免专用"English"一词来表示"英国的"，宜用"British"一词。

在英国，白色的百合花象征死亡，菊花只用于万圣节或葬礼，其他花可送人。

访问英国人应注意他们的忌讳：忌谈个人私事、家事、婚事、年龄、职业、收入、宗教问题。忌"13"和星期五。坐着交谈时切忌两膝张得太宽，更忌架起二郎腿；站着交谈，不可背手或手插入口袋。还忌在大庭广众面前耳语，更忌拍打肩背。

在英国，吸烟的友人凑到一起，一个人拿出火柴或打火机为大家点烟，绝不能连续点，而要在点过两支烟后停下来，换一根火柴或熄灭打火机后再打着，然后给第3人点烟。否则，据说会给三个人中的某人招来不幸。

其所以如此，据说是因为在第一次世界大战期间，协约国的三个大兵夜间在战壕里吸烟，其中一人划着火柴给二人和自己点了烟。由于火柴的发光时间较长，正好成了敌人瞄准的目标，结果有一个士兵被枪打死了。此后用一支火柴给三人点烟遂演变成忌讳之举。

西方有一句谚语："英国人的家就是他的城堡。"生动地道出了英国人在自己家里的所拥有的不受别人干扰的自由和权利。

英国人特别讲究尊重自己的"个人天地"。举例言之，居住的房屋最好是自然独立，远离闹市，若有邻居，也要以篱笆相隔，使房内人的生活起居、社会往来不为外人所知。邻居之间推门直入，相识之人无约来访，都是十分失礼的举动，颇受英国人忌讳。甚至没有什么正当的原因或不适当的时间给人家打电话，也都是干扰了别人的"个人天地"。

英国人非常忌讳别人闯进他的生活，凡是他不愿主动告人的事，纵使不是隐私，也都属于他的"个人天地"，而不愿旁人打听。据说，有这样的一件事：两个人同住伦敦郊区，天天搭乘同一列火车进城上班，如此15年之久，竟从来没有交谈过一句话。英国人常去俱乐部排遣时光，但在那里却不与人交往，每人把酒一杯，独坐一隅，一言不发。所以，英国人在家中做些什么、与什么人来往、家庭关系如何、收入多少、属于哪个党派、选举中投谁的票、乃至他吃些什么、是否喜欢喝酒……这些都是一般初识者所不应问的问题。如果问了，便是失礼，可能落个没趣。

（八）法国

在西餐中，法国菜有是首屈一指的。烹饪在法国一直被视为一门高超的艺术。有这么一种说法，即法国人"夸奖着厨师的技艺吃"，英国人"注意着礼节吃"，德国人"考虑着营养吃"，意大利人"痛痛快快地吃"。的确，这句话把法国人的性格表露得淋漓尽致。法国有句有名的谚语；"酒已取出就得喝。"以酒佐餐的方法非常讲究，并有一套不成文的规矩。例如：饭前用甜葡萄酒开胃；吃饭时用白、红葡萄酒；饭后呷几口浓酒，以助消化；宴会上饮香槟酒，以示喜庆。至于酒类与菜肴的搭配，更有一番学问。如吃肉时喝红葡萄酒，吃鱼或海鲜时喝白葡萄酒。

法国人喜爱花，生活中离不开花，特别是探亲访友、应约赴会，总要带上一束美丽的花。但是注意，法国人忌黄色的花朵，黄花被认为是不忠诚的象征。菊花代表哀伤，只在葬礼上送。另外，也忌摆菊花、牡丹花及纸花。在法国，康乃馨被视为不祥的花朵，如果你稀里糊涂地买一大把康乃馨送给法国人，不挨揍才怪呢。

法国忌讳“13”、星期五；也忌讳核桃，认为它是不祥之物。

（九）德国

德国人喜欢啤酒。世界上喝啤酒最多的是欧洲人，而在欧洲人中又首推德国人。德国人喝啤酒有个规矩，吃饭前先喝啤酒，再喝葡萄酒，要是反过来就认为有损健康。应邀到德国人家去做客，千万别带葡萄酒去，因为主人会认为你缺乏选酒的品味。威士忌酒可以作礼物。德国人好节俭，视浪费为“罪恶”，讨厌凡事浪费的人。德国人爱吃马铃薯，但切不能用刀子切割着吃。正式的吃法是以刀叉的背面压碎吃。

按德国送礼的习俗，若送刀剑、刀叉餐具，则请对方付一个硬币给你，以免所送的礼物伤害你们之间的友谊。德国人对礼品的包装纸很讲究，忌讳用白色、黑色或咖啡色的包装纸包扎礼品，更不要使用丝带作外包装。

德国邮局禁邮可可粉和“对国家安宁有害”的文学作品。

（十）意大利

意大利原意为牧羊场，是个古老而美丽的国家，有“欧洲花园”的美称。

意大利人是一个嗜酒的民族，无论午饭晚饭、男子女子，一般都要喝点酒。客人来了，更是以酒相待。有时候喝咖啡，也要在其中掺上一点酒。以增加其香味。因为饮酒，所以在没有要事的情况下，一顿饭的时间往往拖得很长，一拖就是一两个小时。在社交活动中，不大注重约会的准时，也可能与午餐时间太长有关。在意大利做客，拒绝午餐或晚餐的邀请是不礼貌的。

意大利人喜爱绿色和灰色，国旗是由绿、白、红 3 个垂直相等的长方形构成。据记载，1796 年拿破仑的意大利军团在征战中使用绿、白、红 3 色旗。这面旗是拿破仑本人设计的。意大利人忌紫色，也忌仕女像、十字花图案。意大利对自然界的动物有着浓厚的兴趣，喜爱动物图案、鸟图案，对狗和猫异常偏爱。红玫瑰表示对女性的真情。在意大利，如果要送朋友一件礼物，千万不能送手帕。因为那象征着情人的离别，在传统习惯中，手帕是亲人离别时擦眼泪的不祥之物。如果将小小的手帕改为丝制头巾，便会收到意想不到的好效果。据说这样一种礼物应含有某种快乐的味道，如塞满巧克力的银白色糖衣吊桶；也可送点精致典雅的东西，比如古典名著或者艺术品。你如果想送件衣料给对方，也不能送带菊花图案的料子。因为意大利人习惯于把菊花送给死人。

另外，在意大利日常生活中，尤其是公共场合，如果有人无意中说出一句不吉利的话，这时在座的人就会本能地用手指轻轻地敲敲桌子，或者伸出手把中指背在食指上来就可以“驱邪祛灾”。

（十一）保加利亚

保加利亚人的一些风俗比较奇特风趣。例如：他们过新年，在除夕的午夜12点整都要把灯熄灭3分钟。然后再开灯，重放光明。在元旦用餐时，谁打喷嚏，据说就会给全家带来幸福。

与保加利亚人打交道，摇头表示是，点头表示不是。初次与他们打交道，一时不能改变这习惯，干脆“硬着脖子”，可别乱摇头、点头，搞错了会闹出笑话。

保加利亚不准邮寄毛毡、床单和蚊香。

（十二）埃及

埃及是四大文明古国之一，受历史、宗教等因素的影响，形成了独特的生活习惯。如晚餐在日落以后与家人一起共享，这段时间造访是不礼貌的。

埃及的伊斯兰教徒非常虔诚，信仰“五行”，一天之内祈祷数次。

在正式用餐时，忌讳交谈，否则认为是对神的亵渎。忌用左手，忌饮酒，但可饮茶。他们有饭后洗手、饮茶聊天的习惯。他们忌吃猪肉、狗肉，也忌谈猪、狗。不吃虾、蟹等海味和动物内脏（肝除外）、鳝鱼和甲鱼等怪状的鱼。每到下午3点至5点之后，人们都忌讳针，商人不卖针，人们也不买针。即使有人愿出10倍的价钱买针，店主也会婉言谢绝，绝不出售。忌穿有星星图案的衣服，连有星星图案的包装纸也不喜欢。

埃及女人生孩子时，忌讳有人带着茄子进产妇卧室，认为这会冲断产妇的奶。

埃及人喜欢绿色、白色，而忌讳黑色与黄色，喜欢金字塔形莲花图案。禁忌猪、狗、猫、熊。忌讳13。

（十三）埃塞俄比亚

埃塞俄比亚也是具有悠久文化的古国。相互见面，互致问候，许多情况下都要鞠躬行礼。问候致意颇有特色，可以长达一二分钟，甚至更长。他们询问彼此的健康、家庭成员、家畜、收成等情况。在问候之后才开访谈以及实质性问题，一般坏的消息放在最后谈。同辈人见面时，一般握手问候，直到问候结束时才把手松开。久别相见或遇上亲朋好友则互吻面颊。小孩见到祖父或父亲时要跪下亲吻他们的脚。在接受礼物时，受礼者应伸出双手表示高兴接受，只伸一只手则表示勉强接受。

埃塞俄比亚人忌讳出门做客穿淡黄色衣服，认为这会给主人带来不祥之兆。

（十四）美国

美国人的礼节与欧洲其他民族之间有相同点，也有不同点。美国人不像英国人那样总要衣冠楚楚，而是不太讲究穿戴，见面礼节也像穿衣一样表现得很随便，但正式场合就比较讲究了。接见时，要讲究服饰，注意整洁，皮鞋要擦亮、手指甲要清洁。

与美国人交往，男性之间最忌互相攀肩搭臂。谈话时，要保持一定的距离，最少不得小于50厘米。

在美国，一般浅洁的颜色受人喜爱，如象牙色、浅绿色、浅蓝色、黄色、粉红色、浅黄褐色等。不大欢迎灰暗的颜色。比如纽约市民喜欢白色的鸡蛋，那里白色的鸡蛋常常比褐色鸡蛋价高得多。带蓝把的餐刀比黑把的畅销。美国妇女非常讲究厨房装饰，讨厌颜色单调的用具。某国钢笔厂向美国出口钢笔时，在装有银色钢笔的盒内，用紫色天鹅绒挂里，使美国人很反感。

（十五）加拿大

加拿大人性格开朗，不保守，重实惠，自由观念较强，行动上比较随便，不太注重礼节。但他们在生活起居方面比较讲究，住房讲究整洁、舒适，卫生设备齐全，在生活习俗上受宗教的影响也较大。

加拿大哈德逊湾的居民忌讳铲雪，视雪为吉祥物，认为雪积得越多越能防止邪魔的入侵和伤害，即使阻塞交通也无关紧要。

每年2月，加拿大山城魁北克还要举行一年一度的冰雕节，实际上是一次冬季狂欢节。

加拿大人喜欢深红色。枫树是加拿大的国树。

（十六）巴西

巴西是由欧洲人、非洲人、印第安人、阿拉伯人以及东方人等多种民族组成的国家，但核心是葡萄牙血统的巴西人。另外，由于从西班牙、意大利等南欧国家来的移民在巴西占大多数，因此巴西的习俗和葡萄牙、南欧的习俗非常相似。

巴西人性格开朗豪放，待人热情而有礼貌。他们的风俗也颇有趣。例如：男人喜欢在自己胸前画一只虎爪，表示英勇；或者在胸前画一支箭，表示自己是最好的射手。到巴西的印第安人家中去做客，主人便邀请客人一起跳进河里去洗澡，一次又一次，有的一天要洗上十几次。洗澡次数越多，表示对宾客越客气、越尊重。

在巴西，以棕色为凶丧之色，紫色表示悲伤，黄色表示绝望。他们认为人死好比黄叶落下，所以忌讳棕黄色。有过这样的例子：某国向巴西出口的钟表，因在钟表盒上配有紫色的饰带而不受欢迎。送花时千万不能送紫色的。

（十七）墨西哥

墨西哥90%以上的居民是印欧混血种人，其余的主要是印第安人，多数人信奉天主教。

在墨西哥，黄色花表示死亡，红色花表示符咒，也不喜欢紫色花、紫色物品和紫色纸包装的礼品。

墨西哥吃菜以辣为主，内地居民常以龟、蛇、野鸡、松鼠等入菜，家常蔬菜要数炒仙人掌、仙人球最富特色。

墨西哥人的告别礼很特殊。与朋友告别时，习惯赠送一张弓、一支箭或几张代表着鸡神灵的剪纸，以表示美好的祝愿。据说，在哈瓦那州，弓代表着食物和房子，箭上用绒线或棉布做成的形象代表着上帝。

墨西哥的米杰肯州至今保留着一种古老风俗。为庆贺婴儿出生，人们往往送去一只鸡，把鸡毛插在小孩的帽子上。在他们看来，鸡对于初生婴儿是报喜的响效，预示着好运降临。据传说，一位老猎人曾打死老虎，救出神鸡，神鸡为报答恩德，便撒下种子，造福于人。

（十八）澳大利亚

澳大利亚具有独特的风情习俗。由于地理位置等因素的影响，澳大利亚房屋建筑的朝向和中国相反。中国俗话说；“有钱不住朝北房。”在澳大利亚，只有朝北的房屋才冬暖夏凉。

澳大利亚人有个绝对无法通融的习惯，那就是每星期天上午一定到教堂（教堂数以千计）听道。澳大利亚人自古至今一直严守星期天做礼拜的习惯。

澳大利亚人时间观念很强，会见必须事先联系并准时赴约。他们待人接物都很随便。人们相见时喜欢热情握手，彼此以名相称。他们喜欢和陌生人交谈。特别是在酒吧，总会有人过来和你主动聊天，互相介绍后或在一起喝酒后，陌生人就成了朋友。

（十九）新西兰

新西兰是南太平洋上的岛国，90%是英国人的后裔，多数人信仰基督教。

新西兰人视几维鸟为珍贵动物，在其国徽和硬币上都用几维鸟作标志。

新西兰的土著人毛利人仍保留着浓郁的传统习俗。他们大多数信奉原始的多神教，相信灵魂不灭，尊奉祖先的精灵。每遇重大的活动，他们便照例要到河里去作祈祷，互相浇水，以此表示宗教仪式上的纯洁。他们有一种传统的礼节：当遇到尊贵客人时，要行“碰鼻礼”，碰鼻的时间越长，说明礼遇越高。

三、国外人人生习俗

一般来说，人生礼仪的过程是围绕一个人从出生到死亡的整个过程。人对出生以前和出生之始以至死亡以后的一些礼仪活动不可能亲自主办或亲自参加，但这些各种各样的礼仪，每个人都必须经过。在西方，人生礼仪是礼俗中重要的活动，主要包括：

（一）诞生与成年礼仪

西方人的家庭，孩子出生是所有成员都关心的事。婴儿一般在医院出生，其父要在最后的几星期内通知婴儿的祖父母、外祖父母和有关人员。到医院去探望产妇、婴儿，除至亲好友外一般不送礼物，只带祝贺信件、卡片、鲜花即可。孩子出生后，其父母要用信件或电话委托报社在报纸上的出生栏内登载出生宣告，同时还要在出生所在地的出生登记处登记。孩子的父母不管有无宗教观点，通常总是习惯用传统的宗教习俗为孩子举行仪式。洗礼通常是大多数孩子都要经历的一项仪式。如果婴儿的父母希望按照基督教或天主教的方式培养孩子，这种仪式更是必不可少的。洗礼场所通常是一所八角形的装饰富丽堂皇的建筑物，内部的主要设备是一个大水盆，由喷泉注入清水。洗礼由该教堂的主教主持，受洗的小孩先经过教会严格的教导，将自己浸入水中，在喷泉下由主教主持开始仪式。仪式主要有祈祷、读一段经文、解说、给水赐福，孩子的教父教母命教名、施洗，在孩子的额上划十字。等孩子够一定的年龄，能够接受教义了，还要举行坚信礼，即宣誓信仰该教并接受圣灵的恩惠。仪式结束后，让孩子爬出水盆，授给一件洁白的长袍以象征其纯洁无瑕，再给他涂上圣油送往长方形教堂，接受与会教友的祝贺。

洗礼后通常还有第一次领圣餐礼和坚信礼、成年礼等，都比较隆重，且有一定的宗教色彩。

第一次领圣餐礼是在坚信礼以前举行，在孩子七八岁时。当孩子的年龄足以懂得接受基督教信仰，并能由他本人把洗礼时由教父母代为作出的誓言重新宣誓，就立刻给孩子行坚信礼。成年礼是在男孩（指犹太教）过了13岁生日后，要在第一个可能的时机被召到犹太会堂去宣读《律法书》。这个仪式象征男孩的成年，并当众表明他作为这个团体的一名正式成员的新身份。这是犹太人的一件大事，在举行成年礼的当天或第二天举办一次宴会，招待亲友。

（二）婚姻礼仪

婚姻是一个人的终身大事，各个国家和民族都有一定的习俗和仪式，一般有订婚、结婚、离婚三种。

订婚是不在禁止婚嫁之列的男女间确定婚姻关系的一种婚约仪式。订婚者首先是宣布，宣布的形式多样，一般先向父母宣布，再向家庭和朋友宣布，最后再公开宣布，这是男女双方的一种打算结婚的公开表态。往后便是举行仪式，仪式的核心是由男子当着教士和其他见证人的面把一枚订婚戒指交给女子，举行仪式就意味着双方都要履行婚姻誓约。订婚仪式后一般又有不同形式的庆祝活动，可由女子的父母出面宴请庆祝，庆祝会也是双方父母相聚的理想机会。也可由男方父母举行类似的家庭宴会，男女双方也常自己举行非正式聚会。另外，还有着礼服合影的习惯。

婚礼往往是形式繁多、礼仪复杂的盛典。婚礼一般有下列两种形式：一是宗教婚礼；二是世俗婚礼。宗教婚礼要求具备居住条件和宣布宗教信仰及有关许可证件，双方中至少有1个人已经受洗礼并加入宗教教会。如两人都没有受洗礼则需一人先进行成年人的受洗。主要步骤有取得法定合格证明，与宗教区牧师联系，进行三个礼拜天的结婚预告的宣读以征求教会教徒们的意见，然后由教区牧师颁发结婚证书。婚礼安排十分麻烦和复杂，所用人员众多。各类人员按礼仪规定到齐后，新娘父亲、新娘、新郎、男傧相走向神坛站立，仪式即正式开始。宣读介绍词和阐明宗教婚姻意义，教士询问双方，将两人的手放在一起，互相吟诵誓言，新郎给新娘戴结婚戒指，接着是祝福、唱赞美诗、教士讲话，参加婚礼的人群齐诵“主祷文”，按次序退场。婚礼结束后举行宴会。世俗婚礼就简单多了，关键是男女双方当着结婚登记处主任的面交换誓言，由登记处主任主持，两个年满18岁以上的人为见证，不需任何宗教仪式。婚礼后一般也有宴会、舞会、蜜月旅行等。

不幸福的婚姻的终结就是离婚。一般双方同意并分居两年或者一方尚有争执、分居5年以上者，通过法庭判决离婚。剩下来的就是财产的分割、孩子的归属确定等。

（三）丧葬礼仪

直到现在，西方的丧葬仪式基本上是属于宗教式礼仪。有人死亡，先在死亡地或发现尸体地的登记处负责登记，并由医生或验尸官发出书面证明，并要在死者生前居住地的官厅办理登记。以后发出对亲友的通知和公开宣布，公开宣布一般是登报，这样会很快收到吊唁的信件和电报。

葬礼一般遵照死者生前遗嘱、遗言确定丧葬方式，是土葬还是火化。由殡葬承办人做出葬仪的全部安排，选择埋葬或火化的时间、地点，安排举行仪式的时间和地点。仪式一般在教堂举行，棺材运入教堂，由一位教士念悼词并为死者祈祷，用一块天鹅绒棺罩遮盖住棺材后送往墓地或火葬场。葬礼和葬礼弥撒可以同时进行，也可以在以后的某一天举行。一般由神父和死者亲属议定选择弥撒仪式的若干部分，选定祈祷词和经文，尔后是圣餐，最终是赞扬和告别仪式。

第四节　中外馈赠习俗礼仪

一、挑选礼品

正常的馈赠是为了表示对他人祝贺、感谢、慰问的感情。它是一种传递友情的良好纽带。因此，礼不在贵而在情。

一般说来，出乎受礼者意料而又是他向往已久的礼品是最成功、最受欢迎的礼品。不过，要送一件这样的礼品并非易事。它需要送礼者事先做好周密的调查，了解地方习俗和受礼者的个人爱好等情况。

如应邀参加婚礼，则可事先送些家庭中的陈设、床上用品、厨房用具及一些美化房间的装饰物或新婚夫妇喜爱的东西。礼物要美观实用，也可直接把钱作为礼物在婚礼前送给新郎新娘。参加婚礼这天，应送些色彩绚丽的鲜花。

赴私人家宴，应为女主人带上些小礼物，或为小孩带些糖果、玩具。

按照风俗，旅行归来的人应为自己的家人和朋友带回些旅游纪念品，要视具体情况，不要带过于昂贵的纪念品，也不要带些毫无情趣和特色的东西。最好是有纪念意义的、有特色的东西，既能满足亲朋好友的喜好心理，又能留下永久、美好的纪念。

探视病人，要视病人的病情状况送些营养补品或鲜花，并可送些小卡片，写上美好的祝辞，这会得到病人及其家属的感激。

礼物一般应当面送，也可预先送去。接受礼物的一方应双手接受礼物，握手表示谢意。

出席官方或民间组织的纪念会、招待会、宴会时，一般不必送礼，必要时可送花篮、花束等。

二、馈赠礼仪

“过时送礼”、“事后补礼”都应避免；给年长者送钟，有“钟”与“终”谐音；乌龟虽然长寿，却有“王八”的俗名，都不宜作礼品相送。互赠礼物是必要的，但要了解对方的送礼禁忌：

在港台风俗中，丧事后以毛巾送吊丧者，非丧事一律不能送毛巾；剪刀是利器，含有“一刀两断”之意，以剪相送会使对方有威胁之感；甜果是祭祖拜神专用之物，送人会有不祥之感；港台话中“雨伞”音同“给散”，若送雨伞会引起对方误解；扇子是夏季用品，台湾俗称“送扇无相见”；台湾的居丧之家习惯不蒸甜食、不裹粽子，如果以粽子相送，会被对方误解，十分忌讳。

与中国人送礼不同，国外送礼有独特之处，一些基本的约定俗成的“规则”主要是：外国人在送礼及收礼时，很少有谦卑之词。中国人在送礼时习惯说“礼不好，请笑纳”，但外国人认为这有遭贬之感；中国人习惯在收礼时说“受之有愧”等自谦语，而外国人认为这是无礼的行为，会使送礼者不愉快甚至难堪。所以，当接受宾朋的礼品时，绝大多数国家的人是用双手接过礼品，并向对方致谢；送礼花费不大，礼品不必太贵重。太贵重的礼物送人不妥当，易引起“重礼之下，必有所求”的猜测。一般可送点纪念品、鲜花或给儿童买件称心的小玩具；外国人送礼十分讲究外包装精美。送礼一定要公开大方。把礼品不声不响地丢在某个角落然后离开是不适当的。西方人大都喜欢在收到礼品后立即打开，并说出感谢的话，以示对送礼人的尊重，你不用介意他是否真正喜欢。

给美国人送礼，可“以玩代礼”，邀请对方共度良宵就可算作送礼。当然也可送葡萄酒或烈性酒，高雅的名牌礼物他们很喜欢，尤其是尽量送一些具有浓厚乡土气息或别致精巧的工艺品，以满足美国人的猎奇心理。送礼可在应酬前或结束时，不要在应酬中将礼物拿出来；给英国人送礼要轻，可送些鲜花小工艺品、巧克力或名酒，送礼一般在晚上；德国人喜欢价格适中，典雅别致的礼物，包装一定要精美；法国人最讨厌初次见面就送礼，给法国人送礼，一般在第二次见面时才送，礼品常是几枝不加捆扎的鲜花；送礼是日本人的一大喜好，他们比较注重牌子，喜欢名牌礼物和礼品的包装，但不一定要贵重礼品，送礼者不要在礼物上刻字作画以留纪念，以便于他将此礼品在必要时转赠他人；韩国人喜欢本地出产的东西，给韩国人送礼，只需备一份本国、本民族、本地区的特产就好；阿拉伯人喜欢赠贵重物品，也喜欢得到贵重物品，喜欢名牌和多姿多彩的礼物，不喜欢纯实用性的东西，初次见面不能送礼给他们，不能送旧物品和酒；其他如朝鲜人喜欢送花，斯里兰卡人喜欢赠茶，澳大利亚人喜欢鲜花与美酒。一般外国人喜欢中国的景泰蓝、刺绣品等。

给国外友人馈赠时要注意禁忌，如日本人忌“9”、“4”，因为“9”与“苦”音同，“4”与“死”音同；西方人喜单数，却忌“13”；英国人不能送百合花，以为有“死亡”之意；荷兰人不能送食品；波兰人除爱人、情人，不能给其他异性送红玫瑰；日本人不能送菊花，菊花是日本皇室专用；美国女性不能送香水、化妆品、衣物、假首饰，那会以为你看不起她。

三、送花须知

送花应掌握的知识有：

礼品花的种类。常见的礼品花有盆花、庭园花、瓶花、襟花、花篮和花圈6种。

送花的学问。迎送亲友客人宜送紫藤花，夜夜含苞、朝朝开放，表示热情好客；迎接英雄劳模宜送红棉花；恋爱时应送红玫瑰和红蔷薇；南宋诗人陆游与唐婉的爱情故事中称秋海棠为“断肠红”、“相思红”，故秋海棠表苦恋、苦苦追求；求婚送一束玫瑰、同意回赠玉兰；夫妻合好送百合花；拒绝求爱送康乃馨。

西方花语：刺玫瑰——优美　白百合花——纯洁　红茶花——天生丽质

墨桑——生死与共　白茶花——天真　蓝紫罗兰——诚实

野葡萄——慈善　紫藤——欢迎　薄荷——有德

翠菊——追念　杜鹃——节制　鸡冠花——爱情

大丽花——不诚实　万寿菊——妒忌、悲哀　白丁香——念我

四叶丁香——属于我　红郁金香——宣布爱情　黄郁金香——爱的绝望

豆蔻——别离　红康乃馨——伤心　野丁香——谦逊

黄康乃馨——轻蔑　柠檬——挚爱　水仙——尊敬和自爱

白菊花——悲伤　杏花——疑惑　兰花——热情

百合花——庄重和尊敬　石竹——奔放和幻想

牡丹——拘谨和害羞

思考题

1. 简述中国传统习俗礼仪。
2. 列举三个中国少数民族的风俗礼仪及禁忌。
3. 简述外国传统习俗礼仪。
4. 你能读懂花语吗？

实训题

历史悠久的藏族主要分布在西藏自治区以及与它邻接的四川、青海、甘肃和云南等省的部分地区。由于居住在高山地区，藏族的生活习俗多与高山环境有关，又因为大多数藏民信奉喇嘛教，故他们的生活习惯等也受到喇嘛教的影响。

藏族献“哈达”（即纱巾）、唱酒歌的礼节广为人知。在迎接宾客时，将白色的“哈达”（也有浅蓝或淡黄色的）赠送给对方，表示敬意和祝贺。送别时，则常要敬酚（一种用青稞酿成的酒）、唱酒歌，并将“哈达”围在对方的脖子上，同时相互亲切地碰额头，以示眷恋与祝愿。

藏族的节日很多，藏历年是其中最隆重的传统节日，好似汉族的春节。藏民们一般从藏历十二月初就开始做各种准备。大扫除、酿青稞酒、

炸果子，摆上染色的麦穗和酥油、花塑的羊头等等，忙至二十九日晚的团圆饭。按藏族的传统习惯，大年初一不外出，全家团聚举行家庭式的新年仪式，一起喝青稞酒、吃酥油煮熟的人参果，共度新年。过年期间，各地都表演藏戏，跳锅庄和弦子舞。还要举行角力、投掷、拔河、赛马和射箭等各种比赛活动。另外雪顿节（也称藏戏节）、沐浴节也都是藏族传统节日，每年都吸引着数以万计的藏民前去参加。

现在你负责接待一个西藏代表团，你如何安排他们的食宿？

参考书目

1. 陆予圻，郭莉编著．秘书礼仪．上海：复旦大学出版社，2002

2. 张丽琍主编．商务秘书实务．北京：中国人民大学出版社，2004

3. 周季平主编．商务秘书礼仪．北京：中国劳动社会保障出版社，2005

4. 秘书国家职业资格培训教程．北京：海潮出版社，2003

5. 王守福主编．秘书礼仪．北京：高等教育出版社，2003

6. 金正昆著．商务礼仪．北京：北京大学出版社，2004

7. 众行管理资讯研发中心编著．接待技巧训练．广州：广东经济出版社，2003

8. 徐静，周渔村主编．秘书实训．北京：高等教育出版社，2003

9. 李荣建，张和平编著．礼仪训练．武汉：华中科技大学出版社，1999

10. 鲁雅萍主编．新编秘书实务．大连：大连理工大学出版社，2004

11. 廖金泽著．高级秘书手册．深圳：海天出版社，2002

12. 廖金泽著．商业秘书课程．深圳：海天出版社，2003

13. 未来之舟编著．礼仪手册．北京：海洋出版社，2005

14. 项宁著．形象设计．合肥：合肥工业大学出版社，2004

后　记

根据秘书礼仪教学工作的需要，在合工大出版社的大力支持下，我们编纂了《秘书礼仪》一书，供本科及高职文秘专业使用。本教材根据国家秘书级别考试的有关要求进行编纂，也可供秘书考级所用。本教材运用案例导入，在每一章中都设有情境训练，通过训练可以尽快提高学生的实际能力。

参与本教材编写的是周鹂、徐明友、张徽、孙娅娅、吴桢嵘同志。由于我们的水平有限，书中一定存在不少问题，敬请广大师生提出宝贵意见。

编者

二〇〇五年七月